KB154096

인류의 위대한 유산 | 3

마스크

투탄카멘에서 할로윈까지

인류의 위대한 유산 ③

마스크, 투탄카멘에서 할로윈까지

2000년 10월 26일 **초판 1쇄 인쇄**
2000년 11월 2일 **초판 1쇄 발행**

지은이 : 존 맥 외
옮긴이 : 윤길순
펴낸곳 : 도서출판 개마고원 **펴낸이** : 장의덕
편집 : 김진희 · 송병섭 · 최경숙
디자인 : 박난영
마케팅 : 신성모 **관리** : 나진영
주소 : 서울 마포구 서교동 464-62 남도빌딩 2층
등록 : 제2 - 877호(89.9.4)
전화 : 326 - 1012~3 **팩스** : 326 - 0232
E-Mail : kmgw@chollian.net

ISBN 89-85548-58-9 04380
값 15,000원

| 인류의 위대한 유산 | 3 |

마스크

투탄카멘에서 할로윈까지

존 맥 외 지음 | 윤길순 옮김

개마고원

■ 차례

가면과 표현 예술

이 책은 가면과 가면을 쓰는 풍습, 즉 가면이 어떻게 생겼고 왜 그렇게 생겼으며 어떤 상황에서 쓰였는지 살펴본 책이다. 또 이 책은 보다 광범위한 문화 유형, 몸에 대한 개념, 모습을 감추거나 바꿨을 때 개인적 · 사회적으로 일어나는 변화를 살펴본 책이기도 하다. 이 책에서는 한 가지 가정을 하고 있는데, 그것은 이런 주제가 직접적인 경험의 측면에서 독자들 대부분에게 그리 낯설지 않을 것이란 점이다. 아마 우리들 가운데 한번쯤 가면이나 가면 비슷한 것을 써보지 않은 사람은 거의 없을 것이며, 설령 자신이 직접 써보지는 않았더라도 가장假裝을 해서 달라진 다른 사람의 모습을 보고 깜짝 놀랐던 경험을 해보지 않은 사람은 더 더욱 없을 것이다.

가면을 쓰는 것은 사실상 거의 보편적인 현상이다. 따라서 이를 한 권의 책으로 살펴본다는 것은 불가능하다. 그리고 일부 필자에게는 대륙별로 발견되는 다양한 가면풍습에 대해 전체적으로 개괄해달라고 부탁했지만, 지리적 · 문화적인 차이는 피할 수 없었다. 어쩔 수 없이 각 글에서 빠진 부분은 일부나마 첫번째 글 「'얼굴' 에 대하여」에서 다루었으며, 참고문헌에서는 전세계에 분포되어 있는 가면풍습을 더욱 폭넓게 참고할 수 있도록 많은 책을 소개해놓았다.

이 책을 내는 데 전문 지식이나 소장품에서 유일하게 전세계를 망라하고 있다고 할 수 있는 대영박물관의 자료를 폭넓게 조사한 것은 가면을 쓰는 풍습에 아주 광범위한 문화적 토대가 있음을 보여준다. 이 책의 집필에는 사회인류학자와 예술사가, 고대 그리스 · 로마 연구자와 이집트 연구자 등이 참여했다. 또 대영박물관에서도 여러 분과에서 도움을 주었으며, 필자들 역시 단 한 사람을 제외하고는 모두 이 박물관에서 큐레이터로 일했거나 현재 일하고 있는 사람들이다. 이 책에 도움을 준 대영박물관 내 여러 분과와 이 책에 실린 대부분의 사진을 제공해 준 대영박물관 사진부, 이 계획을 추진해준 대영박물관 출판사의 레이첼 로저스 그리고 우리의 모든 작업을 통합, 조정하느라 불철주야 애쓴 같은 출판사의 캐롤린 존스에게 감사의 말을 전하고 싶다.

존 맥

▶ 쿡 선장이 첫번째 항해에서 본 애도자의 의상. W. 호지스의 그림을 W. 울레트가 판화로 새긴 작품. 179쪽 사진 참조.

1

'얼굴'에 대하여

언뜻 보기에 가면이라는 주제는 아주 매혹적일 정도로 단순하고 독립적이다. 그래서 우리가 단일한 유형의 대상을 다루고 있는 것처럼 보일 것이다. 모든 가면은 인간의 손으로 만들어졌다. 따라서 가면은 일반적으로 충분히 예측할 수 있는 차원에 있으며, 대개 가면이 나타내고 있는 것은 얼굴이나 머리이고 그것도 보통은 사람의 얼굴이나 머리이다. 훨씬 폭넓은 주제인 '예술'은 정의하기도 어렵고 비교문화적으로 논의하기도 힘들지만, 가면은 최소한 겉보기에 훨씬 분명하게 정의된 범주처럼 보인다.

더구나 가면이나 또는 베일처럼 가면과 밀접한 관계가 있는 물건들은 거의 전세계에서 보편적으로 사용되고 있다. 이 책의 여러 글에서 볼 수 있듯이, 가면은 고대에서 현대까지, 남아메리카의 안데스 산맥에서 극동 지역에 이르기까지 거의 모든 문화에 알려져 있다. 가면은 제3세계에만 있거나 제3세계에서만 사용되는 것도 아니요, 유럽이나 아메리카에서도 그저 지나간 목가적인 전통의 희미한 잔재이기만 한 것이 아니다. 따라서 영국을 방문한 일본인 인류학자가 영국의 시골 축제에서 그린 맨Green Man이 등장하는 상황을 조사할 수도 있고, 전통극과 거리가 먼 현대 일본 불교가 가면을 전시할 수 있는 많은 기회를 제공하기도 한다. 마찬가지로 유럽

일본의 대표적인 가면극인 노能에 나오는 시카미가면. 시카미는 라쇼몬羅生門이나 모미지가리(단풍놀이)와 같은 기리노切能에 등장하는 도깨비이다. 한냐般若가면(168쪽 사진 참조)과 비슷하지만 형식은 그 전의 귀신鬼神 가면에서 유래한다. 배우의 연기는 화려한 의상과 커다란 붉은 가면으로 인해 한층 두드러진다. 가면 안쪽에 '요도이시 미츠노리'라고 새겨져 있다. 높이 21.5cm.

아프리카의 나무가면. 자이르의 툼바 부근에 있는 마쿠타에서 만들어진 가면이다. 1902년에 수집된 이 큰 투구형 가면이 어떤 상황에서 쓰였는지는 기록되어 있지 않다. 하지만 중앙아프리카에서 가면을 쓰는 다른 많은 전통이 그렇듯, 남성의 가입의례 절차나 또는 공동체를 대표해 전수자傳修者들이 거행했던 장례식과 관계가 있을 것으로 보인다. 높이 70cm.

이나 아메리카, 일본 어디서나 아이들의 파티에서는 상업적으로 생산된 것일망정 공인公人에서 대중적인 영웅에 이르기까지 각양각색의 유명인을 본뜬 가면을 쓰고 벌이는 수많은 가장행사를 볼 수 있을지도 모른다.

런던에서는 찰스 황태자와 다이애너 비의 결혼식 전에 결혼식의 흥을 돋우기 위해 시민들이 자발적으로 다양한 촌극을 벌이기도 했는데, 그 가운데는 완벽한 야회복 차림에 잘 알려진 신랑의 얼굴 특징을 본떠 만든 익살스런 가면을 쓴 채 자전거를 타고 나타난 사람도 있었다. 그 사람은 자전거를 타고 몰 가(역주: 런던 성 제임스 공원 북쪽의 넓은 가로수길)를 따라 내려가면서, 왕족에게나 어울리는 몸짓으로 우아하게 손을 흔들며 더욱 익살스런 분위기를 연출해 곧 시작될 화려한 장관을 구경하러 나온 시민들을 즐겁게 해주었다. 그런가 하면 최하층 계급의 사람들 사이에서는 유명한 레슬링 선수이기도 한 가면 쓴 사나이 슈퍼바리오Superbarrio(슈퍼맨)가 멕시코시티의 가장 가난한 지역에 나타나 지주의 사주를 받고 소작인들을 내쫓으러 온 토지관리인들을 몰아내 인기다.

이처럼 가면은 아주 다양한 형태로 서로 어울릴 것 같지 않은 각양각색의 사람들, 의식儀式에 참여하는 사람, 치료사, 연극배우, 축제에서 공연하는 사람, 레슬링 선수, 무도회에 초대받은 손님, 사형 집행인과 사형수, 강도와 테러리스트, 큐 클럭스 클랜Ku Klux Klan(역주: 일명 KKK단. 남부 백인들이 조직한 극우 비밀결사. 흑인과 흑인 해방 동조 세력에게 테러를 가했다), 용접공과 외과의사, 아이스하키 선수와 검객 등이 흔히 쓰는 상투적인 수단이다.

이렇듯 우리에게 가면이 친숙하기 때문에, 때로 과거에는 아주 실용적으로 쓰인 물건인데 가장행렬과 같은 아주 정교한 민속행사에 쓰였을 것이라고 지레짐작하는 일도 생긴다. 예를 들면 『브리티시 프레스』에 난 사진을 보면 어느 시골 장날에 긴 매부리코가 달린 가면을 쓴 사람이 나와 있는데, 사실 이 가면은 중세 도시에서 흑사병이 돌았을 때 불행하게도 목숨을 잃은 사람들의 송장을 치우러 나갔던 사람들이 쓴 것이다. 이 가면에서 가장 눈에 띄는 굉장히 큰 코는 원래 가면 쓴 사람의 얼굴을 감추기 위해서가 아니라 그 안에 향초를 잔뜩 집어넣어 시체에서 나는 악취를 피하고 그럼으로써 전염병이 퍼지는 것을 막기 위한 장치였다.

그런데 지금은 현재의 기대에 맞춰 재활용되어 재미있고 화려한 중세 패전트(역주: 장관을 이루는 대규모 야외극이나 행렬)에 쓰이고 있다. 이는 물론 오해에서 비롯된 것이긴 하지만, 어떤 점에서는 가면이 누구든지 접근할 수 있는 아주 일반적인 차원에 있음을 말해주기도 한다.

그렇다면 가면이 그 고유한 문화적 배경과 동떨어졌을 때도 여전히 의미가 있는 물건처럼 보일지 모른다. 사실 가면이 뭔가를 상징하는 표상으로 제시되는 경우도 많다. 흔히 방문자들에게 그 곳의 문화를 집약적으로 보여주게 되는 관광객용 공예품 가운데는 정작 그 곳의 문화사文化史와 거의 혹은 전혀 아무 관계도 없는 가면도 많은데, 대개는 전혀 존재하지도 않았던 문화적 형식을 띤 기념품이다. 심지어 그 지역의 문화 양식에서는 가면을 쓰는 일이 전혀 없는데도 순전히 팔기 위해 새롭게 가면을 만드는 곳도 있다. 케냐와 탄자니아의 마사이Maasai족은 흔히 동아프리카 전역에서 팔리는 가면을 쓴 모습으로 표상되는데, 그 가운데 특히 무사계급인 모란Moran의 경우 특징적인 변발을 한 머리모양이 눈에 띈다.

그러나 마사이족에게는 초상을 그리거나 가면을 쓰는 풍습은 말할 것도 없고 조형물을 새기는 전통도 없다. 사실 그 가면은 동아프리카에서 상업적인 조각품을 제작해서 파는 아캄바Akamba족이 주로 생산한 것이다. 필자 역시 가봉에서 시라-푸뉘Shira-Punu족의 모습으로 정교하게 제작된 가면을 산 적이 있다. 그 가면은 인도양의 섬, 마다가스카르 시장에서 온 것인데, 그 곳에서는 책에 나온 흑백 화보를 보고 그대로 베껴서 만들어 팔고 있었다. 그 가면은 다채로운 원본과 달리 색깔도 한 가지 유형밖에 없고 크기도 호주머니에 쏙 들어갈 정도로 아주 작았는데, 그 섬에도 가면과 가면 쓰는 풍습은 없었으며 그 가면을 제작한 사람들 역시 가면이 사용되는 것을 본 적이 없었다.

또 가면은 우표 도안용으로도 좋은 주제이다. 그래서 가끔 아이들이 모으는 우표를 보면, 가면을 주제로 해서 만든 중국 우표나 몽고 우표, 앙골라 우표 등을 볼 수 있다. 그런가 하면 민속예술단 역시 가면 쓰는 풍습을 통해 민족의 정체성을 표현해달라는 요청을 많이 받는다. 1974년 독일에서 펜데Pende족(역주: 콩고 지역에 사는 부족. 가면으로 유명함) 가면을 쓰고 춤추는 자이르 무용수들이 월드컵 결승전에서 승리한 독일 국가대표팀을 축하하는 공연을 했다. 그러나 그 공연에서는 남성의 할례식에 뿌리를 둔 그들의 전통적 역할에서 그들이 연예인이 아닌 다른 존재로 간주된다는 사실은 간단히 무시되었다.

가면의 개념

가면의 보편성과 가면의 의미에 대한 이런 가정에도 불구하고 모든 것이 보기보다 단순하지 않다. 이는 분명히 가면을 쓰는 전통이 있는데도 영어의 마스크mask로 직역할 수 있는 말이 없는 곳이 있다는 사실에서도 알 수 있다. 영어에서 '마스크'는 감추는 행위에 강세가 놓여 있다. '가면을 벗는 것'은 간첩이나 떳떳하지 못한 비밀을 가진 사람에게나 일어나는 일이다. 가면을 쓰는 것, 가장을 하는 것은 변장을 하는 것이며, 확대해석하면 심지어 속이거나 위장을 하는 것이다.

여기서 초점은 가면을 통해 표현된 상태가 아니라 가면 쓴 사람의 변화된 모습에 있다. 그러나 강도나 테러리스트의 예에서도 볼 수 있듯이, 가면이 가면 쓴 사람의 정체를 감추는 역할도 하겠지만 설령 순전히 얼굴을 감출 목적이었다 할지라도 가면을 쓴 것 자체가 아무 작용도 하지 않는 것은 아니다. 사실 스타킹만 뒤집어써도 누군지 알 수 없지만, 스타킹을 뒤집어쓴 사람의 변화된 모습은 그것을 보는 사람이 개인적으로 어떻게 느끼든 일단 위협적으로 작용하게 된다.

좀더 유쾌한 상황의 경우를 보자면, 아무리 가까운 친구의 파티 복장이라도 꼼짝도 하지 않고 빤히 쳐다보는 가면을 쓴 얼굴에는 누구나 흠칫 놀라게 마련이다. '가면'이라는 말에는 이미 모습을 바꾼다거나 감춘다고 하는 인간의 행위가 암묵적

솔로몬 군도에서는 보기 드문 나무가면. 1880년대 말에 솔로몬 군도를 여행한 박물학자 찰스 모리스 우드포드의 소장품으로 부갱빌Bougainville섬의 가면으로 보인다. 높이 41cm.

미크로네시아 연방 모틀록Mortlock 제도의 사타완Satawan 섬에서 만들어진 가면. 빵나무를 재질로 한 것으로, 흰색과 검은색만을 사용한 절제된 장식이 특징적이다. 높이 67cm.

으로 전제되어 있지만, 가면을 쓴 것이 결국은 분장을 한 데 불과하다는 것을 누구나 뻔히 알더라도 어쨌든 가면을 쓰면 가장한 어떤 모습이 나타나게 된다.

그 내부에서 가면이 제작되고 있다는 것을 알면서도 공식적으로는 이를 부인하는 사회도 많다. 좀더 정확히 말하면 대부분의 사람들, 즉 어쩌면 비밀에 참여하지 않은 사람들에게만 그럴지도 모르지만 말이다. 서구의 산타클로스를 둘러싼 전통에서 보듯이, 가장을 하는 기술적인 방법의 실체가 실제로는 그 비밀을 알려주지 않은 사람들에게까지 널리 퍼져 있을지도 모른다. 그래도 이런 상황에서는 가면을 쓴 것이 곧 위장이 되지는 않는다. 이 경우에는 감춰진 것보다는 새롭게 창조된 것에 강조점이 있다.

그러나 사실 대부분의 경우 이것도 적절한 설명이 아닐지 모른다. 가면을 쓰고 벌이는 행위의 기원은 신화나 구전口傳으로 전해 내려오는 전통 속에서 형성된 것이지 개인이 창작한 것으로 얘기되지 않기 때문이다. 예를 들어 중앙아프리카의 많은 지역에서는 마키시makishi 또는 은키시nkisi라는 일반명사가 가면과 가면을 쓰고 벌이는 일련의 행위(여기서 가면은 그 행위를 구성하는 일부분에 지나지 않는다)를 가리킨다. 이런 행위는 보통 할례식 때 볼 수 있는 광경이다.

그런데 마키시는 죽은 사람이 부활한 형태를 가리키는 말이라고도 한다. 그래서 마키시는 흔히 '조상의 영혼(祖靈)'으로도 번역되는데, 무덤 위에다 달걀을 깨고 야자기름으로 문지른 다음 비전秘傳을 전수받은 사람들에게만 알려져 있는 일련의 주문을 외우는 것도 혼에 생명을 불어넣는 기술로 기록된 것 가운데 하나이다. 그런데 여기서 그치지 않고 마키시는 부적과 주문 그리고 이것과 연관된 신비한 장치를 가리키는 말로도 폭넓게 쓰인다. 이렇게 마키시라는 말이 확장되어 쓰이는 일련의 과정은 마키시가 생명을 불어넣는 근본적인 힘을 가리키는 중요한 말이라는 것을 보여준다. 이와 대조적으로 영어의 '마스크'는 생명이 없는 것만을 연상시킨다.

상황은 다르지만 스리랑카에서도 상황이 복잡하기는 마찬가지다. 스리랑카의 많은 지역에서 최근까지 행해진 가면극은 기본적으로 두 유형으로 나뉘어지는데, 바로 콜람Kolam과 산니Sanni이다. 콜람이 본질적으로 등장인물들이 가면을 쓰고 나오는 일종의 신화극 또는 민속극이라면, 산니는 치료의식, 특히 악귀를 쫓는 것과 관계가 있다. 구나틸레카Goonatilleka에 의하면, 콜람이란 말은 가장을 했을 때 나타나는 변장 효과에 초점을 둔다면 '가면'이라고 번역해도 무방하다고 한다. 그리고 또다른 데서는, 콜람의 기원이 신할레세Sinhalese 여왕의 고통을 덜어주기 위해 콜람 가면을 만들었다는 행운의 신 베사무니Vesamuni의 신화로까지 거슬러 올라갈 수 있다는 것을 알 수 있다. 로비코니Loviconi에 따르면, *vesa*는 '변장'을 뜻하고 *muhuna*는 '얼굴'을 뜻하는데 합하면 '가짜 얼굴' 즉 '가면'이 된다고 한다.

그러나 이 두 유형의 가면극 모두 치료의식과 관계가 있다는 점에서는 서로 공통되는 부분도 있지만, 실제로 사용되는 상황이나 용어에 있어서 이 둘은 판이하게 갈린다. 산니는 '병'으로 해석된다. 산니는 패전트라기보다 환자와 친척들 앞에 특정한 악귀들이 불러일으킨 병으로 분장을 하고 나와 악령을 쫓는 푸닥거리이다. 그런데 이 가운데 가면이 등장하는 부분이 원래 가지고 있던 의례적인 기능에서 더 나아가 민속극으로 발전해가면서 '가짜 얼굴'로서의 가면을 뜻하게 되었다는 점이 흥미롭다.

산니는 그저 병의 화신일 뿐이므로 분장의 세부적인 기술은 중요하지 않다. 사실 가면도 춤추는 사람들이 일시적인 황홀경 상태에 빠져 부들부들 떨면서 귀신이 들리는 마지막 단계에서야 쓰게 된다. 이때 여러 가면의례가 펼쳐지는데, 결국 서로 어느 정도 연결되어 있지만 귀신이 들리는 문제에서는 저마다 완전히 다른 방향에서 접근하는 것 같다. 캐퍼러Kapferer가 주장하듯이, 희극적인 가장행위는 자기 바깥 세계를 향하고 있는 것이어서 스스로 몰입해 귀신이 들리는 과정과는 대조적이다.

일반적인 가면풍습에 대한 우리의 기대를 번번이 무너뜨리는 영어의 또다른 습관은 가면을 가면과 관련되어 있을 수 있는 다른 모든 것과 완전히 구별하는 경향이 있다는 점이다. 우리는 가면과 가장을 하는 의상을 따로따로 이야기한다. 하지만 마키시와 같은 말은 가면을 가리키기도 하지만 동시에 가면 의상과 장비, 가면이 나타내는 인물까지 아주 많은 것을 의미한다. 본질적으로 마키시가 가리키는 것은 가면을 쓰고 펼치는 행위와 그 행위가 함축하고 있는 의미에 대한 모든 문화적 지식이지 가면이라는 개별적인 물건이 아니다. 개인의 삶이나 사회 생활에서 결정적으로 중요한 때 벌어지는, 풍부한 상징을 내포한 행위의 한 요소로 가면이 사용되는 곳에서 그건 당연한 귀결일 것이다.

이 책에서는 주로 문화 유산으로서의 가면에 중점을 두었다. 하지만 가면의식이라는 문화적인 제도 또는 가면을 쓰는 행사에도 관심을 기울이지 않을 수 없었다. 왜냐하면 결국 가면이 누구나 보면 무엇을 나타낸 건지 금방 알 수 있는 흔한 물건이라는 것은 사실이 아니어도 가면을 쓰는 것이 변화를 가져오는 방법, 예로부터 꾸준히 일상적으로 채택되어온 변화 수단이라는 것은 사실이기 때문이다. 그러나 우리는 많은 경우 문제가 그렇게 단순명쾌하지 않다는 사실도 다루어야 할 것이다. 변화가 불완전할 수도 있으며, 따라서 우리의 호기심을 자극하는 것도 바로 가장을 통해 드러내는 것과 감추는 것 사이의 긴장 또는 상호작용이고, 이는 낯선 것과 익숙한 것의 혼합이기도 하다.

멕시코 테오티와칸의 돌가면. AD 300~650년. 이처럼 고도로 양식화된 가면은 강력한 테오티와칸 문화의 존재가 발견된, 게레로 북동부가 기원지인 메스칼라 양식의 영향을 받았을지도 모른다. 높이 22cm.

가면으로 인한 변화

뒤에 나오는 여러 글에는 가면이 개별적인 물건, 즉 상징적 도상圖像으로 나오는 상황이 많이 기록되어 있다. 그러나 가면이 사용된 상황과 분리해서도 존재할 수 있는 일종의 정적靜的인 초상인 고대 그리스·로마 문화의 데스마스크deathmask는 예외적이지 일반적이지는 않다. 대부분의 가장행위가 노리는 효과는 사람의 모습을 바꾸는 데 있지만, 데스마스크는 고정시키려 한다. 사진을 찍어두면 그 사진의 주인공의 물리적인 모습은 시간이 지나면서 변해도 사진 자체는 거의 손상되지 않고 남듯이, 몸은 썩어 사라져도 가면은 모습을 그대로 간직한 기록으로 남는다.

이렇게 실물에 접근하려는 시도를 보여주는 좋은 예를 J. S. 바흐의 유골 발굴 사건에서 찾아볼 수 있다. 1750년에 세상을 떠난 바흐는 라

북아메리카의 나무가면. 겨울의식에서 특정한 가문의 전통과 관계 있는 동물이나 정령을 나타낸 것으로 보인다. 허드슨 만 회사의 교역 장소였던 밴쿠버 섬 북쪽에 있는 루퍼트 요새에서 1868년 이전에 수집. 이 곳에서 콰콰카와쿠족은 북쪽에서 온 사람들과 만나 교역을 했다.

이프치히의 성 요한 성당에 묻혔다. 그런데 1894년 성당을 개축할 때, 학자들은 바흐가 원래 묻힌 곳 근처에서 발견된 많은 관 중에서 바흐의 것으로 짐작되는 관을 찾았다. 그리고 태평양 연안의 지역에서 사람의 두개골을 본떠 죽은 사람의 '초상'을 만들듯, 조각가 칼 제프너를 불러와 바흐의 두개골로 고인의 얼굴 특징을 본떠 거꾸로 데스마

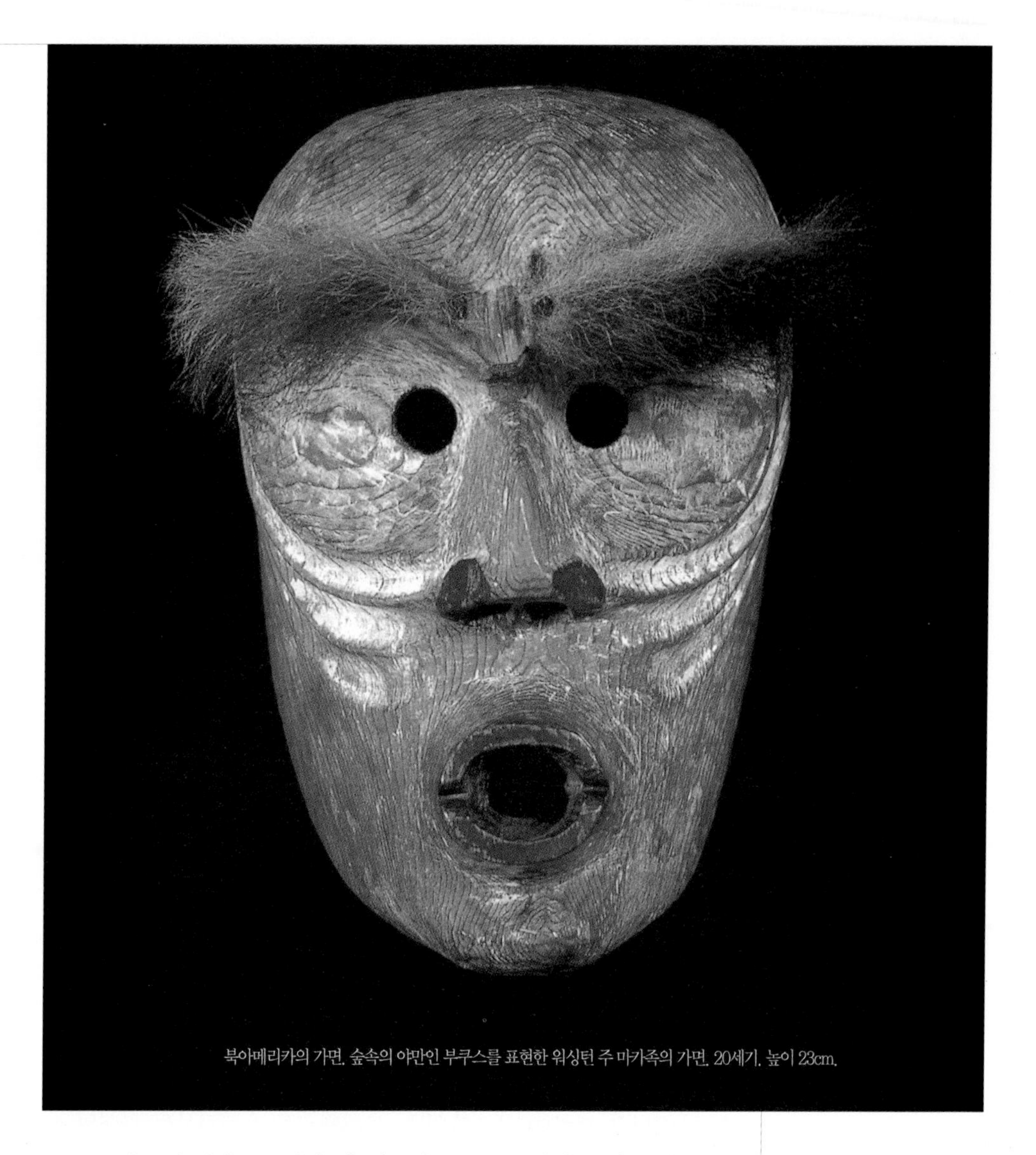
북아메리카의 가면. 숲속의 야만인 부쿠스를 표현한 워싱턴 주 마카족의 가면. 20세기. 높이 23cm.

스크를 만들게 했다. 그 결과 이 데스마스크는 18세기 초에 그린 것으로 알려진 바흐의 여러 초상화와 아주 비슷한 것으로 드러났고, 바흐의 키나 이미 바흐의 신원을 짐작케 해준 관 자체의 세부사항과 관련된 증거와도 일치하는 것으로 확인되었다. 그래서 유골은 성당의 제단 아래 영원한 안식처로 옮겨졌다.

이와 같은 예는 가면의식에서 가면이 사용되는 것과 대조적이다. 가면의식에서는 가면을 쓴 사람이 가면과 의상에 의해 다른 존재로 변화된다. 그러나 그것은 일시적인 변화일 뿐이다. 가면의식이 끝나면 가면 쓴 사람은 다시 원래의 자기로 돌아간다. 그리고 대부분의 경우에는 가면을 쓰는 것 자체가 변화하는 행위이다.

언뜻 당연하게 들리겠지만 여기에는 많은 의미가 함축되어 있다. 예를 들어 그런 경우에 일어나는 변화는 어떤 변화일까? 이에 대해서는 가장 자체가 가면 쓴 사람을 감추기도 하지만 새로운 요소를 도입하기도 한다는 점, 즉 가장과 동시에 다른 것이 드러나는 점이 있다는 면에서 한마디로 간단히 대답할 수 없다. 사실 가면 쓰는 전통이 다양할 수 있었던 강력한 원인 중의 하나는 어떤 상황에서든지 항상 얼마나 숨기고 얼마나 드러낼지, 숨김과 드러냄 사이에 정확한 선을 긋는 것이었다. 게다가 어떤 의미에서는 가면의식을 보는 사람도 저마다 나름대로 그런 선을 긋는다고 할 수 있다. 모든 가면의식에 누구나 공통적으로 이해할 수 있는 목적이나 상징적 내용이 있는 것은 아니다. 그리고 한 문화의 구성원 모두가 똑같이 가면에 대한 지식을 갖고 있는 것도 아니다. 한 가지 예를 들어 폭넓게 논의하면 이와 관련된 여러 문제를 이해하는 데 도움이 될 것이다.

아프리카에서 가장 풍부한 가면전통을 가지고 있는 부족 가운데 하나는 북부 앙골라를 중심으로 살면서 자이르와 잠비아 일부 지역으로도 퍼져나간 초크웨Chokwe족이다. 초크웨족은 오래전부터 자신의 공동체 외부에도 아주 강력한 영향을 미쳤다. 그래서 초크웨족 가운데 잠비아로 건너가 그 곳에 뿌리를 내린 위코Wiko족은 앙골라 본토를 넘어 다른 지역에까지 초크웨족과 관련된 가면전통을 전파했고, 이웃에 사는 룬다Lunda족도 초크웨족의 가면양식을 채택했다. 초크웨족은 주로 할례식에서 가면을 등장시키는데, 가면 쓴 인물은 초크웨족 조각의 중심적인 주제 가운데 하나이다. 이 가입의례에 들어가는 신입자는 다들 13세에서 15세 가량 된 소년들인데, 되도록 이미 사춘기에 들어선 소년들 중에서 선발된다.

할례식은 실제로 할례를 하기 전부터 몇 달이나 앞서서 시작된다. 이 의례에 들어갈 잠재적인 후보자들에게 마을 남자들은 그들이 아직은 이디마idima라는 것, 즉 할례를 받지 않은 또는 깨끗하지 않은 상태라는 것을 상기시킨다. 그리고 그들에게 이디마는 더러우며, 할례를 받지 않으면 여자와 관계도 할 수 없고 아버지도 될 수 없다는 말을 한다.

몇 차례 그런 조롱을 받는 긴 기간이 끝나면 마침내 할례를 하는 날이 온다. 사람들은 이디마를 이끌고 마을을 도는 마지막 여행을 한다. 그들의 최종 목적지는 '죽음의 장소'로 알려진 울타리 안인데, 수술을 받는 곳은 그 곳에서 약간 떨어져 있다. 그들은 그 곳에서 처음으로 가면 쓴 사람들의 호위를 받는다. 이 단계에서는 여자와 아이들뿐만 아니라 할례식에 들어가는 신입자들에게도 가면 쓴 사람은 부활한 송장으로 인식된다.

일단 할례를 하는 곳에 가면 수술은 불이 붙은 숯을 공중에 던져 땅에 떨어지기도 전에 끝날 정도로 아주 신속하고 정확하게 이루어지는데, 수술을 신속하고 능숙하게 마칠 수 있는 능력에는 상당한 자부심이 따른다. 그 다음 신입자들은 상처가 아무는 동안 할례를 받은 곳에서 은거隱居에 들어가 도덕적이고 실용적인 가르침을 받는데, 이런 과정을 마쳐야 할례를 받은 사람들 무리에 낄 수 있다. 과거에는 이 과정이 1년씩이나 되었다.

사실 가입의례에서 전수받는 대부분의 비전은 그 의례와 떼어놓고서는 거의 가치가 없다. 하지만 가면의식의 비밀, 가장 기본적인 용어로 말하면 가면을 쓰면 남자들이 정령으로 변한다는 게 전부인 비의秘

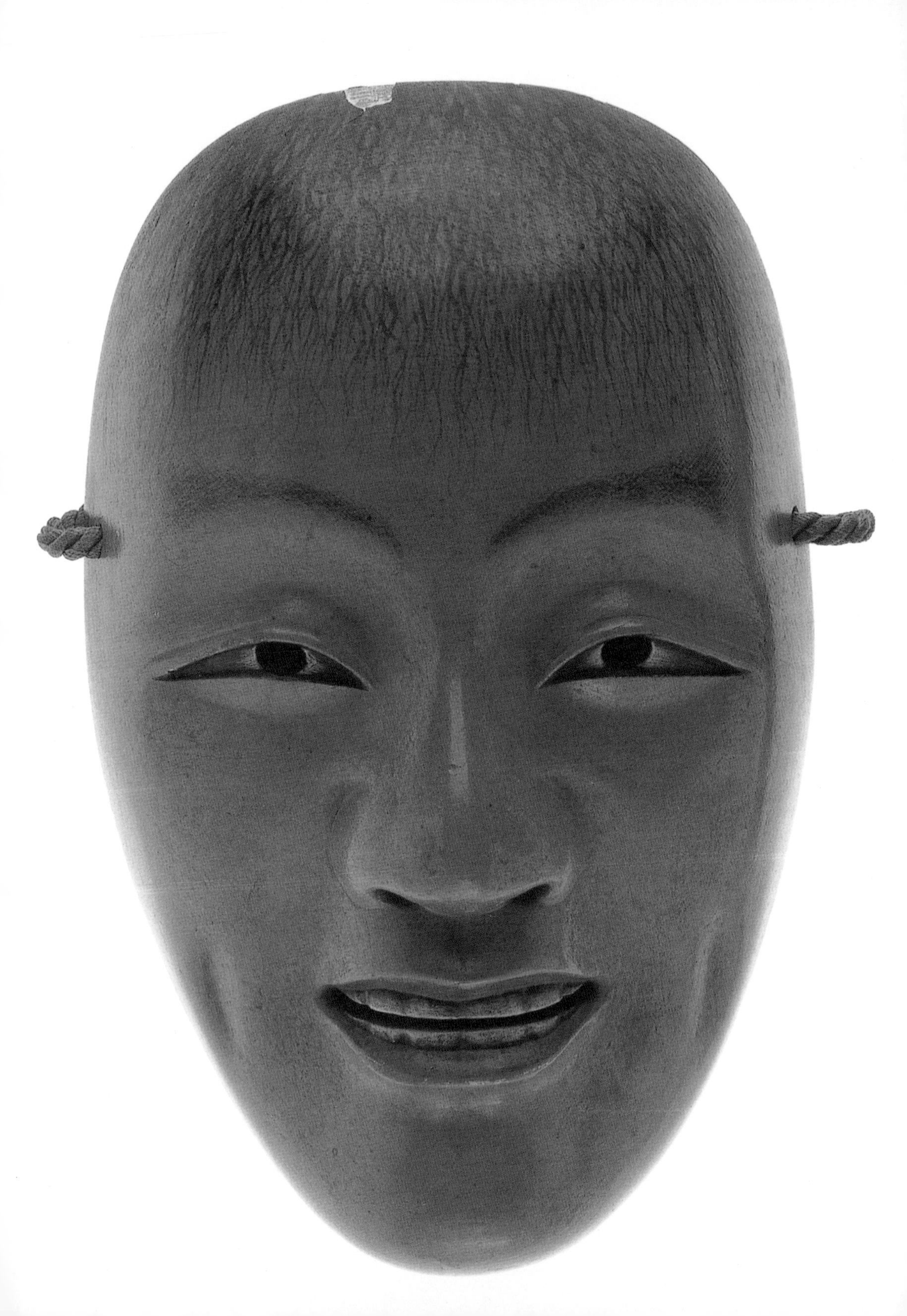

儀도 신입자들에게 전하는 중요한 지식 가운데 하나이다. 신입자들이 은거처에 들어가면 하나씩 차례로 가면 쓴 인물의 가면을 벗기게 해 최초로 그들의 정체를 밝힌다. 그러나 신입자들은 그런 사실은 물론 전수받은 그 어떤 것도 의례에 참여하지 않은 사람들에게 누설하지 않겠다고 맹세해야 한다. 이 비밀스런 분위기는 은거 기간 내내 철저하게 유지된다. 신입자들이 막사를 떠나 사냥을 나가거나 강에 몸을 씻으러 갈 때는 의례에 참여하지 않은 사람들 눈에 띄지 않고 지나다닐 수 있도록 항상 노래를 불러 그들이 지나가고 있다는 경고를 보내야 한다. 그리고 그렇게 외출할 때는 가면 쓴 사람들이 신입자들의 움직임을 철저히 감시한다.

은거 기간이 끝나면, 신입자들이 마을로 돌아와 새로 배운 기술을 자랑하며 춤을 춘다. 몸에 무거운 옷을 걸치고 있는데도 그들의 움직임은 편안하고 우아하다. 만일 신입자들 가운데 누가 막사에서 죽었으면 또는 통과의례에서 쓰는 용어로 말해 새로 태어나는 데 실패했으면, 이 단계에서 가면 쓴 사람이 죽은 사람의 어머니에게 다가가 검게 칠한 호리병박을 건네준다. 그 순간까지는 어머니에게도 아들의 죽음을 비밀에 부친다.

다음날 아침 새벽, 신입자들은 사람들 눈에 띄지 않도록 잘 이용하지 않는 강으로 가 구덩이를 파고 가입의례 때 입은 옷을 태운다. 그리고 몸을 씻고, 비밀을 지키겠다는 맹세를 하면서 발가벗은 채 마을로 돌아온다. 마을에서는 유년기를 보내고 가입의례를 마친 신입자들이 저마다 앞으로 불리게 될 새 이름을 발표하고 마당으로 가 한때는 두려움의 대상이었던 가면 쓴 사람들과 함께 춤을 춘다.

아프리카와 기타 다른 곳에서 발견되는 가면의례에 대한 일

일본의 노에 나오는 쇼조處女가면. 쇼조는 물 속에 살며 뭍에서 나오면 술을 즐겨 마신다는 신화상의 정령과 같은 존재이다. 미다레みだれ라는 극에서, 상인은 자신이 빚은 술을 팔러 시장에 갈 꿈을 꾼다. 그런데 낯선 사람이 찾아와 술을 엄청나게 마시는데도 취하지 않았다. 알고 보니 그가 바로 쇼조였고, 쇼조는 상인의 관대함을 칭찬하며 상으로 절대 마르지 않는 술병을 준다. 쇼조는 술에 취한 것을 상징하는 붉은색 가면과 이를 강조하는 선홍색 가발과 의상을 걸치고 한층 생기가 넘치는 경쾌한 춤을 춘다. 이 극은 좋은 일을 하면 상을 받는다는 것을 보여준다. 가면에는 '에츄越中 지방 히미 양식의 쇼조'라고 새겨져 있다. 높이 20.9cm.

반적인 비판은 그것이 여성들과 아이들에게 겁을 주려는 남성들의 교묘한 속임수라는 것이다. 그러나 분명히 초크웨족의 경우, 가면을 쓴 사람이 획득한 변화의 성격과 그 변화의 영향은 그것을 보는 사람에 따라 크게 달라진다. 할례식에 참여할 사람이나 참여하지 않은 가족 구성원들에게는 신입자들을 '죽음의 장소'로 데려갈 가면 쓴 사람의 모습이 공포감을 주어 불길한 예감에 사로잡히게 하겠지만, 이미 할례식 과정을 거쳐 그 비밀을 알고 있는 사람에게는 아무런 두려움도 불러일으키지 못할 것이다.

그리고 죽은 신입자의 어머니에게 검게 칠한 호리병박을 건네는 가면 쓴 사람은 호리병박을 받은 사람에게는 비통함을, 그렇지 않은 사람에게는 안도감을 주는 가장 상반된 감정을 주게 된다. 그리고 가면 쓴 사람들이 성공적으로 통과의례를 마친 신입자들과 춤을 추는 마지막 행사에서는 가면 쓴 사람들이 보조적인 역할에 머물러 뒷전으로 물러나기 십상일 것이다. 이제 모든 행사가 끝나고 가면 쓴 사람들이 떠날 때가 되면 이 의식을 연출한 사람들에게 선물이 쏟아지는데, 가면 쓴 사람들이 아니라 소년들에게 주어진다.

초크웨족의 사례에서 알 수 있는 중요한 점은 가면을 쓰는 일이 다른 종류의 변화가 일어나는 사건과 결합되어 있다는 것이다. 가면의식이 통과의례나 어떤 변화를 기념하는 의례와 결합되어 있는 경우는 아주 흔하다. 앞으로도 보겠지만 가면 쓸 기회가 있는 행사는 아주 많다. 탄생이나 죽음과 관련된 의식에서도 가면을 볼 수 있고, 인간이 성숙해지는 매단계를 기념하는 의식, 성인식, 그리고 할례식에서도 가면을 볼 수 있다. 일정한 사회 집단 내에서의 신분 상승이든 아니면 때로 왕위에 오르는 즉위식과 관계가 있든 일반적으로 지위에 변화가 생기는 상황에서 가면 쓰는 행사가 있게 된다. 또 가면은 치료 과정에도 등장하고, 건강이나 운이 좋았다가 나빠졌을 때 벌이는 개인적인 의식에서도 등장한다. 재판 과정에서 가면을 쓰는 곳도 있다. 사실 이런 다양한 행사들은 서로 흔히 겹치는 부분이 많다. 따라서 일정한 문화 내에서 가면의식을 조직하고 통제하는 집단, 즉 가면 결사가 있는 곳에서는 그들이 항상 그런 행사에서 모종의 역할을 수행할지도 모른다.

또 가면의식은 해가 바뀌거나 계절이 바뀌는 것도 기념할 수 있다. 농사에 기반한 공동체에서는 가면이 곡식을 잘 자라게 하거나, 풍작을 가져오는 의식에 관여할 수도 있다. 그런가 하면 가톨릭이 지배적인 유럽과 라틴아메리카의 많은 나라에서처럼, 주기는 다르지만 종교적인 연례행사에서도 해마다 가면 쓸 기회가 생긴다. 리치Leach가 지적하고 있듯이, 종교적인 축제일Holy Days이 휴일holidays이 되면서 종교적인 성격은 바뀌거나 희미해져도 연례행사의 한 측면으로서 가면이 등장하는 것은 그대로 지속될지 모른다.

그리고 이런 경우에는 지위나 개인적 상황의 변화든 아니면 달력에 기록될 만한 특별한 날에 일어나는 변화든 모종의 변화가 가면의식과 결

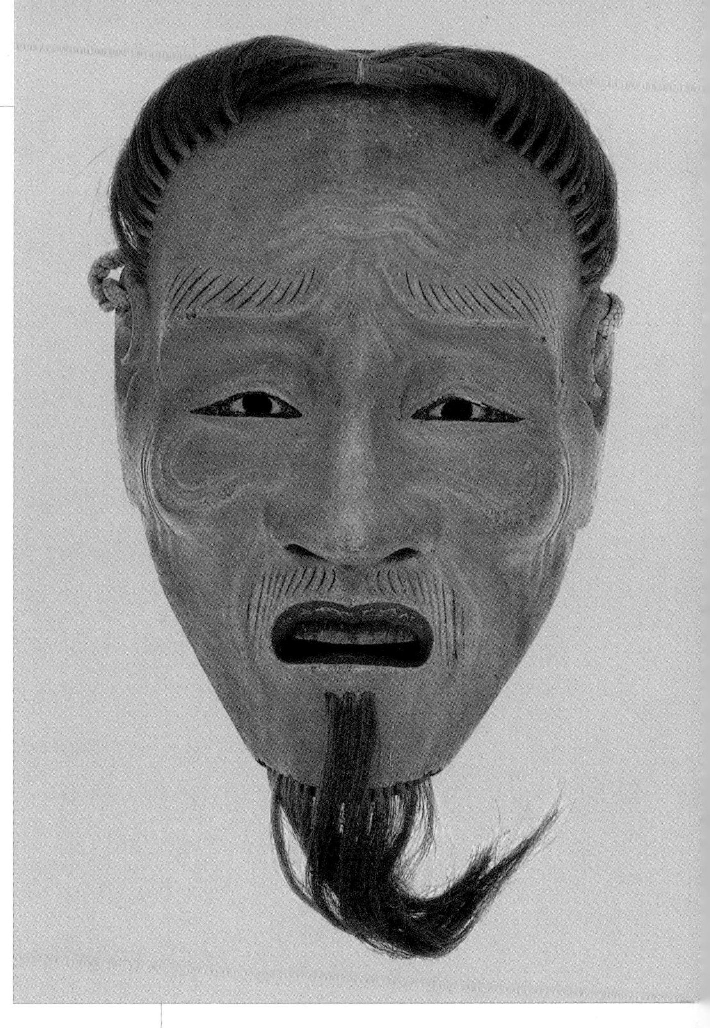

일본의 노에서 여러 역할로 나오는 노인인 코조 또는 아코부조 가면. 코조는 신이 지상의 존재로 현신하는 극에서도 사용할 수 있지만, 아코부조 가면은 현실의 비극에 나오는 인간을 나타낸다. 토센とうせん이라는 극에서는 일본의 지방 통치자가 중국 배를 나포해 선원인 소케이 칸진에게 자신의 신하가 되라고 강요한다. 몇 년 후 소케이 칸진의 두 자식이 아주 많은 선물을 들고 와 아버지의 석방을 간청한다. 그러나 그때는 이미 그에게 두 일본인 자식이 있어, 아이들 곁을 떠날 수 없었다. 그가 자살을 기도하자, 그의 일본인 주인이 자비를 베풀어 네 자식 모두 데리고 떠날 수 있게 해준다. 턱수염을 제외한 높이 21cm.

부되어 있어, 가면의식 자체가 변화를 위한 매개가 된다. 겉보기에는 모든 것이 간단해보인다. 그러나 가면 쓴 사람이 이런 다양한 변화를 가져오는 것과 어떤 관계가 있는지 분명하지 않을 뿐더러 거기에 일관성이 있는 것도 아니다. 흔히 가면 쓴 사람이 어떤 식으로든 그런 변화를 보증할 것이라고 가정한다. 가면이 치료 과정에 등장할 경우에는 당연히 그런 직접적인 관계를 설정할지도 모른다. 이런 견해는 많은 문화권에서 신들린 상태로 들어갔다 나왔다 하는 능력처럼 모종의 변화 능력을 갖춘 사람에게 병을 치료하는 능력도 있다고 생각한다는 사실에 의해서도 뒷받침된다. 비정상적인 존재(가면 쓴 인물)가 되거나 어떤 상태(신들린 상태)로 변할 수 있다는 것은 곧 다른 사람의 조건도 변화시킬 수 있는 신비한 힘을 가지고 있는 것이다.

그렇게 되면 가면은 변화에서 결정적으로 중요한 것이 된다. 하지만 정말 그런지는 대개의 경우 전혀 확실하지 않다. 흔히 아프리카에서 가입의례는 단 한 번의 행사로 끝나지 않는 아주 길고 복잡한 과정이다. 가입의례에 들어가는 사람들은 보통 몇 개월씩 정상적인 생활에서 벗어나 있게 된다. 그런데 가면 쓴 사람은 그 긴 과정 동안 특정한 순간에만 관여할지도 모른다. 그래서 의례 과정에 관심을 기울이는 곳에서는 가면 쓴 사람의 참여는 거의 관심을 끌지 못하는 경우가 많다.

의례에 대한 가장 유력한 해석 가운데 하나는 인류학자 빅터 터너 Victor Turner의 것인데 그의 논의는 의례에서 과도적인 단계, 그의 용어로 말하면 '경계에 있는liminal' 단계에 집중되어 있다. 이 단계는 의례를 통해 변화가 일어나는 전 과정에서 모호한 행동을 특징으로 하는 잠정적 단계, 즉 이전 상태는 더 이상 작동하지 않는데 새로운 단계는 아직 오지 않아 재분류가 일어나는 단계이다. 이는 이도저도 아닌 역설적인 단계이다. 터너의 논의는 그가 잠비아 은뎀부Ndembu족에게서 직접 경험한 것을 반영하고 있다. 은뎀부족에게도 남성들의 가입의례 때 가면을 쓰는 행사가 있다. 그러나 터너는 이 사실에 대해서는 거의 언급하지 않았고, 가면의 의미에 초점을 맞춘 해석도 하지 않았다. 그는 그저 가면이 괴상하게 생겼다고만 말하고 있다. 꽉 짜인 절차에 설명이 필요한 의식이 하도 복잡하고 긴박하게 진행되어 가면은 간과되었던 것이다. 따라서 가면이 반드시 사회적 변화를 가져온다기보다 변화를 보완할 뿐이라고 하는 것이 더 정확할 것이다.

그럼에도 애덤스Adams와 네이피어Napier, 로버츠Roberts를 포함한 많은 비평가들은 이런 과도기적 성격에 대한 분석이 가면을 쓰는 행위를 해석하는 데 얼마나 적절한지 보여주고자 했다. 이런 분석에 이의를 달 사람은 거의 없을 것이다. 가면 쓴 사람이 나타났을 때, 그들의 행동에서 곧바로 그들의 목적이 의식의 절차에 격조와 권위를 더해주거나 설명하고 설교하는 데 있다는 사실이 분명히 드러나는 경우는 흔치 않다. 가면 쓴 사람들이 무리지어 나타날 경우에는 서로 완전히 다른 특징을 보일 수도 있다. 가면들이 뛰어다닐 수도 있지만 춤추며 돌아다닐 수도 있고 움직임이 열광적일 수도 있고 우아할 수도 있다. 그런가 하면 아주 민첩하게 움직일 수 있는 능력이 있는 가면도 있다.

부르주아Bourgeois에 따르면, 자이르 야카Yaka족의 카쿵구kakungu 가면은 집과 야자나무도 훌쩍 뛰어넘고 굉장히 빠른 속도로 돌아다닐 수 있는 것으로 유명한데, 이는 다른 문화의 가면에서도 많이 발견되는 재주이다. 또 아주 공격적이어서 구경꾼들에게 막대기를 휘두르거나 채찍을 휘둘러 사람들을 깜짝 놀라게 하는 가면도 있고, 가입의례를 통과하지 않은 사람이 만지면 전염되는 위험한 힘이 깃들어 있을지도 모르는 가면도 있다. 그런가 하면 성질이 온화해 구경꾼들과 자유롭게 뒤섞이는 가면도 있다. 또 외설스러운 가면이 있는 반면 점잖은 가면도 있고, 일부러 사람들을 웃기려고 하는 가면과 반대로 아주 엄숙한 가면도 있다. 종합해보면 이렇게 무리지어 나타나는 가면들은 거의 예외 없이 다의적이면서 서로 모순될 만큼 다양한 행동을 보이는 경향이 있다.

가면과 연극의 함수관계

이런 경우 가면은 정해진 이야기에 따라 연극을 하는 것이 아니다. 움직이고 몸짓을 하고 춤추지만, 이야기가 진행되면서 점점 절정에 이르는 각본에 따라 연기를 하는 것이 아니다. 앞서 길게 인용된 중앙 아프리카의 예에서는 분명히 그렇다. 이 곳의 가면의식은 '연출' 된 것이 아니다. 옆에서 시중을 들거나 도와주는 사람은 있을지 몰라도, 거리낌없이 움직일 때는 흔히 '방향' 도 무시된다. 이는 극적인 영향을 주기는 하지만, 연극은 아니다.

그런데 우리가 지금까지 살펴본 많은 사례에도 불구하고, 가면에 대한 일반적인 책에서는 가장의 본령本領을 연극이라고 보며, 연극 사전에서도 가면에 대한 논의를 빠뜨리지 않는다. 젠킨스Jenkins가 논했듯이 이는 가면을 쓰는 것과 고대 세계에서 비극과 희극이 발전한 과정 사이에 깊은 연관이 있는 데서 기인한 바 크다. 하지만 지금은 이와 같은 극 전통이 역전되었다. 아테네 비극에서는 누구든지 몇 가지 범주로 일반화할 수 있는 인간의 조건 가운데 어느 하나라고 해석할 수 있는 뚜렷한 특징을 가면이 전략적으로 배치함으로써 연기를 보조해준다고 생각했다. 그런가 하면 기원전 5세기 희극에서는 가면에 개성을 부여함으로써 배우가 좀더 쉽게 아테네의 유명인사들을 풍자할 수 있었다.

그러나 지금은 가면을 쓰면 배우가 연기를 하는 데 도움이 되기는 커녕 오히려 방해가 된다고 생각하는 게 보통이다. 훌륭한 연기란 가면 때문이 아니라 가면에도 불구하고 충분히 의사 전달을 해내는 법이다. 그러나 젠킨스의 지적대로, 우리가 가면을 변장 수단으로만 생각하는 것은 아테네 연극에서 등장인물을 한층 더 분명하게 표현하기 위해 가면을 전략적으로 배치한 것과 아주 대조적인데, 이때 그가 말한 소위 '가짜 얼굴'로서의 가면은 숨기기보다 드러내기 위한 장치로서 사용된 것이다.

최근 선보인 몇몇 연극과 영화, 예를 들어 〈코끼리 인간The Elephant Man〉에서 존 허트의 연기에 대한 비평에서는 최소한 부분적으로 표정연기를 통해 의사를 전달하던 주연 배우가 가면을 쓰고 연기를 한 획기적인 시도에 주목했다. 가면을 쓰지 않은 상태의 연기로만 알려져 있는 현대 배우들은 이런 한계를 극복하면 성공한다. 가면은 얼굴을 지워 기존의 이미지와 분리시키는데, 〈코끼리 인간〉의 경우에는 가면이 배우의 노력과 무관하게 보이는 정체성을 부여하기도 했다. 하지만 흥미롭게도 그리스 가면극, 특히 전통적인 일본 가면극에도 유명배우는 있었다. 지금의 연극배우나 영화배우들처럼 가면을 쓰지 않는 연기에 등장하지는 않았지만 가면을 쓴다고 해서 반드시 배우들의 익명성이 보장된 것은 아니었던 것이다.

어빈Irvine은 일본의 노能(역주: 일본의 대표적인 가면음악극)에 나오는 연기자가 가면을 쓰기 전에 준비하는 장면을 기술하고 있다(167~8쪽 내용 참조). 노극에서는 그리스 연극에서 사용된 가면과 달리 가면의 모습이 거의 무표정하거나 중립적이라는 사실 때문에 연기 자체가 한층 복잡해진다. 게다가 무대 장치는 드문드문 놓여 있고, 의미를 전달하거나 극적으로 표출하는 데 도움이 되는 소도구도 거의 없다. 오직 연기에 생동감을 불어넣는 것은 몸짓과 암시에 뛰어난 배우의 재능이다. 연기자는 무대에 오르기 전에 자신의 가면을 연구하고, 자신이 표현해야 할 인물의 성격을 자기 것으로 만듦으로써 자신의 역할에 빠져든다.

많은 아프리카 지역에서도 이와 유사한 상황이 벌어진다. 흔히 가로마의 청동가면. AD 2세기. 로마의 의식용 갑옷에는 기병들이 운동경기를 할 때 쓰는 가면도 포함되어 있었다. 이런 가면은 신화적인 인물을 나타내는데, 남자가 썼지만 나타내는 것은 여성이 될 수도 있고 남성이 될 수도 있었다. 그런 예를 보여주는 이 가면은 이탈리아 남부 놀라Nola에 있는 무덤에서 발견되었는데, 어쩌면 아마존을 묘사한 것일 수도 있다. 높이 25.2cm.

면의식에는 영적인 세계에서 온 존재가 나오는데, 어떤 가면 쓴 사람이 나온다는 것까지 누구나 다 알고 있는 곳도 있다. 이는 분명 모순인데, 가면의식에 나오는 존재를 정말 영적인 세계에서 온 존재라고 믿으면서 동시에 그 존재가 나오게 된 기술적인 배경까지 받아들인다는 것은 분명 앞뒤가 맞지 않아 보이기 때문이다. 하지만 많은 가면의식에서 아프리카인들이 흔히 기대하는 장면이 시작되면, 즉 가면 쓴 사람이 신이 들리면 암암리에 드러나던 모든 인위성은 순식간에 사라진다.

그래서 젠킨스가 고대 그리스의 가면극에서 확인했듯이·어빈 역시 역사에 기록된 유명한 노 연기자의 신원을 확인할 수 있었지만, 아프리카의 가면풍습을 논한 맥Mack은 아프리카에서 가면 쓴 사람들 가운데 유명한 사람이 거의 없다는 점을 지적하고 있다. 한 곳에서는 성공적인 연기가 배우의 재능에 달렸지만, 다른 곳에서는 단순한 연기의 문제가 아닌 것이다. 연기자의 그럴듯한 연기 덕분이 아니라 그가 연기자임에도 불구하고 가면의식에 나온 것은 영혼 그 자체인 것이다.

직접 극에서 가면을 쓰는 경우 외에도, 가면의식에는 교훈적인 등장인물이 극적인 연출을 통해 의미를 부여하는 형태도 많다. 특히 많은 지역에서는 가장행렬을 통해 그것에 역사적인 사건이나 신화 속의 사건을 기념하고 해석한다. 특히 셸턴Shelton이 논의한 라틴아메리카의 가장행렬은 풍성하다. 앞에서도 언급했듯이 많은 가톨릭 국가에서 종교적인 연중행사는 가면 패전트가 열리는 주요 원천이다. 따라서 이 행사에서는 주로 『성경』에 나오는 인물을 묘사한다. 그러나 그 가운데 엄밀하게 '종교적인' 인물은 누가 누군지 대개 알아보기 힘들다.

그래서 멕시코에는 신대륙의 정복자들을 묘사한 가장행렬이 많다. 코르테스Cortes와 아스텍Aztec족의 통치자 몬테수마Montezuma는 흔히 스페인인의 통역자이자 소문에 의하면 코르테스의 정부였던 인디언 여

성을 비롯해 많은 인디언 군대 및 스페인 군대와 함께 나온다. 마찬가지로 1862년 프랑스 군대가 침입했을 때 멕시코인들이 이를 물리친 사건도 해마다 교전이 벌어졌던 5월 2일이면 가장행렬을 통해 반드시 기념되는 것이다.

스페인 정복이나 19세기 전쟁 때의 인물을 등장시킬 때는 분명히 역사를 바라보는 특정한 관점이 부여된다. 스페인 정복을 기념하는 가장행렬은 종교적인 축제라는 테두리 내에서 진행되며, 특정 성인이나 모든 성인의 축일과 관계가 없는데도 기독교의 승리가 인정된다. 그래서 정복 전은 스페인 사람들이 들어오면서 무참히 짓밟혔지만 기독교 신앙이 싹트면서 어느 정도 회복되는 황금기로 그려진다. 과거의 사건을 재현하는 것은 역사적인 기억을 현재의 살아 있는 전통으로 만든다. 그리고 그 과정에서 여러 갈래의 역사적 맥락이 하나로 엮어진다. 이는 교실이나 교과서에서 배우는 역사가 아니라 독창적이고 절충적인 시각에서 극적으로 각색된 새로운 역사이다.

영국, 특히 잉글랜드의 시골 지방에서 상연되는 무언극은 오랜 전통으로 인해 패전트에 부여된 다층적인 구조, 때로는 정말 이해하기 어려울 정도로 복잡한 구조를 드러낸다. 무언극은 제2차 세계대전 후까지도 시골 축제의 주요 부분으로 남아 있었는데 지금은 사실상 사라진 전통이다. 특히 무언극은 동지 · 추분과 관계가 깊었는데, 어느 정도는 크리스마스와 부활절과도 관계가 있었다. 무언극에 대한 논의는 저 멀리까지 거슬러 올라가는데, 흔히 서력 기원전의 연중행사와 연관이 있다느니 그보다 더 오래된 농부들의 풍습에서 유래됐다느니 하는 설이 제기되고 있지만 아직 그 궁극적인 기원이 분명하게 밝혀지지는 않았다. 무언극 배우들은 무리 중에 한 사람이 은퇴하면 새로운 신입자를 끌어들여 그들의 전통을 입에서 입으로 전했다. 따라서 주로 20세기에 이르러 극의 구조가 기록되기 전까지는 각 개인이 구체적으로 연기해야 할 역할의 윤곽만 전수되었다. 당연히 각 지방의 여러 연희패들 사이에서 다양한 판본이 발전할 수밖에 없었다.

제2차 세계대전 직후에 휘슬러Whister가 기록한 주요 등장인물들을 보면 역사적인 인물과 영웅적인 인물을 본뜬 온갖 종류의 인물들이 줄줄이 나온다. 예를 들면 산타클로스, 조지 왕, 망나니 칼잡이 또는 터키 스나이프(혹은 기사), 돌팔이 의사, 팅탕 또는 리틀 조니 잭, 소문꾼, 변호사, 용감한 군인 등인데, 이들 가운데 일부는 함께 나올 수 없는 인물들임에도 이상하게 어우러져 있긴 하지만 누군지 금방 알아볼 수는 있다. 아마 조지 왕은 용을 퇴치한 성 조지Saint George를 18세기로 옮겨놓은 인물일 것이며, 터키 스나이프는 "나 터키 스나이프가 왔다, 우리 터키 땅에서 싸우러"라는 대사에서도 알 수 있듯이 십자군 전쟁 때의 '이교도'를 가리킬 것이다. 터키 스나이프는 조지 왕에게 도전했다가 여행 경험이 풍부한 돌팔이 의사("난 인도, 남인도, 벤디고, 담도 없고 도시도 없는 이티-티티에도 다녀왔지") 덕분에 살아나긴 하지만 결국엔 살해된다.

그 밖에 산타클로스는 빅토리아 시대에 추가된 인물인데 전통적으로 무언극이 열리는 계절인 겨울과 어울린다. 팅탕은 리틀 조니 잭과의 관계에서 알 수 있듯이 셔우드 숲에 사는 사람이나 리틀 존일 수도 있지만 로빈 후드일 가능성이 더 많은 궁수이다. 영웅적인 인물들은 실제로 묘사되지 않더라도 말로라도 언급되는 경우가 많았는데, 윌트셔의 퀴드햄프턴 무언극단이 다룬 주제 가운데는 넬슨 제독의 죽음도 포함되어 있었다. 이렇듯 누구라고 분명히 말할 수 있는 이름과 인물도 많지만, 일부는 그 기원이 불확실하고 운문 중에 뜻이 모호한 것도 많아 영어에서는 무언극이라는 말이 나중에는 '저속한 익살'을 뜻하는 말로도 사용되었다.

그런데 무언극은 '가면극'의 동의어이기도 하다. 무언극 배우들은

아마포로 만든 여자 미라가면. 테베의 것으로 추정되며, 제작 시기는 2세기 초보다 앞서지 않을 것으로 보인다. 이 가면은 헬레니즘 문화가 상이집트(역주: 고대 이집트의 영역을 3등분 했을 때 카이로~수단에 이르는 지역을 지칭한다) 남부에 영향을 미쳤음을 보여주는 가장 뚜렷한 예 가운데 하나이다. 높이 61cm.

표현해야 할 인물과 별로 상관없는 의상을 입고 연기한다. 의상은 사방에 온통 길다란 천조각을 꿰매어 붙인 작업복이나 드레스에 메이폴may pole(역주: 5월제를 축하하기 위해 꽃이나 리본으로 장식한 기둥)처럼 긴 리본장식을 꿰매어 붙인 원뿔형의 길다란 머리장식으로 마무리되어 있다. 그리고 대개 이목구비를 뚜렷이 새겨 얼굴에 정확히 고정되는 가면을 쓰지는 않지만, 배우의 모습을 가리는 데는 손색이 없다. 다른 지역의 가면전통과 마찬가지로, 시각적인 기준으로만 보면 배우가 연기하는 인물이 누구인지 분명히 알 수 없다. 터키 스나이프의 경우에도 그가 십자군과 관계가 있다는 것을 현대의 관객들은 놓치기 쉽지만, 그래도 분명히 터키 스나이프임을 알 수 있는 것은 그가 자신을 소개할 때 말하는 문구 때문이다.

상징으로서의 가면

연극이나 영화의 시상식에서 수상자에게 작은 대위에 세워져 있는 가면을 상으로 주는 경우를 흔히 보게 된다. 그리고 극장에서도 공연 안내장에 가면의 이미지를 배치하는 예가 많다. 뒤에서 젠킨스는, 죽은 사람의 뛰어난 연기에 헌정한 것이라기보다 스스로 교양이 있다고 생각한 사람이 임의대로 장식한 것이겠지만 고대 그리스에서도 때로 관의 가장자리를 가면 비슷한 이미지로 장식했다는 점을 지적하고 있다. 본질적으로 연기나 모종의 행위를 할 때 쓰는 공예품을 삽화를 넣은 정적인 매체인 책을 통해 제시할 때 생길 수 있는 문제가 무엇이든지, 이처럼 가면이 상징적인 존재가 되는 경우 가면은 그것이 놓인 상황과 별개로 독립적인 한 도상이 될 수도 있다고 생각하게 된다.

앞에서도 언급했듯이 가면을 관광기념품으로 제작하는 경우 외에도 가면을 가장이 아닌 다른 데에 사용할 목적으로 만드는 사례는 아주 많다. 자이르의 레가Lega족은 가면의 개념을 훨씬 넓게 받아들인다. 인류학자 대니얼 비뷔크Daniel Biebuyck는 이에 대해 다음과 같이 말한다. "가면은 놀랄 만큼 다양하게 사용된다. 가면은 얼굴과 머리, 뒤통수와 관자놀이에도 쓰지만 어깨 언저리와 어깨와 팔꿈치 사이에도 쓰고 무릎에도 쓴다. 가면은 기둥에 매달기도 하고 담장에 묶어놓기도 하고 땅 위에 놓기도 한다. 가면에 달린 수염을 잡고 가면을 빙글빙글 돌리기도 하고 질질 끌고 다니기도 한다." 레가족에게는 다양한 등급의 비밀결사에 들어가는 가입의례 때 반드시 익혀야 하는 말로 대개 예의범절에 대해 가르치는 아주 비밀스런 지식, 즉 비전을 전수하는 과정이 있다. 이때 가면을 포함한 많은 종류의 공예품은 이 비전을 기억하는 데 도움이 되는 물건으로 쓰인다. 물론 그렇다고 해서 그 물건의 형태와, 그 물건이 '비밀에 참여한' 사람들에게 전해주어야 할 도덕적 교훈 사이에 반드시 어떤 연관성이 있을 필요는 없다. 또 중앙아프리카의 다른 곳에서는 펜데족이 가면 모양의 작은 상아목걸이를 만들어 신입자들에게 목에 걸고 다니게 한다. 이때는 나이지리아의 베냉Benin족이 만든 유명한 상아가면이나 황동가면의 경우처럼 가면이 그저 장식물로 쓰기에 좋아서 걸고 다니는 것이 아니다. 펜데족의 상아목걸이는 가입의례를 상징하는 표지標識일 뿐 아니라 신입자들이 앞으로 충실히 지켜야 할 가르침을 상기시키는 물건이다. 코트디부아르의 단Dan족도 이와 유사한 목적으로 소형 가면을 만든다.

물론 이런 물건을 사용하는 방법은 신입자나 그 물건을 착용하는 사람의 지위와 명성에 따라 달라진다. 그런가 하면 행사의 성격을 드러내기 위한 상징적인 표상으로서 가면을 전시할 수도 있다. 자이르의 쿠바Kuba족에게는 소년들의 성년식에 가면을 쓰는 과정이 있다. 빈클레이Binkley의 지적에 따르면 쿠바족에게는 이런 가입의례 전통이 두 가지 있는데, 여기에는 각각 노래와 춤이 따르는 복잡한 가면의식이 있다고 한다. 이 왕국의 중심 세력인 바슝Bushoong(또는 바숑고Bushongo)족의 가입의례는 왕실의 후원 아래 이루어진다.

쿠바족의 왕 뒤에는 우트Woot라는 신화적인 인물이 있는데, 우트는 쿠바족의 첫번째 남자이자 첫번째 아버지이며 첫번째 왕이다. 가입의례를 처음 만든 사람도 우트이다. 역사가 얀 반시나Jan Vansina는 가입의례가 만들어지게 된 신화적인 배경을 이렇게 설명한다. "어느 날 우트가 야자술에 취해 (…) 벌거벗은 채 땅 위에 드러누워 있었다. 그런데 그 모습을 본 아들들은 아버지를 놀렸으나, 딸은 허리에 두르는 아버지의 옷을 찾아 아버지에게 눈길을 주지 않기 위해 뒷걸음질쳐서 옷을 허리에 얹어주었다. 잠이 깬 뒤 이 사실을 안 우트는 딸에게는 상으로 그녀가 낳은 자식들이 후계자가 될 것이라고 약속하고(모계상속의 기원), 아들들은 벌로 가입의례에 보냈다." 가입의례는 우트가 그의 아들들에게 내린 벌을 재현한 것이므로, 신입자들은 너희는 우트의 아들이며 너희들이 아버지를 화나게 했으니 벌을 받아야 한다는 말을 듣는다.

반시나와 빈클레이가 말한 대로 가입의례가 시작되면 신입자들은 넓은 장벽을 지나 마을을 떠나 은거에 들어가는데, 그들이 성인기로 들어가는 통과의례를 마친 뒤 다시 나타나는 곳도 바로 그 장벽이다.

그 벽은 자연물과 조각상, 동물을 잡는 덫과 가면을 비롯한 여러 상징물을 붙여놓는 일종의 게시판이기도 한데, 이 중에는 가입의례 과정에서 일어나는 일을 기록하고 있는 것들도 있다. 그래서 전시되어 있는 두 자고새 중 수컷은 덫에 걸려 있고 암컷은 그 주위를 빙빙 돌고 있는 형상인데, 이는 가입의례에 걸려든 신입자와 그 무리에서 배제된 소녀들을 연상시킨다. 그런가 하면 가입의례 전 과정의 신화적 배경을 기록하고 있는 것들도 있는데, 장벽 가운데에 뾰족하게 솟아 있는 꼭대기에는 우트라는 비밀 이름을 가진 율yool(경찰) 가면이 전시되어 있고 그 양쪽에 제일 먼저 가입의례를 통과하라는 벌을 받은 우트의 두 아들, 브움bwoom과 음와슈 암부이mwash ambooy 가면이 있다. 네 번째 가면인 음붕 아 크웡mboong a kwong은 엄청나게 큰 고환을 가진 남자가 앉아 있는 모습인데, 바로 우트의 자손, 즉 신입자들이라고 한다.

만화 같은 이 미라가면의 특히 해부학적 특징이 뚜렷하지 않은, 금박을 입힌 얼굴과 밝고 선명한 색깔은 이집트 프톨레마이오스 왕조 시대의 전형을 보여준다. 머리 둘레에 '신비한 머리를 위한 주문'(43쪽 내용 참조)의 축약본이 새겨져 있다. 높이 48cm.

가면은 가입의례 과정에서도 일정한 역할을 한다. 가입의례가 전적으로 신화에서 기원했음을 나타내는 상징으로 가득한, 가입의례에 들어가는 장벽에 전시된 가면들은 가입의례의 중요성을 강조한다. 가입의례에 들어간 신입자들을 걱정하는 일가친척뿐만 아니라 가입의례에 직접 참여하지 않은 그 공동체의 사람들에게 전시된 가면들은 가입의례 기간 내내 마을 경계 너머 숲에서 일어나고 있는 사건을 말해주는 표시이자 상징이 된다. 그 가면들은 공간을 구분하는 경계가 되기도 하지만, 가면을 포함한 적절한 상징물을 통해 소년들이 그 권위하에 무사히 성인이 된다는 것을 집약적으로 보여준다.

가면이 상징적으로 쓰일 수 있다고 해서 원래 의미를 지녔던 상황에서 분리되면 아무 의미도 없는 단순한 표상으로 전락한다는 말은 아니다. 오히려 그와는 정반대이다. 의례 과정에서 더 이상 가면을 쓰지 않더라도 가면이 어떤 면에서 여전히 의미가 있는 것은 그것이 다른 상황에서 권위와 힘을 갖기 때문이다. 이런 예를 논리적으로 확장시키면, 이젠 가면이 그 자체로서 강력한 존재가 되어 대량으로 제작되게 되면 충분히 마음대로 써도 됨을 의미할 텐데 감히 함부로 쓰지 못하게 되는 상황이 벌어진다. 브레인Brain에 따르면 카메룬의 방와Bangwa족에게서 이런 예를 발견할 수 있다. 방와족은 밤의 결사 회원들이 가면을 어깨에 메고 다니는데, 이제 가면은 아주 신비한 힘을 가진 존재가 되어 감히 인간의 얼굴에 쓸 수 없게 된 것이다.

이 책에 실린 가면은 대부분 대영박물관의 소장품에서 고른 것인데, 이 가운데 제한된 의미에서 어떤 것을 상징하는 표상으로만 쓰인 가면은 없다. 두 명을 제외하면 모두 대영박물관에서 큐레이터로서 일한 적이 있거나 현재 일하고 있는 필자들은 모두 가면 자체에만 관심을 집중시키기보다 우리들의 인식을 가면을 쓰는 전통 일반으로 넓히기 위해 애썼다. 그러나 젠킨스만은 가면이 완전히 현재 눈에 보이는 것으로 사용되고 있는 전통에 관심을 집중시켰다. 이와 반대되는 경우 가면의 세계는 현실의 직접적인 반영이 아니라 오히려 현실의 또다른 형태이다. 두 가지 의미에서 가면은 '얼굴에 대한' 세계이다.

신의 모습

- 고대 이집트의 가면

고대 이집트의 가면은 모두 종교적인 목적을 위해 만들어졌다. 가면은 얼굴을 바꾸거나 감추는 데 목적이 있는 것이 아니라 가면 쓴 사람을 신과 같은 존재로 격상시키기 위한 매개물이었다. 이는 미라가 된 죽은 사람의 몸에 얹은 머리장식은 물론 예외적으로 살아 있는 사람이 쓴 동물가면의 경우에도 마찬가지였다. 보통 사람의 능력으로는 감당할 수 없는 질병의 위협과 사고의 위험, 사후에 내세로 가는 험난한 길에 직면했을 때 사람들은 신과 같은 능력을 가질 수 있는 수단을 간절히 필요로 했다.

공감 주술sympathetic magic(역주: 밀랍인형을 바늘로 찔러 남을 저주하는 것처럼, 어떤 사물이 비물리적인 결합에 의해 물리적으로 떨어져 있는 다른 사물에 영향을 미칠 수 있다는 신앙에 근거한 주술)의 개념에 따르면, 가면을 쓰면 그 사람은 다른 존재, 보통은 초자연적인 영역과 관계 있는 존재와 동일시되었다. 가면은 초인적 능력, 특히 온갖 위험을 물리칠 수 있는 힘을 주었다. 이런 믿음 때문에 흔히 신과 동일시되었던 사람들이 주관했던 이집트의 제의와 마법에서 가면이 중요한 역할을 했을 것으로 보이기도 한다.

그러나 안타깝게도 가면이 그와 같은 상황에서 쓰여졌음을 보여주는 증거는 희박한데, 이는 아마 가면이 썩기 쉬운 재료로 만들어져 거의

채색한 나무 미라가면. 표현 양식으로 보아 제18왕조 후기인 BC 1350년경에 제작된 것으로 추정되는데 여성을 위한 가면인 것으로 보인다. 무화과나무로 앞면과 뒷면을 따로 조각한 다음 합쳤다. 바깥쪽은 회반죽을 바르고 채색을 했으나 안쪽은 다듬지 않고 그대로 두었다. 귓볼의 구멍은 그냥 그려넣은 것이다. 정면 맨아래쪽에 있는 두 구멍과 뒤쪽에 있는 한 구멍은 가면을 미라에 고정시킬 때 쓰는 끈을 꿰기 위한 구멍인 듯하다. 이 시기에는 가면을 선택적으로 사용했으며, 상당한 재산과 지위가 있는 사람을 매장할 때만 사용한 것으로 보인다. 높이 43.5cm.

인류학적 기록을 남기지 못한 탓일 것이다. 동물 머리를 한 인간이 의식을 올리는 장면을 예술적으로 묘사한 작품들도 아주 애매모호하다. 그것이 신이 직접 참여하는 신의 영역에서 일어난 일인지, 아니면 사제司祭가 신의 역할을 연기할 뿐인 지상의 영역에서 일어난 일인지 성급히 판단할 수 없기 때문이다. 만일 후자라면 동물가면을 쓴 인간의 도상이 그저 문제의 신이 누구인지 나타내는 역할만 했을까? 아니면 말 그대로 사제가 가면을 쓰고 있는 것을 묘사한 데 불과할까? 비문碑文도 거의 도움이 되지 않는데, 문제는 고대 이집트어에는 '가면' 을 가리키는 특정한 말이 없다는 사실이다.

하지만 병을 치료하고 일상적인 사고를 치유하기 위한 의식에 가면을 사용했다는 증거는 몇 가지 있다. 폐허가 된 카훈Kahun(역주: 고대 이집트의 도시. BC 1844~37년 동안 재위한 세소스트리스 2세가 일라훈의 피라미드를 세우기 위해 고용된 감독관과 일꾼들을 위해 세웠으나 피라미드가 완성되자 폐허가 되었다)의 집에서 영국의 인류학자 플린더스 페트리Flinders Petrie는 채색된 카토나지Cartonnage(안팎으로 회반죽을 바른 여러 겹의 아마포로 만든 가벼운 다용도 재료)로 만든 보통 크기의 기괴한 가면을 발견했는데, 가면 쓴 사람이 밖을 볼 수 있도록 눈구멍이 뚫려 있었다. 베스(역주: 고대 이집트의 '오락의 신' 이며 '아기와 순산의 신' 이기도 하다. 커다란 머리, 부릅뜬 눈, 내민 혀, 바깥쪽으로 휜 다리, 털이 많은 꼬리에 대개 큰 깃털왕관을 쓴 난쟁이의 모습으로 그려진다)나 아하(역주: 고대 이집트의 왕. 제1왕조의 창시자인 전설적인 왕 메네스와 동일 인물일 가능성도 점쳐지고 있나 확실하지는 않다) 처럼 사자 형상의 귀신을 나타낸 것으로 보이는데, 주술사가 액을 막기 위한 의식 때 썼을지도 모른다.

테베Thebes의 라메세움Ramesseum(역주: 람세스 2세가 묻힌 장례신전) 근처에 있는 무덤에서 발견된 작은 나무조각상도 분명히 그런 가면을 쓴 여성상인데, 주술사의 도구였을 것으로 보이는 뱀지팡이를 쥐고 있다. 카훈에서 발굴된 가면과 이 조각상은 각각 BC 19세기와 18세기의 것으로 추정되지만 동물가면은 당연히 다른 시기에도 있었을 것이다. 그러나 그 증거가 희박한 이유는 동물가면이 사용된 의식이 주요 사원에서 거행된 의식이라기보다 우리에게 별로 알려져 있지 않은 농부들의 종교생활에서 나타난 의식이었음을 반영하는 것일지도 모른다.

또 흔히들 죽은 사람의 시체를 미라로 만들어 썩지 않게 보존하는 일을 책임지는 아누비스 신(역주: 고대 이집트의 죽음의 신)으로 분장하기 위해 사제가 장례식에서 가면을 썼다고 하는데, 이는 더욱 논란의 여지가 많다. 언뜻 보면 증거가 확실해보이기도 한다. BC 15세기 초기의 무덤 벽과 파피루스, 관에 그려진 수백 개의 그림에서 자칼 머리의 남자가 사제 · 조문객들과 함께 미라에 대한 마지막 의식을 거행하는 모습도 자주 볼 수 있고, 오스트라콘Ostracon(역주: 고대 이집트에서 값비싼 파피루스 대용으로 사용한 토기나 석회암의 박편)에 그려진 한 매장식 장면에서도 자칼 머리를 한 인물이 미라를 받아 관에 넣는 것을 분명히 볼 수 있기 때문이다. 그리고 힐데스하임 박물관에 있는, 코 밑에 눈구멍인지 숨구멍인지가 뚫려 있는 채색된 도기로 만들어진 자칼 가면도 그 무게(8kg)나 어깨 위로 들어갈 것 같지 않은 작은 구멍으로 미루어 보아 도저히 머리장식으로는 쓸 수 없을 것 같은데도 장례식과 같은 의식에 쓰인 '증거'로 흔히 인용되었다.

헬레니즘 시대의 이시스(역주: 고대 이집트의 풍요와 수태의 여신. 저승의 신으로 죽음과 부활을 관장하는 오시리스의 누이이자 아내이다) 숭배의식에 자칼 가면이 쓰인 것으로 알려져 있으나, 자칼 가면을 썼다는 기록은 그리스 · 로마 시대 이전에는 발견되지 않는다. 그림에 나타난 유일하게 확실한 증거, 즉 사제들의 행렬 가운데 자칼 가면을 쓴 남자가 보이는 단다라Dendera 사원에 그려진 벽화도 로마 시대의 것이다. 자칼 가면 안으로 남자의 얼굴이 보이는데, 동료 한 명이 그를 인도하고 있는 것으로 보아 앞을 보지 못하는 게 분명하다. 이는 로마 정복 시대의 이집트에서 자칼 가면이 사용되었다는 것을 말해주는 증거일 수도 있으나, 그렇다고 해서 자칼 머리를 한 사람이 그려진 그 이전 시기의 그림이 파라오 시대에 자칼 가면이 사용되었다는 것을 말해주는 증거라고 볼 수는 없다(역주: 파라오 시대는 왕조 시대라고 하며, 고대 이집트 역사는 크게 왕조 이전 시대와 왕조 시대, 로마 정복 시대 또는 프톨레마이오스 왕조 시대로 나뉘어진다. 그리고 왕조 시대는 다시 고왕국 시대와 제1중간기, 중왕국 시대와 제2중간기, 신왕국 시대와 제3중간기로 나뉘어진다). 사실 단다라 벽화는 파라오 시대의 예술에 나타난, 원래의 의미를 알 수 없었던 자칼 머리를 한 사람들을 설명하기 위한 시도로 그린 것일지도 모른다. 또한 자칼 머리를 한 사람을 그린 신왕국 시대의 그림도 신이 장례식에 직접 참석한다는 것을 전달하기 위해 그린 그림일지도 모른다. 달리 말하면 자칼 머리를 한 사람은 아누비스로 분장한 사제가 아니라 아누비스 자신을 나타낸 것일지도 모르는 것이다.

이 외에도 축제일에 일부 사원에서 펼쳐진 종교적인 '극'에서 신을 나타내는 가면을 썼을지도 모른다. 그렇다면 이 경우에도 호루스(역주: 매의 모습을 한 태양신. 오시리스와 이시스의 아들)나 토트(역주: 따오기의 머리모양을 한 지식과 학예의 지배자)의 역을 맡은 배우들이 각각 매와 따오기 가면을 썼을 것이라고 가정해도 좋을 것이다. 하지만 여기서도 배우가 그 역할을 하는 데 특별한 의상이 필요하지는 않았을지도 모른다. 왜냐하면 이시스와 네프티스(역주: 고대 이집트의 '죽음의 여신') 역을 맡은 여성들은 그 팔에 쓰여진 신의 이름만으로도 간단히 확인할 수 있었기 때문이다.

미라가면의 종교적 의미

살아 있는 사람이 가면을 쓴 경우는 실망스럽게도 증명하기 어렵지만, 가면이 장례용품에 포함된 경우는 훨씬 설명하기 쉽다. 미라의 머리 위에 놓인 가면은 거의 인간의 얼굴을 그대로 재현하고 있는데, 죽은 사람이 사후에 얻고자 한 신과 같은 형태, 주로 부활을 관장하는 신인 오시리스나 태양신과 같은 존재로 죽은 사람을 나타낸 것이다. 대부분의 미라가면은 대량생산되어 얼굴이 판에 박은 듯 똑같았는데, 투탄카멘Tutankhamun의 황금가면처럼 왕족을 위해 특별히 주문한 경우에서만 죽은 사람의 초상을 보존하려고 했던 시도를 엿볼 수 있다. 사실 죽은 사람의 초상은 무덤에 세우는 상이든 사람 모습의 관이든 아니면 미라가면이든 이상형으로 그리는 것이 관례였는데, 그것이 시신을 대신한다는 신비한 효능에는 아무런 문제가 없었다.

가면은 육체가 썩어 없어지면 육체를 대신해 영혼의 부활에 필요한 육체적인 형태를 제공하는 것이었다. 이집트인들이 내세에서 가장 두려워한 재난 중의 하나가 머리가 없어지는 일이었다는 사실은 상당히 의미심장하다. 『사자의 서』 43장 〈사자死者의 세계에서 사람의 목이 잘리는 것을 막는 주문〉에서는 '오시리스의 머리를 그에게서 빼앗지 못하듯이 내 머리도 빼앗아가지 못하리라'는 점을 강조하고 있다. 이렇듯 가면이 머리를 대신했기 때문에 머리가 없어지는 불상사에 대비할 수 있었지만, 가면의 역할은 이것만이 아니었다. 여러 비문들은 사후에도 영혼의 영원한 삶을 원했던 이집트인의 염원을 실현하는 데 미라가면이 훨씬 분명한 역할을 했음을 보여준다.

최초의 미라가면은 BC 22세기나 21세기에 나타나지만(44쪽 사진 참조), 저 멀리 고왕국 시대(BC 2686~2181년경)의 무덤에서도 그 전조를 발견할 수 있다. 이미 이 시대에도 머리에 특별한 관심을 쏟았는데, 미라를 감싼 천에 얼굴을 그려넣거나 천으로 감싼 머리 위에 회반죽으로 직접 얼굴 모양을 나타냈다(제5왕조와 6왕조 시대에는 몸 전체를 이렇게 처리하기도 했다)는 것은 시신의 머리와 어깨를 덮는 머리가면을 따로 만들게 되면서 절정에 이르렀던 전통이 이미 형성기에 있었음을 말해준다. 이런 가면은 이집트 전역에 있는 유적지는 물론 누비아Nubia의 미르기사Mirgissa처럼 이집트에서 멀리 떨어진 곳에 있는 제1중간기와 중왕국 시대(BC 2181~1650년경)의 무덤에서도 발견되었다. 나무로 만들어진 것도 있지만 대부분은 카토나지로 만들어졌다. 가면의 머리와 머리장식은 틀로 형을 뜨고 귀처럼 세부적인 부분은 나무나 진흙으로 만들어 나중에 붙였다. 죽은 사람은 세 갈래로 갈라진 가발을 쓴 모습으로 묘사되었는데, 때로는 가발에 줄무늬를 넣거나 날개 달린 머리장식을 얹기도 했다.

가면이나 관의 가발에 가장 널리 쓰인 색은 청색이었는데, 신의 머리카락이 군청색 청금석靑金石으로 되어 있다고 믿은 사람들이 이를 모방한 것으로 보인다. 얼굴은 노란색이나 붉은색으로 칠하기도 하고 금박을 입히기도 했다. 때로 눈에는 상감을 했는데, 베르사Bersha에 있는 제후티나크트Djehutynakht의 무덤에서 나온 가면(제11왕조, BC 2125~1985년경)의 눈은 구리 바탕에 상아가 박혀 있다. 남자를 위한 가면에는 턱수염과 콧수염을 그려넣은 것이 많았다. 대개 가발 부분의 테두리에는 가는 띠 모양으로 선이 그려져 있었다. 이 시기의 가면은 어깨를 가로질러 가슴과 등에 늘어뜨린 커다란 플랩(드림장식)으로 마무리되어 있다. 여성의 무덤에서는 때로 이

아시우트에서 발굴된 안크헤프Ankhef라는 남자 미라 위에 놓여 있던 카토나지가면. 노랗게 칠한 얼굴빛은 죽은 사람이 새롭게 획득한 지위, 즉 빛나는 황금빛 살결을 가진 신적인 지위를 상징하는 데 값비싼 금박 대신 사용한 것이다. 미라를 천으로 감싸는 일은 계속 되었는데, 이런 초기의 가면은 머리 위에 놓여졌다. 가면을 아마포 끈으로 고정시킨 다음, 길게 늘어진 부분을 가리고 가면을 제자리에 고정시키기 위해 다시 천으로 감쌌다. 얼굴 한쪽이 손상된 것은 몸을 왼쪽으로 눕히고 머리를 나무받침으로 받쳐 놓았기 때문일 것이다. 중왕국 시대에는 미라의 얼굴이 관의 동쪽 면에 그려진 눈과 일직선이 되게 하기 위해 이렇게 매장하는 풍습이 있었다. 높이 50cm.

여성을 위해 만든 이 화려한 가면은 줄무늬가 있는 가발에 날개 달린 독수리 머리장식을 하고 있다. 틀 위에 카토나지를 붙여 형을 뜬 다음 채색을 하고 금박을 입힌 것으로, 가면 안쪽을 보면 형을 뜬 자국을 볼 수 있다. 깃 아래에 새겨진 문자는 가면을 쓴 사람을 위해 공물을 바치고 잘 묻어달라는 일반적인 기도문이다. 그 동안은 중왕국 시대의 가면으로 추정되었으나 최근 연구 결과 제18왕조 초기의 것으로 밝혀졌다. 현재 대영박물관에는 같은 무덤에서 나온 것으로 추정되는 몇몇 문자가 새겨진 아마포가 있는데, 여기에는 이 죽은 여인의 이름이 사트제후티Satdjehuty인데, 아모세Ahmose 1세의 아내인 아모세-네페르타리Ahmose-Nefertary 여왕의 존경을 받았다고 쓰여 있다. 왕족이 아닌 그녀가 예외적으로 고급스런 가면과 독수리 머리장식을 할 수 있었던 것은 이와 같은 왕실의 총애 덕분이었을 것이다. 높이 52cm.

부분에 노출된 유방이 그려져 있기도 한데, 아시우트Asyut에서 발견된 것은 가슴이 그냥 봉긋하고 둥글게 만들어져 있다.

이와 같은 초기의 가면 가운데는 문자가 새겨져 있어 그 기능을 더욱 분명히 알 수 있는 것도 있다. 이는 주문 531장처럼 관 위에 쓰여진 종교적인 글을 집대성한 『장례 문서*Coffin Texts*』에서 찾아볼 수 있는데, 신왕국 시대에 그 수정판이 『사자의 서』(151B장)에 통합되었다. 최신판 『장례 문서』에서 〈신비한 머리를 위한 주문〉은 가면에게 이렇게 말을 건다.

"인정 많은 환상의 주여. (…) 신들 사이에 있는 다정한 얼굴이여, 당신을 환영합니다." 그리고 가면의 각 부분을 그에 적합한 신이나 부활의 잠재력을 지녔다고 믿었던 태양신이 타고 다니는 배와 동일시한다. "당신의 오른쪽 눈은 밤에 타는 배, 당신의 왼쪽 눈은 낮에 타는 배, 당신의 눈썹은 엔네아드(헬리오폴리스의 창조설화에 나오는 아홉 신)의 눈썹, 당신의 이마는 아누비스의 이

아크밈Akhmim에 묻힌 사제 이르토후Irthorru의 미라. BC 600년경. 이 시대에는 보기 드문 보통 얼굴 크기의 정교한 금박가면이 놓여 있다. 이 가면은 왕족이 아닌 사람으로서 둥글게 감긴 '신의' 수염이 달린 가장 초기 가면 중의 하나이다. 짜맞춘 기법도 특이해 마치 가면이 미라를 감싼 천과 하나가 된 것 같다. 얼굴은 따로 만들어, 수지를 넣은 소재로 만든 토대 위에 놓인 미라에 붙였을 것이다. 가발도 이 소재로 토대를 만들었다. 높이 36cm.

마, 당신의 목덜미는 호루스의 목덜미, 당신의 머릿단은 프타-소카르의 머릿단."

투탄카멘의 황금가면에 새겨진 판본에서는 다음과 같이 계속된다. "오시리스 앞에 있는 당신 덕분에 그가 보고, 당신이 그를 바른 길로 인도하며, 세트(역주: 오시리스의 동생으로 오시리스를 살해했다. 폭력의 화신으로 태풍과 암흑을 관장하는 악신)의 동맹군을 물리쳐 그가 아홉 신들 앞에서 당신의 적을 쳐부술 수 있게 하고……." 이 마

지막 말을 통해 죽은 사람은 동생에게 살해당했다가 부활해 다른 어떤 신보다 부활의 열쇠를 쥐고 있는 오시리스와 동일시된다. 나아가 가면을 '신비한 머리'라고 한 것은 이집트인들이 가면을, 밤에 지하 세계를 여행하며 황금빛 얼굴로 지하 세계를 밝게 비춰 그곳에 살고 있는 죽은 사람들에게 새로운 생명을 가져다준다는 태양신의 머리와 동일시했다는 것을 말해준다. 이처럼 가면은 신적인 존재의 청색 머리카락과 깃, 황금빛 살결뿐만 아니라 신이 갖고 있는 특정한 물리적 속성에 이르기까지 죽은 사람이 안전하게 내세로 가는 데 필요한 모든 것을 제공해주었다. 또한 죽은 사람이 오시리스는 물론 태양신인 레Re와 동일한 존재가 되게 함으로써 부활을 이중으로 보장해주었다.

중왕국 시대의 미라가면은 몇 차례 중단되기도 했지만 AD 4세기까지 지속된 오랜 전통의 출발점이 되었다. 또 이 시기의 미라가면은 사람 모양의 관이 기술적·도상학적으로 발전하는 데 중요한 영향을 미쳤다. 초기 미라 모양의 관은 가면과 만드는 방식이 똑같고 장식도 비슷해 가면을 확장시킨 형태를 띠었다. 그후 수세기 동안 가면과 미라 모양의 관은 그 기능이 밀접하게 연관되어 있었다.

나무와 카토나지, 금속으로 만든 가면은 신왕국 시대(BC 1550~1069년경)의 무덤에서 발견되었다(39쪽, 46쪽 사진 참조). 그 중에서도 투탄카멘의 가면이 가장 정교하나, 궁정 귀족들의 가면도 뛰어난 예술 작품이다. 카이로 박물관에 있는 티예Tiye 여왕의 어머니 튜유의 가면은 그 좋은 예이다. 어른뿐만 아니라 아이들에게도 가면을 마련해주었으며, 때로는 매장용으로 마치 사람 몸을 축소시킨 양 방부처리된 내장 위에 가면을 얹어놓기도 했다. 이 시기에는 미라가면과 사람 모양의 관이 지닌 신비한 역할이 점차 중복되는데, BC 13세기 테베에서는 가면을 따로 사용하는 경우가 갈수록 사라지고,

테베에서 발굴된 헤누트메히트Henut-mehit 부인의 미라에서 나온 가면. 제19왕조나 제20왕조(BC 1295~1069년경). 삼나무 목재로 만들었으며, 회반죽을 바르고 채색을 한 다음 금박을 했다. 이전의 가면과 달리 이 가면에는 죽은 부인의 팔이 엇갈려 놓여 있는 부분이 포함되어 있다. 금박을 한 나무로 만든 미라 모양의 덮개가 배와 다리 위에 놓여 있는데, 죽은 자가 지하 세계의 신들 앞에 있는 장면이 내비침 세공으로 그려져 있다. 이 두 가지가 합쳐진 미라판은 관 속에 있는 천으로 둘러싸인 몸 바로 위에 놓여 있다. 높이 70cm.

테베에서 발굴된 호르네지테프Hornedjitef의 미라가면. 이 관에 새겨진 관직명을 보면 그가 프톨레마이오스 3세 시대(BC 246~222년)에 살았다는 것을 알 수 있다. 몇 겹의 아마포 위에 얇게 회반죽을 바른 다음 채색과 금박을 했으며, 칼라의 세부장식과 목걸이, 문자가 새겨진 머리띠는 얕게 돋을새김되어 있다. 머리 위에는 부활을 상징하는 복잡한 장면이 그려져 있는데, 날개 달린 스카라베(역주: 태양신 케페라의 상징으로 재생과 풍요를 가져다준다 해서 신성하게 여긴 투구풍뎅이 또는 그것을 본뜬 부적)가 납작한 태양을 밀어 올리고 있고, 이 스카라베를 다시 지하세계를 통치하는 오시리스의 상징으로서 인간의 속성을 지니고 있는 제드Djed 기둥이 떠받치고 있다. 왼쪽과 오른쪽에는 이시스와 네프티스를 비롯한 여러 신들이 있고 아래에는 암소 형상의 하토르 여신이 있다. 양쪽에 호루스를 상징하는 매가 날개로 카르토슈cartouche(역주: 벽화나 기념비 등에서 상형문자로 쓰인 왕명을 에워싼 타원형의 테) 안에 쓰여 있는 오시리스의 이름을 보호하고 있다. 머리띠처럼 이마에 빙 둘러 새겨진 문자는 죽은 사람 머리의 각 부분을 여러 신들과 동일시하고 있는 고대의 〈신비한 머리를 위한 주문〉의 한 판본이다. 높이 38cm.

가면은 몸 위에 추가로 얹는 일종의 관 뚜껑인 미라판으로 대체되었다(48쪽 사진 참조).

약 9백 년 동안(BC 1200~1300년) 이집트 무덤에서는 죽은 사람의 이상화된 얼굴을 형상화한 사람 모양의 관이 일반적이었는데, 따로 얹는 식의 미라가면은 아주 특별한 경우에만 사용되었다. 삼각주 타니스Tanis 지역에 묻힌 제21왕조와 제22왕조 시대 왕들의 호화로운 황금가면도 이 시기의 것으로 추정되는 얼마 되지 않은 미라가면 가운데 하나인데, 신왕국 시대의 미라가면을 모범으로 삼고 있음을 알 수 있다. 제26왕조 시대(BC 664~525년)에도 미라가면의 전통이 잠시 부활한 것을 볼 수 있는데(78쪽 사진 참조), 파이윰Faiyum(역주: 이집트 북부의 도시. 납화법으로 그린 초상화가 나온 지역으로 유명하다)의 사카라Saqqara와 하와라Hawara 지역에 묻힌 고위 관료들의 경우에는 금이나 은으로 만든 작은 가면을 따로 만들어서 미라를 감싼 천 위의 구슬 세공품에 결합해놓고 있었다. 이와 같은 미라가면은 이집트 남단의 누리Nuri와 메로에Meroe에 있는 쿠시 왕조의 왕실 묘지에서도 발견할 수 있다.

이집트의 미라가면 전통은 프톨레마이오스 왕조 시대(BC 305~30년)에 다시 한 번 크게 융성해 로마가 지배하던 시기 내내 지속되었다. 프톨레마이오스 왕조 시대의 무덤의 일반적인 특징은 카토나지가면이었는데, 같은 소재의 신발과 몸

프톨레마이오스 왕조 시대의 금박을 한 카토나지가면. 1911년에 파이윰의 맞은편에 있는 아트피Atfih에서 발굴된 미라에서 발견되었다. 이 유적에서는 카토나지가면과 신발, 몸을 장식한 여러 가지 물건과 함께 흐트러지지 않은 미라가 많이 나왔다. 이 가면은 프톨레마이오스 왕조 시대의 많은 가면에서 볼 수 있는 제작기법과 장식기법을 보여준다. 이때는 틀을 이용해 안에서 밖으로 압력을 가해 형을 떴는데, 그렇게 하면 이목구비가 뚜렷하지 않다. 안을 보면 틀의 흔적을 볼 수 있다. 해부학적인 정교함이 결여된 귀와 상형문자처럼 커다랗게 그린 눈이 무미건조하고, 비현실적인 인상이다. 높이 41cm.

에 붙이는 작은 장식판과 함께 들어 있는 경우가 많았다. 세 갈래의 가발과 가발을 두르고 있는 윤곽선, 깃 그리고 채색을 하거나 금박을 한 얼굴 모습 등은 명백히 파라오 시대의 전통을 계승한 것이다. 그리고 가면의 양옆과 뒤쪽 그리고 머리 윗부분은 신의 형상이나 부활이라는 영원한 주제가 연상되는 종교적인 장면으로 장식되어 있었다(50쪽 사진 참조). 보통 틀 위에 아마포를 여러 겹 붙여 얼굴 형을 떴는데, 이때 이목구비가 뚜렷하지 않은 경우가 빈번한 것을 보면 얼굴에 금박을 하거나 가발을 밝은 색깔로 칠하는 일에 훨씬 비중을 두었던 것 같다(37쪽, 51쪽, 52쪽 사진 참조).

로마의 이집트 정복은 미라가면의 발전에도 뚜렷한 영향을 미

프톨레마이오스 왕조 시대의 미라 가면의 얼굴 생김새는 고도로 양식화된 것이 많다. 화가가 기계적으로 복제해 전체가 하나로 조화롭게 통일되어 있다는 느낌이 들지 않는다. 세드멘트Sedment에서 발굴된 이 가면도 이런 경향을 전형적으로 보여준다. 일부 초기 프톨레마이오스 왕조 시대의 가면에 가는 선으로 그려넣었던 끈 모양의 수염(50쪽 사진 참조)이 여기서는 확대되어 뺨을 다 덮을 만큼 두꺼운 띠 모양을 띤다. 그렇지 않아도 기괴한 인상인데 입술을 벌리고 앞니를 드러낸 채 소름 끼치는 미소를 짓고 있는 특이한 입 모양 때문에 더욱 기괴하게 보인다. 높이 35.5cm.

쳤는데, 이때는 파라오 시대의 전통과 지중해의 예술과 패션에서 영감을 얻은 요소들이 점차 융합되는 양상을 보였다. 프톨레마이오스 왕조 시대의 가면은 무표정하고 개성이 없었는데, 로마 시대의 가면은 갈수록 사실주의적 경향을 띠었다. 그리고 죽은 사람의 '영원한 이미지'를 그리는 관습은 다양한 형태의 가면뿐만 아니라 아마포로 만든 수의 위에 그리는 그림, 유명한 '납화법蠟畵法'(역주: 달군 인두를 사용해 뜨거운 밀납용액을 넣은 물감으로 화면에 채색을 하는 로마 시대의 화법)으로 그린 파이윰의 패널 초상화(역주: 판자에 그린 초상화)로까지 나타났다. 가면과 그림, 초상화 따위를 미라 위에 올려놓는 것은 가면이 머리를 대신하고 죽은 사람에게 부활할 수 있는 힘을 주는 신비한 수단이라고 생각했던 이집트 전통의 연속선상에 있다. 가면의 양옆과 뒤에 그려진 부활과 변신에 대한 그림과 글을 통해 그런 의도가 보다 강하게 드러나고 있다(53쪽 사진 참조). 이 가운데 죽은 사람을 고운 옷차림에 보석으로 치장하고 평상시의 헤어스타일로 그린 것이나 머리를 실제에 가깝게 사실주의적으로 표현하는 것은 로마 예술의 영향이며, 이는 사후에도 계속되기를 바라는 지

파이윰 지역에서 발견된 로마 시대의 카토나지가면. 하와라에서 발견된 것으로 추정된다. 미라의 머리를 완전히 감쌌던 이 가면은 원래 앞부분이 허리까지 내려와 있었던 것으로 보인다. AD 1세기 것으로 추정되며, 파라오 시대의 특징과 헬레니즘 시대의 특징이 혼합된 양식이 특징적이다. 금박을 한 얼굴은 매우 고전적이다. 얼굴 둘레에 날개 달린 스크라베와 이집트의 신들이 돋을새김되어 있고, 얼굴 옆과 뒤, 윗부분에는 전통적인 이집트의 장례식을 소재로 한 그림이 그려져 있다. 구리와 합금한 눈구멍에 상감한 눈을 끼웠으며, 눈 가장자리를 얄브스름하게 해 눈썹처럼 보이게 했다. 높이 30.5cm.

상의 존재를 상징한 것이었다. AD 3세기 동안 전통적인 도상을 결합시키려는 이러한 예술적 시도에 따라 가면은 더욱 다양한 형태를 띠었다.

로마 시대에 가장 널리 사용된 미라의 초상은 주로 중이집트, 특히 헤르모폴리스 마그나Hermopolis Magna와 안티누폴리스Antinoopolis와 알렉산드리아Alexandria 부근에서 발견된, 입체적이고 놀랄 만큼 사실적인 회반죽 두상들이다. 이는 황실에서 유행한 다양한 헤어스타일과 보석으로 장식한 로마인의 두상을 아주 풍부하게 보여준다(54쪽, 55쪽 사진 참조). 그러나 언뜻 보면 이 가면들은 사람을 사

주형으로 만든 회반죽 여자가면. AD 2세기의 것으로, 중이집트의 메이르Meir에서 발굴된 것으로 추정된다. 메이르에서 발굴된 로마 시대의 가면은 보통 죽은 사람이 키톤Chiton(역주: 고대 그리스에서 남녀 모두가 입은 가운 같은 옷)을 입고 있는데, 여기서는 옷의 세부적인 장식과 가슴 부분이 떨어져나갔다. 곱슬머리가 이마 위에 3단으로 가지런히 정돈되어 있으며, 긴 머리는 귀 뒤로 넘겼다. 귀걸이와 목걸이를 두르고 있으며, 머리에는 화환을 쓰고 있다. 높이 35cm.

◀ 로마 시대의 미라가면 가운데 가장 일반적인 유형은 회반죽으로 만들어 채색한 두상이었다. 북부 이집트의 후Hu(디오스폴리스 파르바)에서 발굴된 한 남자의 미라에서 발견된 이 가면은 AD 1세기의 것으로 추정되며, 초기 형태이다. 미라의 얼굴에 직접 씌울 수 있도록 뒷부분이 비어 있다. 대부분의 회반죽 두상은 틀을 이용해 형을 떴는데, 이 가면은 일일이 손으로 직접 만들어 실물과 가장 비슷한 가면 가운데 하나이다. 높이 27cm.

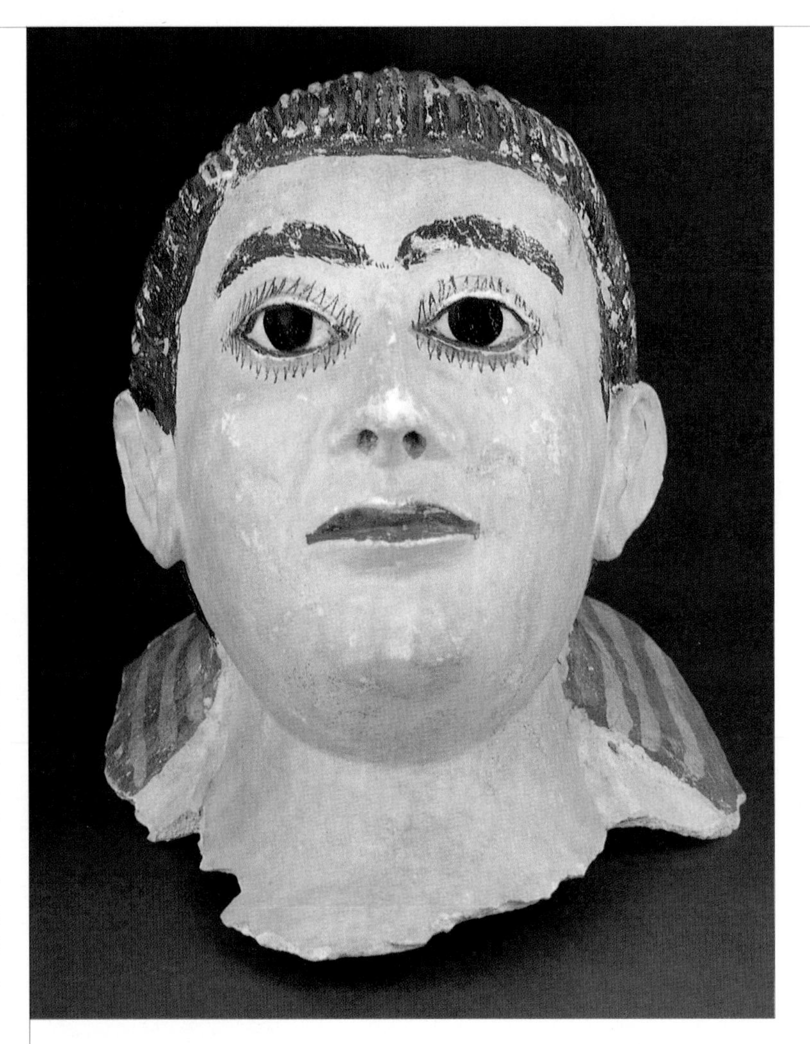

AD 2세기에는 회반죽가면이 발달해 마침내 뒤통수를 포함해 머리 전체를 둥글게 본뜬 사실주의적인 유형이 나타났다. 헤르모폴리스 서쪽에서 나온 것으로 추정되는 이 가면은 트라야누스 황제 시대(AD 98~117년)에 만들어진 것으로 보인다. 사실주의적 유형의 발달 과정의 초기 단계를 보여주는 이 가면은 마치 죽은 사람이 베개에 머리를 베고 있는 형상이다. 뒤통수는 윗부분만 둥글게 만들어졌다. 높이 20.5cm.

실적으로 그린 것 같지만 실제로는 특정 개인을 묘사한 것이 아니다. 여러 가면을 비교해보면 젊은이, 수염 난 남자, 성숙한 여인 등 몇 가지 유형의 판에 박은 얼굴이어서 대량생산되었음을 분명히 알 수 있기 때문이다. 보통 기본 모양은 틀에 넣어 주조했기 때문에 처음에는 눈, 귀도 없었고, 대부분 머리카락이나 보석 같은 세부적인 부분 역시 없었다. 이 목구비는 나중에 따로 덧붙였으며, 머리카락이나 수염, 장식 같은 세밀한 부분은 주걱이나 칼로 모양을 만들었다. 가면의 끝마무리가 천차만

AD 200년경의 턱수염을 기른 남자의 회반죽가면. 어깨와 가슴이 떨어져나갔으며 물감이 많이 지워졌다. 상감한 눈이 투명한 판유리로 덮여 있으며, 목 뒤에 고인의 죽음을 애도하는 장면이 그려졌던 흔적이 보인다. 높이 26.5cm.

헤르모폴리스 서쪽에서 발견된 회반죽가면. AD 200년경의 것으로 추정된다. 이 가면은 마지막 발달 단계인, 틀을 이용해 둥글게 머리 전체를 떠서 몸체 부분에 수직으로 고정시킨 유형 가운데 하나이다. 몸체 부분에 옷 모양이 그려져 있고, 손을 마치 가슴에 얹고 있는 듯 묘사되어 있다. 하드리아누스 황제가 다스리던 무렵에 도입된 방식에 따라 눈이 상감되어 눈동자가 투명한 판유리로 덮여 있다. 높이 28.5cm.

금박을 한 젊은 남자의 가면. 화환을 쓰고 있고 큰 메달이 장식되어 있다. 세베루스 황제 시대의 특징인 마치 잘 맞는 모자 같은 깔끔한 머리 모양으로 미루어 보아 AD 3세기 초의 것으로 추정된다. 머리 모양과 보석류의 다양한 차이는 로마의 회반죽 두상과 이집트의 납화법으로 그린 패널 초상화의 제작 연대를 추정하는 데 중요한 실마리가 된다. 황제와 황후의 초상이 로마 제국 전체에 급속히 퍼진 까닭에 곧이어 그들의 독특한 머리 모양이 미라의 초상에도 나타났다. 높이 24cm.

별인 것은 가면을 사는 사람이 가면에 돈을 얼마나 들이느냐에 달려 있었을 것이다. 이를테면 표면은 채색을 할 수도 있지만 금박을 할 수도 있었다(58쪽 사진 참조). 눈 역시 그냥 회반죽으로 모양을 만들어 구멍에 끼울 수도 있었지만, 투명한 석회암으로 정성스레 만든 뒤 거기다 흑요석이나 채석유리로 된 눈동자를 박거나 매우 사실적으로 만든 눈썹을 붙일 수도 있었기 때문이다(50쪽, 53쪽의 사진 참조).

AD 3세기 후에는 회반죽가면을 더 이상 사용하지 않은 것 같다. 4세기에는 이집트의 매장 풍습이 획기적으로 변화해 더 이상 미라를 만들지 않았고, 따라서 시신을 치장하는 풍습도 사라졌다. 테베에서 발견되었고 4세기경의 것으로 추정되는, 얼굴에 회반죽 세공을 한 몇몇 채색한 아마포 미라덮개가 아마도 미라가면의 전통을 보여주는 마지막 사례 중 하나일 것이다. 또한 후기 로마 미술의 전형적인 특징을 보여주는 그 얼굴 생김새는 이미 콥트Coptic 미술(역주: 3~12세기경 이집트에서 기독교를 믿었던 콥트인의 미술 양식으로, 이집트의 전통과 헬레니즘 문화가 혼합되고 페르시아 등 동방의 영향을 받아 벽화 · 조각 · 직물에 뛰어난 것이 많다) 양식의 전조를 보이고 있다.

가면의 또다른 형태

그 밖에도 여기서 다루지는 않았지만 이집트 장인들의 작품 가운데 가면이라고 볼 수 있는 작품이 있다. 아마르나Amarna 유적(역주: 상이집트 지방에 있던 고대도시 아케타톤의 폐허와 무덤 유적지)에서 발굴된 유명한 조각가들의 선구적인 작품과 때때로 무덤 소벽이나 기둥받침의 반복적인 모티프로 쓰이기도 하는 하토르(역주: 호루스의 어머니. 원래는 하늘의 여신, 사랑의 기쁨의 여신이기도 하다. 그리스 신화의 아프로디테에 해당된다)의 정면 두상이 이에 해당된다. 전자의 경우 흔히 '가면'이라고 하지만 정확하지 않은 말이다. 후자의 경우는 하토르 여신이 이집트에서 언제나 정면으로 묘사되는 신 가운데 하나이며, 이 여신상이 무덤에 쓰이거나 보호 · 도움을 기원하는 대상물로 사용된다는 점에서만 '가면'이라고 할 수 있다. 데스마스크를 만들었던 로마의 관습이 AD 1세기 이집트에서도 받아들여졌을 가능성은 있지만, 그것이 얼마나 일반적이었는지는 증거가 빈약해 확인할 수 없으며, 확인된 유일한 사례도 연대가 불확실하다(59쪽 사진 참조).

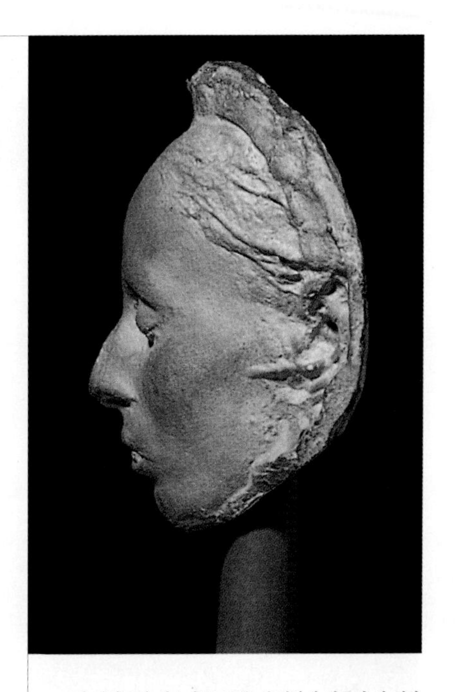

고대 이집트의 데스마스크로는 유일하게 진품인 이 회반죽 틀은 1907~8년 사카라의 테티Teti 왕(제6왕조, BC 2345~2181년경)의 피라미드에 딸려 있는 장제전葬祭殿에서 발견되었다. 근육이 이완되고 얼굴 생김새에 전혀 생기가 없어 이 틀의 주인공이 죽은 사람임을 알 수 있다. 발굴자들은 이 얼굴이 테티 자신이거나 그의 아내일 것이며 조각가들이 이것을 모델로 삼아 장제전에 세울 조각상을 제작했을 것이라고 추정한다. 하지만 고대 그리스 · 로마 시대의 자료를 보면 로마 귀족 가문의 사람이 죽으면 데스마스크를 만들어 장례행렬에 들고 갔다는 것을 알 수 있다. 특히 테티의 피라미드가 있는 지역이 그리스 · 로마 시대에 일반 개인들의 공동 묘지로 널리 사용되었다는 점을 감안하면, 이 데스마스크는 그 시대의 것일 가능성도 있다.

로마 시대의 회반죽 두상과 '납화법으로 그린' 패널 초상화와 함께 파라오 시대의 카토나지 가면의 전통은 계속 이어졌다. 시로스라는 사람을 위해 만들어서 시로스라는 이름이 붙여진 이 가면은 하와라에서 한꺼번에 발견된 가족 미라 가운데 하나이며, AD 1세기 후기의 것으로 추정된다. 가면의 형태와 이집트 신들의 그림으로 보아 프톨레마이오스 왕조 시대의 전통을 따르고 있다. 바Ba(역주: 이집트 신화에서 영혼을 일컫는 말. 사람의 머리를 가진 새의 형상으로 그려진다)와 날개 달린 뱀, 스핑크스, 하늘의 여신 누트, 미라가 되어 있는 죽은 사람의 모습, 신에게 바치는 공물 등이 그려져 있다. 주형을 이용해 만든 얼굴은 얼굴을 둘러싼 머리장식에서 불쑥 튀어나와 있는데, 프톨레마이오스 왕조 시대의 가면보다 훨씬 사실적이다. 파이윰 지역에서 발굴된 다른 로마 시대의 가면의 특징처럼 눈이 정교하게 만들어졌다. 흰자위는 투명한 석회암으로 만들어졌고 홍채와 동공은 각각 다른 색깔의 유리로 만들어졌다. 머리 윗부분에 가면 주인의 이름이 그리스어로 적혀 있다. 높이 49.5cm.

사실 가면이라고 해도 좋을지 모를 이런 것들은 본질적으로 이를 사용하는 사람을 변화시키려는 데, 즉 그 사람에게 신의 힘을 부여해 그 힘을 실제적인 목적에 쓰도록 하는 데 있었다. 가면을 머리 위에 놓을 때도 죽은 사람에게 신의 속성과 내세로의 성공적인 이행에 반드시 필요한 것을 부여함으로써 그가 새롭고 더 높은 차원에서 다시 태어나도록 하는 데 초점이 놓여 있었다. 그리하여 고대 이집트의 장인들이 만들어낸 수많은 작품들과 마찬가지로, 죽음과 부패를 극복하고자 했던 이집트인들의 의지는 장례용 가면과 함께 지금까지 남아 있는 고대 미술의 가장 위대한 작품들을 창조해냈던 것이다.

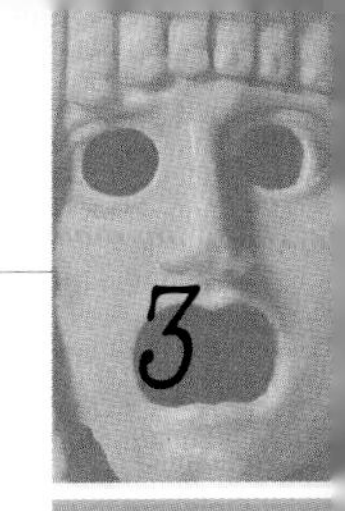

액면 그대로의 가면

- 그리스 · 로마의 가면

고대 그리스인에게 가면은 우리가 생각하듯이 그렇게 양면성을 띠는 것이 아니었다. 그리스인들은 가면을 있는 그대로 받아들였다. 그리스어로 얼굴을 *'to prosopon'* 이라고 했는데, 글자 그대로 '눈앞에 놓여 있는 것' 이란 뜻의 이 말은 가면을 가리키는 말로도 쓰였다. 따라서 그리스인들은 극장에서 언제 가면이 벗겨져 정체가 드러날까 고대하며 조마조마하게 앉아 있는 게 아니었다. 여기서 관객들에게 가면이란 그저 배우들이 각자 어떤 역할(당시는 여성의 역할도 남자 배우가 했다)을 맡고 있는지를 보여주는 수단일 뿐이었다. 라틴어로 가면은 *persona*인데, 그 기능은 배역의 종류를 분명히 나타내기 위한 것이었다. 그리스나 로마에서 관객은 가면만을 볼 뿐, 배우 자신의 인격은 가면에 가려 사라졌다.

고대인의 가면에 대한 이런 생각은, 가면이 그 안에 진실을 감추고 있는 외적인 자아를 나타내는 은유로 사용된다고 보는 프로이트 이후의 심리학이 보여주는 오늘날의 생각과 대조될지도 모른다. 프로이트와 동시대인이었던 상징주의 화가 구스타프 클림트Gustav Klimt는 그리스 여신 아테나를 요부femme fatale로 그렸는데, 가면 역할을 하고 있는 투구가 코와 뺨의 일부까지 덮고 있어 여신의 최면에 걸린 듯한 눈과 신비로운 표정을 묘하게 가리고 있다. 고대 그리스

AD 1~2세기 로마의 대리석 부조. 일반적인 생각과 달리 BC 5세기의 비극 가면은 무섭지 않았으며, 표정이 심각하기는 했지만 대체로 무표정한 경향이 있었다. 하지만 무대 장치가 점차 크고 정교해지면서, 웅장한 무대 장치에 압도당하지 않기 위해 배우들도 더욱더 눈에 띄게 할 필요가 있었다. 동그랗게 뜬 깜짝 놀란 눈에 소리를 지르는 듯 입을 벌리고 있는 이런 유형의 가면은 후기 헬레니즘 시대와 로마 시대의 가면이다. 배우의 키가 커 보이도록 이마를 높인 것이 두드러진 특징이다. 높이 17.8cm.

인들에게도 이 코린트 양식의 투구가 보여주는 가면적 특성에 의한 정서적 효과가 없지는 않았겠지만, 클림트의 그림에서처럼 가면을 통해 우리의 상상력을 자극하는 식으로 가면이 사용되는 일은 그리스 예술에서 드물었다. 설사 그런 경우가 있다 하더라도, 극적인 효과는 일반적으로 가면이 가지고 있는 일상적인 기능을 반전시키는 데서 얻을 수 있다.

전투 중일 때 전사의 얼굴은 투구로 가려진다. 전사의 투구는 배우의 가면과 같다. 즉, 투구는 그것을 쓴 개인의 인격을 지워 없애고 정형화된 전사의 신분을 드러낸다. 그런데 이따금 아주 극적인 순간, 예를 들어 군인이 치명적인 부상을 입고 땅에 쓰러진 순간에 그리스의 꽃병 화가는 보통 옆모습을 그리는 일반적인 관행에서 벗어나 앞모습을 그리곤 했다. 투구가 감추고 있는 사람 자체에 시선을 모음으로써 고통스런 희생자의 비애에 관심을 집중시키고자 하는 의도인 듯싶다.

이수스Issus 전투에서 알렉산더 대왕이 페르시아 왕을 무찌르는 장면을 그린 〈알렉산더 모자이크〉에서는 다른 방법으로 비슷한 효과를 얻고 있다. 분실된 헬레니즘 시대의 그림을 모방한 폼페이의 이 모자이크에는 불멸의 전사로 불린 고대 페르시아 왕의 한 근위병이 땅에 쓰러져 있는 모습을 볼 수 있다. 눈앞에 닥친 죽음 앞에서 근위병은 방패가 아니었다면 우리에겐 가려져 있었을 방패에 비친 자신의 얼굴을 힐끗 보고 있다. 근위병의 공포스런 표정만으로도 충분히 충격적이었을 텐데, 절망스런 그의 얼굴은 눈길을 사로잡을 정도로 인상적이어서 자연히 그의 내면 세계까지 헤아려 보게 만든다.

보는 사람의 직관을 유도해내는 또다른 가면의 예는 흑회식black-figure technique(역주: 도기에 그린 사람이나 장식을 윤이 나는 검은색 물감으로 그리고 그 속에 조각을 해 세부적인 마무리를 한 도기 장식기법)의 대가로 불리는 엑세키아스Exekias의 뛰어난 꽃병 그림에서도 볼 수 있는데, 아

BC 540~30년경 아테네의 엑세키아스가 만들어 채색한 흑회식 암포라의 장면. 엑세키아스는 흑회식 기법에 뛰어난 화가였는데, 그의 작품에서는 동시대의 다른 꽃병 그림에서는 볼 수 없는 격렬한 감정을 느낄 수 있다. 여기서 아킬레우스가 아마존의 여왕 펜테실레이아와 싸우는 것을 볼 수 있다. 아킬레우스는 코린트 양식의 투구를 쓰고 있고 얼굴이 가려져 있다. 그런데 펜테실레이아는 아테네 양식의 투구를 쓰고 있고 얼굴이 드러나 있다. 아킬레우스가 창으로 여왕의 목을 찌르자 그녀가 그에게 시선을 돌린다. 전설에 따르면 여왕의 가련한 눈빛이 아킬레우스의 갑옷을 뚫고 들어가 아킬레우스가 사랑에 빠진다고 한다. 꽃병의 높이 41.5cm.

킬레우스가 아마존의 여왕 펜테실레이아와 필사적으로 전투를 벌이는 장면이 그려져 있다(63쪽 사진 참조). 그리스 귀족 남성의 가치관을 대표하는 아킬레우스에게 이 싸움은 평범한 싸움이 아니었다. 여기서 그는 전사이자 여왕이긴 해도 여성과 격전을 벌이고 있기 때문이다. 적을 위협하는 검은색의 아킬레우스는 코린트 양식

BC 490년경 아테네에서 만들어진 적회색 히드리아(물주전자)에 그려진 그림. 고르곤 메두사는 날카로운 눈길로 자신을 바라보는 사람을 돌로 만들어버리는 신화 속의 괴물이었다. 고르곤과 그녀의 자매들은 서쪽 끝에 있는 외딴 지방에서 살았는데, 페르세우스가 그녀의 눈길을 피하기 위해 갑옷에 거울처럼 반짝반짝 윤을 낸 가슴받이를 하고 그녀의 목을 벴다. 이 이야기의 다른 판본에 따르면, 여신 아테나의 분부에 따라 페르세우스가 고르곤을 처치했는데, 나중에 아테나는 자신의 가슴받이인 아이기스aegis 중앙에 그 머리를 매달았다고 한다. 아테나의 아이기스는 고르곤의 머리처럼 가장자리가 뱀으로 장식되어 있다. 부릅뜬 눈에 뭉툭한 주먹코, 흡혈귀 같은 송곳니에 혀를 불쑥 내밀고 있는 메두사의 얼굴은 그리스인이 악몽처럼 두려워하는 전형적인 존재였다. 꽃병의 높이 41.6cm.

의 투구를 쓰고 있는데 비해 하얀 피부로 보아 여성임을 알 수 있는 여왕은 아테네 양식의 투구에 얼굴이 드러나 있다. 전설에 따르면, 아킬레우스는 여왕의 생명을 빼앗는 바로 그 순간 자신의 희생자에게 반했다고 한다. 엑세키아스는 사랑의 열정과 죽음이 동시에 일어나는 순간을 아주 절묘하게 압축적으로 표현해놓았다. 아킬레우스가 창으로 펜테실레이아의 목을 찌르자 피가 솟구치고 그 순간 그녀의 아름다움을 본 아킬레우스가 사랑에 빠지는 것으로 말이다. 아킬레우스와 펜테실레이아의 대비되는 위치는 그들이 각자 쓰고 있는 가면에서도 극적으로 드러난다. 여왕의 가면은 열려 있고 아킬레우스의 가면은 닫혀 있는데, 희생자의 가련한 눈길은 그녀를 살해한 아킬레우스의 외적인 페르소나Persona를 뚫고 들어가 영혼의 내적 갈등에 관심을 기울이게 한다.

호메로스Homeros의 『일리아스*Ilias*』에서 트로이의 왕자 헥토르가 가면을 벗는 문학적인 장면에서도 비애감을 느낄 수 있다. 헥토르는 전투를 중단하고 아내 안드로마케와 아들 아스티아낙스를 만나러 가는 길에, 도시의 성벽에서 자신을 걱정스럽게 기다리고 있는 아내와 아들을 발견한다. 호머는 이 장면을 감동적으로 그리고 있다. 헥토르가 가까이 다가가자 아이는 아버지의 낯선 모습에 소스라치게 놀라는데, 적을 괴롭히는 문장紋章이 달린 무서운 투구를 벗은 다음에야 아버지를 알아본다. 헥토르가 전쟁터에서 쓰는 가면을 벗었을 때 가족에게는 다른 얼굴이, 다름 아닌 자신의 내밀한 두려움을 고백하는 부드러운 아버지와 남편으로서의 얼굴이 드러난다. 갑옷을 입은 헥토르의 모습은 예민한 아들에게 두려움을 불러일으키고, 가면을 꿰뚫어보지 못한 아들은 두려움에 아버지를 외면한다.

겁을 주어 액을 쫓는 가면의 효과는 괴물의 얼굴을 보면 돌로 변한다는 고르곤Gorgon 메두사Medusa(역주: 그리스 신화에서 고르곤으로 알려진 세 괴물 가운데 가장 유명함)의 전설에도 나온다(64쪽 사진 참조). 몸이 돌처럼 굳어버릴 정도로 무서운 고르곤의 눈길을 용케 피해 메두사의 목을 벤 것은 페르세우스였다. 부릅뜬 눈과 불쑥 내민 혀에 뱀 모양의 머리카락을 한 고르곤은 고대 그리스인, 특히 아테네인들에게 일종의 토템이 되었다. 아테네의 수호신이었던 여신 아테나는 자신의 가슴받이에 고르곤의 머리를 걸었고, 아테네 시민들이 4년마다 아크로폴리스에서 이 여신에게 바치는 예복에도 고르곤의 형상이 있었다.

냉혹한 눈빛의 기괴한 고르곤은 개인용 보석에도 세공되고, 전투용 방패와 갑옷에도 문장으로 장식되었으며, 사원의 앤테블러처 entablature(역주: 고전주의 건축의 기둥 위에 구축되는 수평 부분의 명칭으로, 위로부터 코니스, 프리즈, 아키트래이브 세 부분으로 이루어졌다)에도 장식되고, 도자기에도 그려졌다.

또한 고르곤은 아테네만의 전유물이 아니었다. 고르곤을 그린 가장 초기의 초상 몇 가지가, 스파르타의 아르테미스Artemis 오르티아Orthia 신전에서 발굴된 BC 7세기의 테라코타Terracota가면에서도 발견되었다.

고대의 폐허더미 속에서 발굴된 이 테라코타가면에는 고르곤뿐만 아니라 사티로스(역주: 술의 신 바커스를 섬기는 반인반수半人半獸의 숲의 신)와 젊은 전사들, 주름 많은 노파, 기괴한 인물 등 다양한 인물이 그려져 있다. 이와 같은 테라코타가면은 쓰기 위한 것이 아니라, 아르테미스 신전에서 의례적인 춤을 출 때 썼던 실제 가면 대신 신에게 바치기 위해 만든 것이었다. 의식에 실제로 썼던 가면은 풀을 먹인 딱딱한 아마포나 나무처럼 쉽게 썩는 재료로 만들어져 남아 있는 것이 없다.

고대 가면극의 기원

고대극을 연구하는 학자들은 후대 가면극의 기원을 고대의 합창가무에서 찾는다. 아테네에서는 디오니소스 숭배에서 비롯된 많은 제전을 통해 위대한 비극 작가와 희극 작가들의 고전극이 발전되었다. BC 6세기 아테네의 채색 도기에는 사티로스나 동물가면으로 분장한 무용수들로 이루어진 합창단의 모습이 그려져 있다. 이후 극에서 배우의 대사가 발달했을 때에도 모든 극에는 10여 명 정도의 합창단이 있었다. 아이스킬로스Aeschylos와 아리스토파네스Aristophanes 시대 이전에는 가면이 그리스 극에서 차지하는 비중은 매우 적었다. 따라서 배우의 원형이자 그의 이름에서 비극 배우Thespian라는 이름이 유래된 테스피스Thespis에 의해 많은 혁신이 이루어졌던 그리스의 전통은 가볍게 건너뛰어도 될 것이다. 전해오는 이야기에 따르면, 테스피스가 처음으로 얼굴에 흰가루로 분장하고 비극을 공연했다고 하는데, 나중에는 이런 분장 방식이 진짜 가면을 쓰는 것으로 형식화되었다.

5세기의 위대한 비극 작가 아이스킬로스와 소포클레스Sophocles, 에우리피데스Euripides의 연극에서 가면을 썼다는 증거는 아주 빈약한데, 그나마도 모두 꽃병 그림에 나와 있는 것뿐이다. 어쨌든 그 그림들을 보면, 가면이 그저 얼굴만 가린 것이 아니라 투구처럼 머리에 쓰는 것이었음을 알 수 있다. 그리고 후기 헬레니즘 시대나 로마 시대의 연극용 가면처럼 과장되지 않고, 가면의 벌어진 부위를 통해 나가는 배우의 목소리에 의해서만 생기를 띠는 무표정한 얼굴이었던 것 같다. 이런 가면은 수염 안 난 젊은이, 수염 난 시민, 왕, 여성, 신 등 연기할 인물의 일반적인 유형을 나타냈다.

이 점에서 연극용 가면 역시 그리스 조각과 회화에서 되도록 개인의 개성을 드러내지 않고 이상적인 형태를 그리고자 했던 관례를 따르고 있음을 알 수 있다. 판에 박은 듯한 이목구비에 인위적이고 어색한 미소를 짓고 있는 쿠로스kouros, 즉 홀로 서 있는 고대 그리스의 젊은 남성 조각상은 어떤 한 개인이 아니라 인간 유형, 즉 귀족 청년의 모습을 그린 것이다. 쿠로스는 무덤에 세워져 있는지 아니면 신전에 세워져 있는지, 그리고 바닥이나 인물 자체에 새겨져 있는 메시지의 성격에 따라 다른 의미가 부여될 수 있는 일종의 타불라 라사tabula rasa(역주: 아무것도 쓰여 있지 않은 백지 상태)였다. 쿠로스가 놓여 있는 상황과 새겨져 있는 말에 따라 그 조각상이 의미하는 바가 달라졌듯이 각본과 대사에 따라 가면 역시 그 의미가 달라졌다.

고대 그리스에서 *drama*라는 말은 동사 '하다'에서 나왔는데 말 그대로 행위, 즉 무대에서 나타낼 행동을 뜻했다. 배우의 기본 페르소나는 가면에 따라 결정되었으며, 배우는 몸짓과 대사를 통해 이를 확장시켰다. 따라서 비극적인 인물은 고정된 정적인 인물이 아니었다. 흔히 비극적인 인물은 운명의 역전을 통해 그 의미가 확장되었는데, 만일 이런 변화의 정도가 처음 쓴 가면과 맞지 않을 정도라면 가면을 바꾸었을 것이다. 소포클레스의 「오이디푸스 왕*Oedipus Tyrannus*」에서 처음에는 오이디푸스가 자신의 아버지를 죽이고 어머니와 결혼한 사실을 모른 채 운과 명성이 최고조에 달한 왕으로 그려진다. 그러나 결국 끔찍한 사실을 알게 되고, 오이디푸스는 너무나 고통스러워한 나머지 자신의 눈을 찔러 눈이 멀게 된다. 눈을 찌르는 행위는 무대 뒤에서 일어난다. 그리고 오이디푸스가 다시 무대에 나타났을 때, 그는 이제 그 전에는 보지 못했던 것을 보게 된 눈먼 거지의 가면을 쓰고 있다.

이렇듯 가면은 운명이 극적으로 역전될 때만 바꿀 필요가 있었다. 그렇지 않은 분위기의 변화 정도는 배우의 몸짓만으로도, 머리의 움직임으로도 그 상황을 표현할 수 있었다. 그리스 비극이 실제 어떻게 공연되었는지 확실하게 알려진 것은 없지만, 예컨대 가면을 내리면 슬프고 어두운 표정을, 가면을 올리면 즐겁고 밝은 표정을 의미하는 일본의 노能에서와 마찬가지의 기법이 그리스 극에도 사용되었을 것이라고 보아도 좋을 것이다.

그리스 극에서 이 기법이 어떻게 적용되었는지는 파르테논 신전의 프리즈frieze(역주: 건축물의 외면이나 내면, 기구器具의 외면에 붙인 띠 모양의 장식줄)에 장식된 기수騎手들의 예를 통해 그 대략적인 윤곽을 발견할 수 있다. 당시 널리 행해지던 그리스 예술의 관례에 따라, 기마대의 인물들은 군 복무를 할 나이의 이상적인 인물인 귀족 출신의 젊은이들이다. 그래서 기수들의 얼굴 생김새가 똑같지는 않아도 서로 매우 비슷하다. 그러나 머리의 상대적인 위치에 따라 미묘한 분위기의 차이가 드러난다. 머리를 똑바로 들고 앞을 쳐다보고 있어 자신감이 있어 보이는 인물도 있고, 고개를 약간 숙이고 있어 생각이 많아 보이는 인물도 있으며, 고개를 돌려 걱정스럽게 힐끗 뒤를 돌아보고 있는 인물도 있다. 또 판테온 신전의 프리즈를 디자인한 사람은 연극용 가면의 몸짓 언어에서 볼 수 있는 다양한 태도와 움직임이 갖고 있는 풍부한 표현력을 관찰했을지도 모른다.

관객이 조각이나 무대를 바라보는 거리를 생각해보면, 특히 건축 조각에서 얼굴을 다루는 기법과 무대용 가면에서 얼굴을 다루는 기법을 이렇게 비교해보는 것이 적절할 것이다. 신전 아래에 서서 조각된

프리즈를 바라보든 극장 관람석에 앉아 원형 무도장, 즉 오케스트라에 서 있는 연기자를 내려다보든 그 비교가 가능하려면 얼굴 모습을 알아볼 수 있어야 한다. 따라서 형식적인 이유뿐만 아니라 이와 같은 현실적인 이유 때문에 고대 극의 가면은 특정한 개성보다 연기할 인물의 유형을 분명히 알 수 있는 정형화된 인물을 나타내는 경향을 낳았던 것이다. 이는 어느 시대를 막론하고 비극이나 희극이나 마찬가지였다.

하지만 아테네 극에서는 공인公人인 인물을 가면으로 풍자한 시기도 있었다. 5세기의 아테네 희극을 구舊희극이라고 부르며 신新희극 및 그 중간기의 희극과 구별하는데, 아테네 연극의 최전성기였던 이 시기의 작품 가운데 온전한 형태로 남아 있는 것은 아리스토파네스의 희곡 몇 편뿐이다. 아리스토파네스는 아테네 사회의 자화상과 이를 창조한 주요 인물에 대한 관심이 아주 많았던 시대에 살았다. 그리고 아테네 사회에 대한 이런 민중적 자각 덕분에 희극 작가와 가면 제작자들은 대중의 주목을 받는 사람들을 풍자할 수 있었던 것이었다.

아리스토파네스의 「구름*Clouds*」(역주: 소크라테스를 겨냥해 철학적 논쟁의 오용을 풍자한 작품)이 공연되는 동안 관객들이 가면 쓴 익살광대가 누굴 나타내는지 전혀 의심할 필요가 없도록 공연 내내 관객들 앞에 서 있었다는 소크라테스와 마찬가지로, 페리클레스Pericles 역시 이미 당대에 풍자의 대상이었다. 그러나 가면 제작자들이 풍자의 대상이 된 인물들의 보복으로부터 늘 자유로웠던 것은 아니다. 아리스토파네스의 「기사*Knights*」에서 시인은 사악한 선동정치가 클레온Cleon의 가면을 감히 만드는 사람이 왜 아무도 없는지 설명해준다.

희극 가면에는 희극 배우의 요란한 의상이 뒤따랐는데(70쪽 사진 참조), 타이츠 위에 입은 꽉 졸라맨 튜닉 밑으로는 흔히 아주 크고 늘어진 나선형의 남근이 달랑달랑 매달려 있었다. 이와 같은 요란한 의상

BC 380년경 아풀리아Apulia에서 만든 적회식 벨크라테르bellkrater(포도주를 섞는 그릇)에 그려진 장면. 희극 배우는 타이츠 위에 입은 꽉 졸라맨 튜닉에 이상하고 매우 큰 나형의 남근이 대롱대롱 매달려 있는 의상을 입고 있다. 들창코에 두툼한 입술의 희극 가면 역시 의상만큼이나 엉뚱하다. 병을 치료하는 신전을 나타내는 무대 장치 위로 올라가는 늙은 켄타우루스 케이론Centaur Chiron을 대머리 노예가 거들고 있다. 우연히 헤라클레스가 쏜 화살에 상처를 입은 그는 상처를 치료할 수 있는 방법을 찾기 위해 그 곳에 올라간다. 켄타우루스의 가면은 무성한 눈썹에 염소수염이 난 늙은 현자의 모습을 풍자한 것이다. 켄타우루스는 반은 사람이고 반은 말인데, 그의 몸 뒷부분은 뒤에서 그를 밀고 있는 두 번째 노예에 가려져 사람의 몸 같다. 꽃병의 높이 37.5cm.

은 배우의 과장된 동작과 맞물리며 귀족적인 비극과 대조되는 대중적인 희극을 만들어냈다.

희극과 비극의 공통적인 특징 중 하나를 꼽는다면, 적어도 BC 5세기의 극에서는 없어선 안 될 중요한 역할을 한 10명 안팎의 합창단이었다. 비극 합창단은 대부분 사람의 모습이었는데, 가면 제작자가 자유로이 상상력을 발휘할 여지가 있었던 희극은 달랐다. 아리스토파네스의 극에서만도 새 합창단, 개구리 합창단, 말벌 합창단, 심지어 구름 합창단까지 다종다양한 합창단을 볼 수 있다. 앞서 아리스토파네스의 극 이전의 초기 예술 작품에도 동물 합창단이 있었다고 말한 바 있는데, 이는 마치 구희극의 출현을 예고한 전조처럼 보인다.

오랜 역사를 가진 합창단 가면의 또 한 가지 유형은 사티로스의 가면인데(72쪽 사진 참조), BC 5세기에 새로운 극을 주도적으로 펼칠 마당을 만나게 된다. 그리스인은 괴물, 특히 디오니소스 신을 따르는 반인반수半人半獸의 호색한으로 주색에 빠져 사는 사티로스와 함께 자유로이 상상력의 나래를 폈다. 비극 작가가 비극을 공연한 다음에는 곧바로 가벼운 기분전환용으로 이런저런 신화를 풍자한 사티로스극을 올리는 것이 관례가 되었던 것이다. 사티로스극은 연극의 디오니소스적인 요소를 강화시키는 역할도 했는데, 고대 아테네에서 극장에 가는 때는 주로 술의 신에게 바치는 종교적인 축제 때였다는 점을 상기할 필요가 있다. 그리고 극장도 아크로폴리스의 남쪽 비탈에 있는 디오니소스 신전에 자리잡고 있었다.

BC 5세기 말 아테네 극의 전성기가 끝나자, 재공연 외에 비극과 희극의 천재인 아테네의 극작가들과 같은 존재를 다시는 볼 수 없었다. 그렇다고 가면극이 사라진 것은 아니었으며, 후기 그리스와 로마 시대에도 메난드로스Menandros와 플라우투스Plautus, 테렌티우스Terentius와 같은 희극 작가들이 누렸던 인기를 여러 기념비적 작품을 통해 알 수 있다. 후기 희극의 두드러진 특징 중 하나는 가면을 표준화하는 경향이었는데, 따라서 틀에 박힌 듯한 극중 인물의 정형성은 보다 강화되었다. 많은 자료를 근거로 책을 쓴 AD 2세기의 율리우스 폴리데우케스Julius Polydeuces는 뿔 달린 악타이온, 눈먼 페미우스 등 신이나 영웅 같은 신화 속 인물의 가면을 비롯해 비극 가면의 유형을 노인용 6가지, 젊은이용 8가지, 각각 다른 종류의 하인용 3가지, 모든 나이에 걸쳐 있는

BC 410~400년경 아테네에서 만든 적회식 볼루트크라테르Volute-krater(술을 섞는 용기)에 나오는 장면. 화려하고 복잡한 꽃병 그림에서 그리스 사티로스극의 '무대 뒤켠'를 엿볼 수 있다. 그림 중앙에 디오니소스가 아리아드네와 함께 침상에 기대어 있다. 그의 모습에서 연극 공연의 토대가 된 종교축제를 떠올리게 된다. 온통 배우와 합창단원들뿐인데, 대부분 가면을 무심히 들고 있거나 골똘히 쳐다보고 있다. 배우들은 화려하게 짠 의상으로 분간할 수 있는데, 합창단원은 남근이 달린 모피 속바지만 걸치고 있다.

여성용 11가지로 분류 · 정리하고 있다(73~75쪽 사진 참조). 이 비극 가면 유형은 그가 정리한 44가지 희극 가면 유형과 함께 고대 연극을 공부하는 학생들에게 없어서는 안 될 중요한 자료일 것이다.

폴리데우케스는 비극 가면의 특징으로 '온코스onkos'를 자주 언급하는데, 일부 그리스 · 로마 시대의 가면에서 특징적으로 볼 수 있는 높이 솟은 이마를 염두에 둔 것이다(61쪽 사진 참조). 가면에도 온코스라는 말을 썼지만 온코스는 일상적인 언어 수준을 넘어 고도로 함축된 시적인 문체를 의미하기

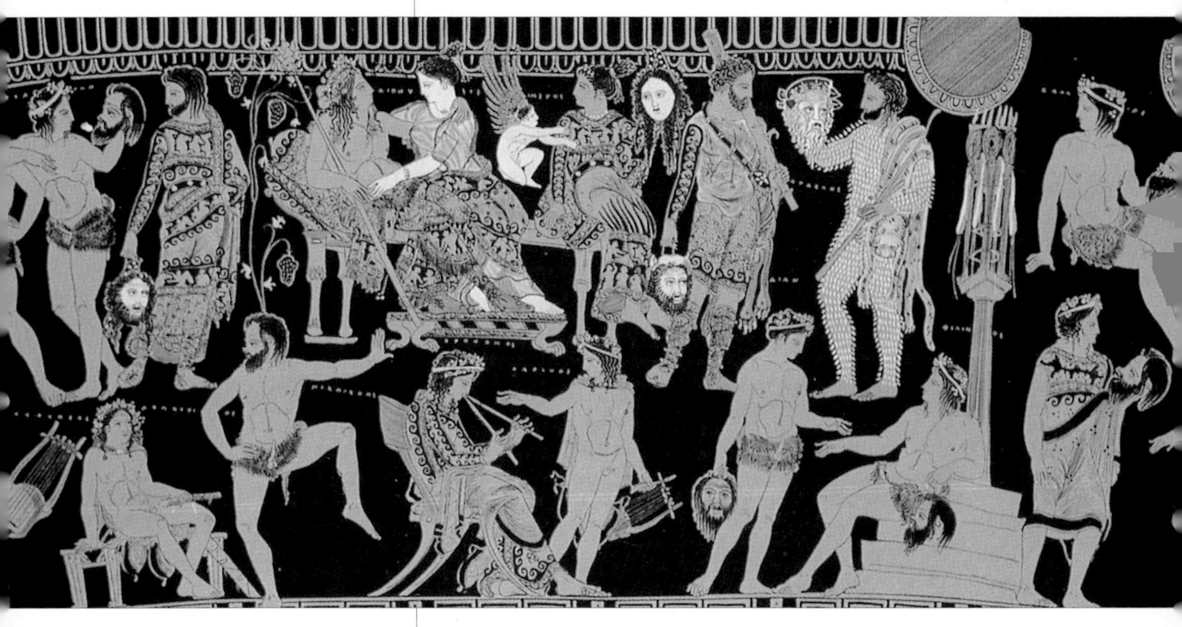

도 했다. 이는 후기의 비극 가면이 초기인 BC 5세기의 한층 절제된 가면과 구별되는 특징 중의 하나이다. 흔히 온코스에는 입과 눈 주위에 나타난 과장된 두려움이 뒤따르는데, 아테네의 정치가 리쿠르고스Lycurgos가 디오니소스 극장을 돌로

다시 지었던 BC 4세기 말에 도입된 것으로 생각된다. 그는 그곳에 배우들을 압도할 정도로 웅장한 무대를 설치했는데, 그 결과 배우들은 자신의 모습을 더욱 과장하지 않을 수 없었다.

가면의 다양한 의미

고대부터 전해 내려오고 있는 가면 중에서 실제 공연에서 사용된 것은 하나도 없지만, 어쩌면 그 가운데 원본을 충실히 본뜬 것은 많을지 모른다. 이탈리아의 리파리Lipari 제도에 있는 아이올로스Aeolus 신전에서는 신에게 바친 제물 가운데 주

▼ BC 2세기에 소아시아 미리나Myrina에서 만들어진 테라코타조각상. 뚜쟁이는 신희극에 등장하는 인물인데, 둥글게 말린 긴 나선 모양의 네모난 수염과 정교한 머리장식이 달린 가면은 가장 독특한 가면 가운데 하나이다. 어깨 양쪽 옆으로 길게 리본장식이 있고(일부는 파손되었다), 머리에는 과일과 담쟁이덩굴 잎 위에 꽃으로 만든 화환이 무겁게 장식되어 있다. 높이 18.8cm.

▲ BC 1세기 혹은 AD 1세기 로마의 대리석 가면. 헬레니즘 시대와 로마 시대에는 다양한 소재로 연극 가면을 만들었다. 이 대리석 부조는 신희극에서 '젊은이'를 그린 헬레니즘 시대의 가면을 복제한 것으로 보인다. 높이 22.8cm.

목할 만한 테라코타가면들이 발견되었다. BC 252년 로마가 리파리 시를 약탈하기 전에 제작된 것으로 보이는 이 가면들은 이전의 아르테미스 오르티아의 신전에 있던 제물 저장소를 떠올리게도 하는데, 가면에 여전히 종교적 의미가 있음을 알 수 있다.

하지만 후기 그리스 시대나 로마 시대에는 순전히 세속적인 목적으로 가면의 장식적 효과를 이용한 경향도 있었다. 특히 디오니소스와 그의 추종자들의 가면은 온갖 형태의 조형적 · 회화적 장식에 계속해서 사용되었다. 테라코타나 청동 또는 대리석으로 가면 모형을 만들어 장식하기도 하고, 보석의 원석에 그 형상을 새겨넣는가 하면, 프레스코화나 모자이크로 만들어 장식하기도 했다(76, 77쪽 사진 참조). 그러나 그와 같은 형상의 의미를 밝힐 때, 고대 세계에서는 신성한 것과 세속적인 것 사이에 어느 정도 구별은 있었지만 그 선이 뚜렷하지 않았다는 것을 염두에 두어야 할 것이다. 정원을 둘러싼 담이나 앞마당처럼 세속적으로 보이는 공간일지라도 그 공간에 장식된 가면에는 집주인의 문화적 허세뿐만 아니라 종교적 믿음까지 반영되어 있을지도 모른다.

AD 1~2세기, 로마의 대리석 상. 주인에게서 도망친 사악한 노예가 제단에서 도피처를 구하는 것은 신희극에서 너무 흔한 '상황'이었다. 때로 노예는 주인의 목소리를 들어본 적도 없다는 듯 컵처럼 둥글게 손을 모아 귀를 가린다. 이 인물상은 넓은 턱수염에 이를 드러내고 희죽 웃는 가면을 쓰고 있는데, 그 입을 통해 배우의 실제 입을 볼 수 있다. 높이 61cm.

대부분의 가면에는 분명히 한 가지 이상의 의미가 담겨 있었다. 그래서 로마 제국 시대의 정교한 대리석 관에는 흔히 관뚜껑 모서리에 무대용 가면을 놓기도 하고 고인의 초상에 무대용 가면이 그려져 있기도 했다. 물론 관 속의 사람이 생전에 배우나 시인이었기 때문에 그렇게 한 것은 아니었다. 어쩌면 관 속의 주인공은 자신이 '*mousikos aner*' 즉 음악 · 문학 · 철학에 조예가 깊었던 사람이라는 것, 아니면 최소한 극장에는 가는 문화인이었다는 것을 알리고 싶었던 것인지도 모른다(78쪽 사진 참조). 아니면 상을 찡그린 비극 가면은 악마의 눈을 피하기 위한 액막이용이었을지도 모르고, 또는 고인의 내세에 대한 믿음 가운데 디오니소스적인 요소를 나타낸 것일지도 모르며, 죽음이라는 비극에 대한 음울한 감상을 표현한 것일지도 모른다. 흔히 그렇듯이 과거를 해석할 때는 열린 마음으로 대하는 것이 좋다.

가면을 장례에 사용한 로마의 전통에서 독특한 것은 데스마스크와 관련된 의식이다. 로마에서는 귀족 가문의 남자가 죽으면 그의 얼굴을 밀랍으로 떠서 생전에 곧잘 고인의 흉내를 내

BC 300~275년경에 멜로스Melos에서 만들어진 테라코타. 여러 종류로 분류할 수 있는 노예는 신희극에 으레 등장하는 인물이었다. 험상궂은 표정에 수염이 반백인 이 가면은 축제에 참가하기 위해 화환을 두르고 있다. 높이 100.2cm.

던 사람이 장례행렬 때 썼다. 죽은 사람의 조상 가면을 쓰는 사람도 있었다. 그리고 장례식 후에는 이런 가면을 집안에 있는 진열장에 간직했다. 초기 로마의 초상에서 발견되는 독특한 사실주의는 이와 같은 관행과 관계가 있다. 그리스인은 인물을 묘사할 때 사실주의를 꺼리는 경향이 있었지만 로마인은 사실주의적 묘사를 적극적으로 받아들였다. 이렇듯 얼굴 생김새를 그대로 재현한 것은 로마의 관습에서 혈통의 중요성을 강조하는 귀족의 가면인 데스마스크에 대한 권리와 깊은 관계가 있었다. 로마 시대에 이르기까지 그리스인에게는 얼굴 생김새를 정확히 재현하고자 하는 생각이 별로 호응을 얻지 못했다.

사실 그리스 · 로마 시대의 가면과 얼굴은 함께 연구하는 편이 유리할지 모른다. 그런데 여기서 우리가 원칙으로 삼아야 할 것은 어떤 것이 다른 것보다 더 고차원적인 현실 또는 더 숭고한 진실을 나타낸다는 식의 현대적인 사고방식은 완전히 버려야 한다는 점이다. 고대에는 오늘날 흔히 생각하듯이 가면을 쓰는 목적이 다른 사람을 속이는 데 있지 않았다.

모든 공연 프로그램에서 비극의 우울한 상과 희극의 분방한 상을 볼 수 있는 서양에서 그리스 · 로마 시대의 가면은 연극을 상징하는 영원한 표상이 되었다. 그러나 거의 대부분의 가면극이 현대 유럽의 무대에서 외면당하고 있는 현실을 감안하면 이는 아이러니가 아닐 수 없다.

◀ BC 1~2세기, 그리스 · 로마 시대의 가면. 이 인상적인 가면은 시툴라Situla(양동이)의 손잡이에 달려 있었다. 그리스의 신 디오니소스를 나타낸 것 같은데, 프톨레마이오스 왕조 치하의 이집트에서 창안해낸 숭배 형태인 것으로 보인다. 이 청동가면은 다른 소재로 상감을 해 한층 멋을 부렸는데, 이마에 두른 장식띠는 철, 눈은 은, 담쟁이덩굴 열매와 입술은 구리로 상감이 되어 있다. 두 쌍의 뿔이 달려 있는데, 구리로 상감이 된 작은 염소뿔은 관자놀이에 있는 머리카락 속으로 뚫고 들어가 있고, 이보다 두드러진 한 쌍의 은뿔은 주조된 구멍에서 이마 양쪽으로 뻗어 있다. 높이 21.4cm.

▶ BC 1세기~AD 1세기 로마의 홍옥수로 만든 인장. 비극 가면의 장식 효과는 온갖 다양한 예술에 활용되었다. 담쟁이덩굴 화환을 두른 이 젊은 디오니소스의 가면은 준準보석에 인장으로 새겨져 있다. 13×12mm.

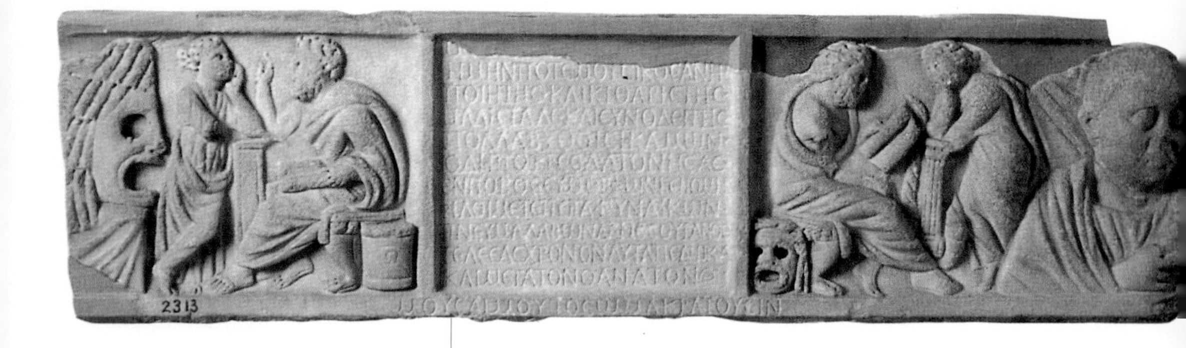

AD 270~300년경 로마의 대리석 조각. 마르쿠스 셈프로니우스 니코크라테스의 석관 뚜껑의 일부. 고인이 그의 옆 기둥에 기대어 있는 뮤즈와 다정하게 이야기를 나누고 있는 모습이 보인다. 조각된 양쪽 패널에 비극 가면이 도드라지게 새겨져 있고, 가운데 패널에 새겨진 그리스어 비문이 그 의미를 설명하고 있다. "M. 셈프로니우스 니코크라테스는"으로 시작되는 비문은 그가 한때 얼마나 교양인이었는가를 설명하고 있다. 그런데 이 경우는 그가 단지 그리스의 세련된 교양인이었다는 것만을 의미하지 않는다. 왜냐하면 실제로도 그는 시인이며 음악가였기 때문이다. 뒤에 짧게 덧붙인 경구에는 그가 덜 피곤한 뚜쟁이로 살기 위해 음악가의 길을 포기했다고 설명되어 있다. 하지만 결국에는 "마침내 뮤즈들이 내 몸을 점령해버렸다." 길이 116.6cm.

가면이 잠깐 등장할 경우, 그건 대개 음모가 발각되어 정체가 드러날 인물의 위장수단이다. 사실 극장이나 가면무도회, 할로윈 같은 축제에서 우리가 가면에 대해 갖고 있는 일반적인 인상은 뭔가 불길하거나 비밀스런 것이다. 그래서 가면을 보게 되면 우리는 자연 그 가면이 무엇을 감추고 있는지 묻고 싶은 충동을 느낀다. 하지만 고대 세계의 가면의 역할을 이해하려면 이런 질문을 던지지 말고 가면을 액면 그대로 받아들여야 한다.

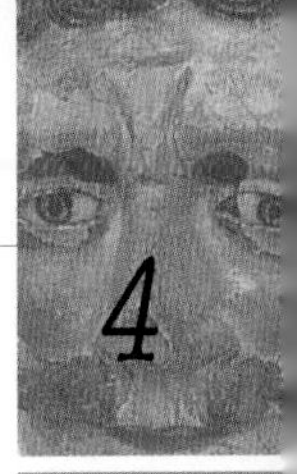

4

살아 있는 동안 우리는 가면 또는 이름에서 벗어날 수 없다. 우리는 우리가 만들어낸 허구, 우리의 얼굴과 분리될 수 없다.

-옥타비오 파스

허구와 풍자

- 멕시코와 남아메리카 고지대의 가면

1만 2천 년 이상 멕시코에서 남아메리카에 이르는 지역은 인류 문화를 풍성하게 살찌운 요람이었다. 라틴화된 이 땅은 기독교 전파 이전 아메리카 인디언의 신앙과, 노예 무역이 가져온 아프리카 종교의 흔적을 거름삼아 세계에서 가장 다양하고 풍성하며 끈질긴 가면전통을 가꾸어왔다.

스페인 정복 이전의 아메리카

아메리카에 가면이 있었다는 가장 오래된 증거는 지금은 멸종된, 멕시코의 테키스키악Tequixquiac에서 화석으로 발견된 라마의 척추다. 코요테(역주: 북미 대초원에 사는 늑대)의 머리를 형상화한 이것은 BC 1만 2천 년에서 1만 년 사이에 만들어진 것이었다. 그러나 진흙으로 빚거나 돌을 조각해서 만든 독특한 양식의 가면이 나오기 시작한 것은 BC1천2백 년경부터이다.

안데스 문명권에서는 죽은 사람의 얼굴을 가리기 위해 가면이 널리 사용되었는데, 이 곳에서는 사람이 죽으면 매장하기 전에 죽은 사람의

과테말라의 인디언들을 정복한 스페인 군인들을 나타낸 가면 중의 하나.

몸을 깨끗이 닦아 천으로 감싸는 풍습이 있었다. 페루의 오쿠카헤 Ocucaje 지방에서 발견된 가장 초기의 가면(BC 500년경) 중에는 붉은색이나 갈색 물을 들인 천으로 만들어서 미라의 몸을 감싼 천에 꿰매어 붙인 것도 있다. 이 시기에는 고양이나 뱀 같은 얼굴을 포함해 기하학적인 형태의 양식화된 얼굴 모습이 급증했다.

그러나 모체Moche 시대(역주: 페루 북쪽 해안에서 BC 100년~AD 650년 사이에 번성한 안데스 문명. 모치카Mochica 문명이라고도 한다)에 이르면 매장용 가면은 망치로 두들겨 만든 얇은 금판이나 구리판으로 만들어졌는데, 코와 이 등 얼굴의 각 부분을 따로따로 만들어 나중에 납땜해 결합하는 방식을 취했다(82쪽 사진 참조). 치무Chimú(역주: AD 800~1470년. 잉카족 이전에 페루에서 가장 거대한 왕국을 세웠던 남아메리카 인디언) 가면도 비슷한 기법으로 만들어졌는데, 터키옥 구슬을 박아넣은 채색된 눈이 특징적이다. 이 가면들은 이전의 모체 시대의 가면보다 한결 단순하고 양식화된 형태를 띤다. 람바예케Lambayque 계곡의 무덤에서 발견되어 오늘날 박물관에 놓여 있는 치무 가면 중에는 금이나 은, 구리로 만들어진 것이 많은데, 그 중에는 가면 양쪽에 동물이 그려져 있는 도끼 모양의 초승달장식이 얹혀져 있는 것도 있다.

AD 1200~1500년 사이의 것으로 추정되는 작고 조잡한 회색 가면이 에콰도르 에스메랄다스Esmeraldas의 포르테테Portete 묘역에서 발견되기도 하고, 페루 북부의 치카마Chicama 지방(BC 500~250년)과 팜파스 대초원(AD 500~700년)에서 붉은 테라코타가면이 만들어지긴 했어도, 매장용 가면을 진흙으로 만드는 일은 그리 흔치 않았다. 그러나 콜롬비아 북부의 톨리마Tolima 족이 살았던 지역과 남부의 나리뇨Nariño 지역에는 도기陶器가면도 알려져 있다.

안데스 문명권의 도상圖像에는 차빈Chavín(역주: 콜럼버스의 아메리카 대륙 발견 이전에 페루에서 최초로 크게 발달했던 문화. 메소아메리카 문명은 마야 문명기인 고전기를 중심으로 전고전기 · 고전기 · 후고전기로 나뉘는데, 전고전기를 형성기라고도 하며, 차빈 문화는 전고전기를 특징지은 문화이다) 시대부터 잉카 시대까지(BC 1500년~AD 1532년) 지속적으로 나타나는 어떤 특징과 모티프가 있다. 초기의 가면과 머리장식에는 재규어와 퓨마, 여우를 포함해 일정한 수의 동물만을 나타낸 것이 많았는데, 모체 문명과 치무 문명으로 내려갈수록 인간의 모습을 한 것이 늘어났다. 동물가면은 조상신의 개입을 나타내기 위해 연례적인 종교의식이나 가입의례, 매장식 때 사용했을지도 모른다.

우리는 잉카 제국의 정치적인 구획선을 각 공동체 또는 지방마다 공통적인 가면의 유형에 따라 구분할 수도 있을 것이다. 케추아 Quechua족과 아야마라Ayamara족의 가면은 카이나타caynata 또는 사이나타saynata라고 부르는데, 이는 말 그대로는 '아이들에게 겁을 주는' '가면 쓴 사람' 또는 '허수아비'를 뜻하는데, 가면이 위협이나 악의惡意 같은 것과 관계가 있음을 말해준다. 그런가 하면 가면은 '데스마스크'를 뜻하는 다른 토착어 아야추코ayachuco라는 말이 시사해주듯이 죽은 사람과도 관계가 있었다.

인디언 연대기 작가 과만 포마 드 아얄라Guaman Poma de Ayala는 농부들이 여우의 머리와 털가죽을 머리와 어깨에 걸쳤다는 이야기를 하고 있다. 어떤 신에게 바치는 의식에서는 동물로 분장한 많은 인물들이 어우러져 가면무극假面舞劇을 펼치기도 했다. 야마야마llamallama춤은 동물가죽과 동물가면을 쓴 목동들을 흉내낸 것이고, 초켈라Choquela족은 비큐나(역주: 페루, 볼리비아 등지에 분포하는 야생 라마) 가죽으로 만든 옷을 입었다.

페루의 쿠스코Cuzco에서는 귀족 자제들의 성인식이 끝날 즈음 퓨마 복장을 한 남자들이 나타난다. 재규어와 퓨마가면은 잉카족의 조상들이 변신한 동물을 나타낸 것이라고 하는데, 이는 멕시코에서 발견되

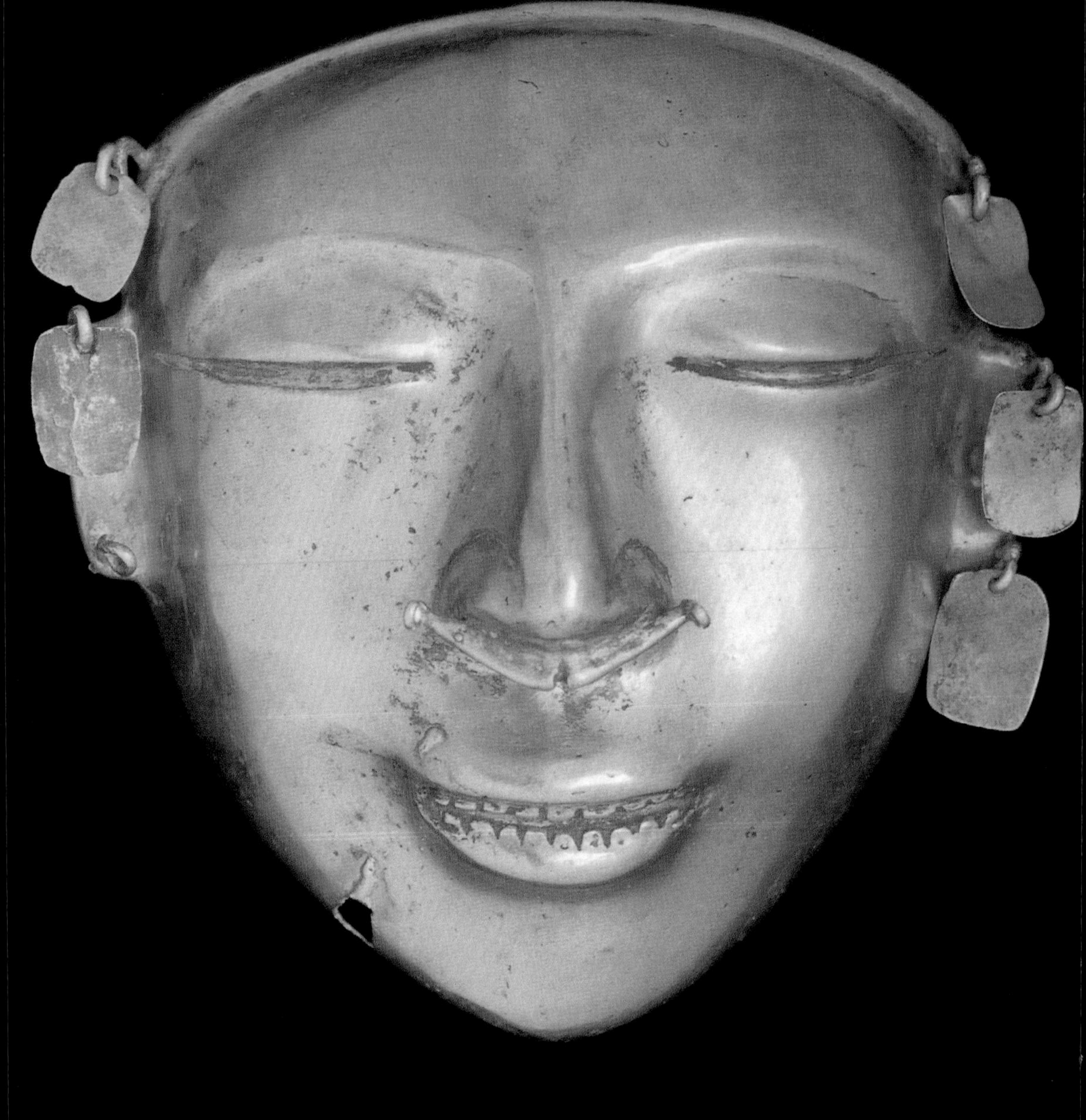

콜롬비아 킴바야 지방의 금가면. AD 500~1500년. 코와 귀장식물이 달려 있다. 가지런한 이가 보인다. 높이 12cm.

는 나왈nahual(역주: 나구알nagual이라고도 한다. 중앙아메리카 인디언들이 사슴 · 표범 · 새와 같은 동물에 깃들어 있다고 믿은 개인의 수호정령) 신앙과 별로 다르지 않다.

안데스 산맥 북부에서는 금을 두들기거나 주조해서 지위가 높은 사람들의 매장식에 쓸 가면을 만들었다. 가지런한 이에 귀와 코장식물까지 갖춘 콜롬비아 킴바야Quimbaya족의 가면(대영박물관 소장)은 놀라울 정도로 자연주의적 양식으로 주조되었다(82쪽 사진 참조).

메소아메리카Mesoamerica(역주: 고고학 · 민족학 · 문화인류학상의 문화영역명으로 멕시코 · 과테말라 · 엘살바도르 · 온두라스 · 니카라과 · 코스타리카 등에 걸친 지역)에 가면의식이 있었음을 알 수 있는 가장 오래된 증거는 전고전기 중기(BC 1000~300년)의 것이다. 여기서 우리는 뚜렷이 구분되는 두 가지 전통을 발견할 수 있는데, 멕시코 계곡에 집중되어 있는 전고전기의 촌락 문화와 멕시코의 베라크루스Veracruz, 타바스코Tavasco, 푸에블라Puebla, 게레로Guerrero 주에 걸쳐 산재되어 있었던 올메카 문화(역주: BC 1천2백 년경부터 기원 전후에 걸쳐 멕시코 만 남부의 열대저지를 중심으로 번영한 문화. 멕시코와 중앙아메리카 문명의 모체가 되었다)가 그것이다.

멕시코 서부의 콜리마Colima, 할리스코Jalisco, 나야리트Nayarit 주와 중부의 과나후아토Guanajuato 주의 추피쿠아로Chupicuaro에서는 전고전기 후기(BC 300년~AD 300년)의 도기가면도 발굴되었다. 이 시기의 가면은 멕시코의 틀라틸코Tlatilco, 소치팔라Xochipala, 틀라파코야Tlapacoya와 올메카 문화의 중심지인 아로요 페스케로Arrollo Pesquero, 산로렌소San Lorenzo, 테네넥스판Tenenexpan에서 가장 많이 발견되었다. 멕시코 계곡과 올메카 문화권 이외에서도 지역에 따라 저마다 독특한 가면 양식이 발전했는데, 보디 페인팅이 가면보다 널리 퍼져 있는 지역도 있었다.

멕시코 계곡에서 제작된 전고전기의 도기 중에는 멕시코 역사에서 후대에 등장한 신들과 관련된 가면과 도상의 특징이 비슷한 것이 많다. 둥근 눈에 입을 벌리고 있는 둥그스름하고 매끈하며 표정 없는 얼굴의 틀라틸코의 가면은 아스텍족이 농사가 시작되는 봄 축제 때 사용한 시페 토텍Xipe Totec 신(역주: 콜럼버스의 아메리카 대륙 발견 이전에 멕시코인들이 신봉한 봄의 신이자 갓 자란 채소의 신. 시페 토텍은 제물로 바친 인간의 가죽을 입었는데, 봄에 땅을 덮는 새 피부를 의미했다)과 관련된 가죽 가면을 나타낸 것일지도 모른다. 움푹 들어간 눈에 주름진 피부의 그로테스크한 모습을 한 다른 유형의 가면은 후대에 웨웨테오틀Huehue-teotl(역주: 시우테쿠틀리Xiuhtecuhtli라고도 하며, 아스텍족이 모든 생명의 창조주로 생각한 불의 신. 웨웨테오틀은 '나이가 많은 신'이라는 뜻)로 불린 불의 신과 관계가 있다. 고양이 같은 얼굴에 악어 이빨을 가진 또다른 유형은 올메카의 재규어 인간(역주: 올메카의 예술 작품에서는 재규어의 얼굴이나 인간의 형상을 한 재규어가 자주 표현되었다)이나 용을 나타낸 것일지도 모른다.

'이원성二元性'과 같은 메소아메리카 문명의 기본적인 특징들은 이미 이 시기의 가면이나 작은 입상에도 나타난다. 반은 살아 있는 얼굴이고 반은 살이 없는 해골이거나, 반은 인간이고 반은 동물인 가면들이 멕시코 중부의 여러 유적지에서 발견되었다. 이 지역에서 발견된 독특한 도기 두상은 가운데를 잘라 그 안으로 노년의 얼굴이 보이게 했는데, 이것도 갈라져 있어 그 밑으로는 한창 젊었을 때의 얼굴이 보인다. 이는 다층적인 현실에 대한 복잡한 사고를 보여주는데, 어쩌면 이와 같은 사고가 가면의 성격과 쓰임새의 근저에 흐르고 있는 전고전기의 사상에 영향을 주었을지도 모른다.

이웃한 멕시코 중부 지방과 달리 올메카인들은 가면을 만들 때 비취나 사문석, 푸크사이트fuchsite, 규암, 마노를 썼다. 인간의 형상이 신의 형상보다 훨씬 많았지만 올메카의 용, 괴조怪鳥, 곳곳에서 발견되는 재규어 인간을 표현한 가면도 있었다. 베라크루스의 아로요 페스케로에서 발견된 한층 자연주의적인 가면에는 신의 모습이 새겨져 진사辰砂(역주: 주홍색 물감)로 윤곽을 그렸다(85쪽 사진 참조). 마찬가지로 '리마의 지배자Lord of Las Limas' 라는 조각은 올메카인의 만신전에 있는 주요 신을 나타낸 것으로 여겨지는데, 부분적으로만 가면을 쓴 여섯 인물로 장식되어 있다. 그 밖에 구기 선수와 곡예사의 모습을 나타낸 다른 인물들은 때로 얼굴 윗부분은 그대로 내놓은 채 입만 가린 가면을 쓰고 있다.

올메카 문화에서는 동물이나 신을 나타내는 가면을 썼다고 해서 그가 인간이라는 점이 완전히 사라지는 경우는 드물다. 온몸을 가린 의상에 괴조가면을 쓴 인물이 앉아 있는 모습이 그려져 있는 게레로의 옥스토티틀란Oxtotitlan 벽화는 가면 쓴 이의 정체를 드러내기 위해 X선 양식(역주: 원래는 동물을 묘사할 때 골격과 내장기관을 그리는 방법)을 택했다. 라벤타La Venta의 석비 3과 찰카트싱고Chalcatzingo의 1번 암면조각巖面彫刻의 인물 같은 올메카의 통치자들은 가면을 쓰고 있는 주체가 인간임을 부정하지 않으면서 초자연적인 존재와의 연관성을 암시하기 위한 것으로 보이는 정교한 머리장식을 쓰고 있다.

메소아메리카의 가면전통에서 발견되는 세 번째 독특한 양식은 전고전기 후기에 게레로 주의 동북 지역인 메스칼라Mezcala와 촌탈Chontal 지방에서 시작되었다. 얼굴 생김새를 아주 단순하게 표현한 납작한 가면은 걸어놓을 수 있도록 흔히 이마에 구멍이 뚫려 있는데, 죽은 사람의 얼굴을 가리기 위해 사용되었을지도 모른다. 멕시

멕시코의 멕시코 주 테오티와칸의 돌가면. 17쪽 사진의 가면처럼 이 가면 역시 게레로 주 서북 지역에서 발달한 메스칼라 양식의 영향을 보여주는 고도로 양식화된 가면이다. AD 300~650년. 높이 22cm.

코 중부나 올메카 가면에서 볼 수 있는 풍부한 표정이 결여된 메스칼라 양식은 거대한 도시의 중심지였던 테오티와칸Teotihuacan(역주: 멕시코시티의 북방 약 50km에 있는 도시 유적으로 BC 2세기부터 AD 6세기 사이에 완성되었다. '사자死者'의 큰길과 태양과 달의 피라미드가 남아 있다) 문화와 관계 있는, 후대의 이목구비가 뚜렷한 네모난 사다리꼴 양식의 돌가면에 큰 영향을 끼친 것으로 보인다. 현재 남아 있는 돌가면 중에는 눈이 뚫려 있지 않은 것이 많은데, 눈과 이의 둘레가 터키옥과 산호 모자이크로 장식되어 있거나 흑요석과 황철광 또는 진주층으로 상감되어 있는 것도 있다(17쪽 사진 참조). 테오티와칸 가면은 메스칼라 가면과 달리 본래의 장소에서 발견된 것이 하나도 없지만, 대체로 장례에 쓰였을 것이라고 추측되고 있다.

메소아메리카 전역에서 잇따라 발견되고 있는 벽화와 꽃병 그림은 현재 남아 있는 가면과 달리 가면의식이 매우 풍부하고 다양했음을 보여준다. 테오티와칸의 테판티틀라Tepantitla 궁과 테티틀라Tetitla 궁에 그려진 벽화를 보면, 신 혹은 가면 쓴 사제로 보이는 인물이 나무로 만들었음직한 가면 위에 정교한 깃털 머리장식을 하고 있는 것을 볼 수 있다. 그런가 하면 마야국의 보남파크Bonampak 벽화에서 그림 속의 가면은 전해지지 않고 있지만 가면을 쓴 음악가와 예술인의 한층 활기 띤 모습을 볼 수 있다.

멕시코 남부와 과테말라, 온두라스에 살았던 마야족은 장례식 가면에 자연주의적 양식의 초상을 사용했다. AD 615년에 왕위에 올라 683년까지 팔렝케Palenque를 통치했던 파칼Pacal의 독특한 비취 모자이크상은 비문碑文 신전 밑에 있는 묘실에서 발견되었다. 팔렝케족이 숭배한 세 주요 신 가운데 하나인 지하 세계의 신 글GI을 나타낸 돌가면 같은 두상(대영박물관 소장)이 그렇듯, 현재 남아 있는 마야 가면 역시 대부분은 장례나 지하 세계와 관계가 있다. 비취로 만든 작은 가면과 온두라스의 코마야콰Comayaqua 근처의 탐블라Tambla에서 발견된 두상(대영박물관 소장)과 같은 큰 조각품은 마야 왕국의 왕과 귀족들이 의례행사 때 썼던 정교한 펜던트와 가슴장식, 허리띠 중의 하나였다.

치첸 이트사Chichen-Itza의 신성한 우물에서 나온 금을 두드려서 만든 몇 개의 가면과, 지금은 대영박물관에 있지만 상인의 신 에크 추아Ek Chuah를 나타낸 것으로 보이는 조그만 구리가면을 제외하면 금속가면은 드물다.

아스텍족의 고古사본과 16세기 스페인어로 쓰여진 후고전기 말기의 문명(AD 1200~1519년)에 대한 글은 메소아메리카에서 가면이 쓰인 용도와 의미에 대해 때로는 도저히 해독이 불가능하지만 아주 풍부한 정보를 제공해준다. 『멘도사 사본 *Codex Mendoza*』과 『조세대장 *Matr cula de Tributos*』에는 보석과 깃털, 동물가죽, 때로는 중앙집권화된 아스테카 왕국에 공물로 바쳤던 가면을 공급한 도시 명단이 적혀 있다. 오악사카Oaxaca의 요왈테펙Yohualtepec에서는 해마다 내는 공물 가운데 터키옥으로 만든 가면 10개를 바치게 했다. 베라크루스와 오악사카, 푸에블라 지역의 다른 도시에서는 아스테카 왕국에 보석을 공물로 바쳤는데, 미스텍Mixtec족 장인들은 이것을 모자이크 가면을 만드는 데 사용했다.

후고전기 멕시코에서 발견되는 가면의 쓰임새는 서로 관련은 있지만 다섯 가지로 구분할 수 있다.

장례용: 아스텍족은 고위 성직자나 통치자가 죽으면 화장하기 전에 아주 고운 천으로 몸을 감싸고 얼굴에 가면을 씌웠다. 그리고 화장 후에는 죽은 사람을 나타내기 위해 전보다 훨씬 고운 천으로 남은 잔해를 감싸고 한층 정교한 가면을 씌웠다. 매장용 가면은 죽은 통치자와 가장 밀접한 관계에 있는 신을 나타낸 것으로 보인다. 프란체스코 수도사이자 연대기 작가인 디에고 두란Diego Durán에 따르면, 죽은 악사

야카틀Axayacatl 왕(1469~81년)과 그의 후계자 티속Tizoc 왕(1481~6년)의 화장시킨 뒤의 형상은 다섯 겹으로 싸여져 있으며, 다섯 개의 가면이 씌워져 있다고 한다. 첫번째 가면은 왕 자신, 나머지 가면은 위칠로포츠틀리(제국의 수호신)와 틀랄록('비의 신'이며 황족의 시조), 시페 토텍, 케트살코아틀-에카틀('바람의 신'이며 아스텍 귀족의 시조)을 나타낸다. 이는 초자연적인 특성에 신권 정치를 찬양하고 정당화하려는 정치적 의도가 깃든 상징물을 결합시켜 나타낸 것으로 볼 수 있다(94, 95쪽 사진 참조).

신의 모습으로 분장하기 위한 분장용: 고사본에서는 일반적으로 가면 쓴 신이나 신으로 분장한 사제의 모습을 볼 수 있다. 많은 그림에서 신이나 사제가 저마다 특징적인 얼굴 화장과 몸장식, 머리장식을 한 모습으로 묘사되지만, 틀랄록과 케트살코아틀-에카틀, 지하 세계의 신 믹틀란테쿠틀리는 흔히 가면 쓴 모습으로 표현된다. 『마글리아벡치아노 사본*Codex maglia-becchiano*』의 29쪽 오른쪽 면에는 한 손에 옥수수로 만든 귀를 들고 다른 한 손에 잘 다듬은 틀랄록 가면을 들고 있는 사제가 나오고, 30쪽과 55쪽의 오른쪽 면에는 의례적인 전투와 종교 의식에 쓰이는 재규어가죽, 원숭이와 새의 모습을 한 옷차림과 머리장식이 나온다.

전승 기념물: 인간의 살가죽과 해골은 전승 기념물로 인식되었는데, 어쩌면 이것이 가면을 만드는 데 사용되는 가장 일반적인 재료였을지도 모른다. 살가죽은 산 제물로 쓸 전쟁 포로에게서 벗겨내 승리하고 돌아온 전사가 아스테카 왕국에 공물로 바치는 틀라카시페왈리스츨리Tlacaxipehualiztli와 같은 제의에서 사용되었다. 현재 남아 있는 살가죽 가면은 없지만, 대영박물관에 있는 두 돌가면과 베를린과 빈에 있는 그와 비슷한 가면은 살가죽을 바짝 잡아당겨 얼굴에 붙이고 눈과 입 부분은 길게 찢어 구멍을 낸 모습이다(90, 91쪽 사진 참조).

해골가면도 드물지 않았는데, 대부분 장식을 하지 않고 공물로 바쳤다. 터키옥과 갈탄으로 번갈아 띠를 둘러 장식한 대영박물관에 소장된 가면이나, 오악사카 주의 테오티틀란 델 카미노Teotitlan del Camino에서 발견된 터키옥 장식의 해골가면(라이덴Leiden의 국립민족지학박물관에 소장), 지금의 과테말라 시에서 가까운 카미날후유Kaminaljuyu 마야 유적지에서 발견된 정교하게 조각된 해골가면과 같은 예외적인 가면은 신의 힘과 밀접한 관계가 있는 중요한 성골함聖骨函이었을지도 모른다.

전사의 머리장식: 수많은 조각과 삽화, 프리즈를 보면 전사들이 가면을 한층 다양하게 사용했음을 알 수 있다. 주요 군사계급인 독수리 기사와 재규어 기사는 털가죽과 사실주의적인 동물 머리장식이 있는 옷을 입었는데, 이 머리장식은 그들과 동일시되는 동물을 나타낸 것이다. 틀락스칼라Tlaxcala 주 카칵스틀라cacaxtla 벽화에 뛰어난 솜씨로 그려져 있는 이런 옷차림은 스페인 정복 후에도 『틀락스칼라의 역사*The history of Tlaxcala*』와 같은 기록과 이스미킬판Ixmiquilpan, 틀라야카판Tlayacapan 수도원의 원주민 벽화에도 계속 그려졌다.

연회용: 가면은 궁정 연예인들이 동물이나 아스텍족이 경멸한 이웃 부족의 모습으로 분장할 때도 사용되었다. 이런 익살극은 아스텍족이 이룩한 정복의 위업과 정복당한 사람들의 종속적 역할을 되풀이해 강조한 까닭에 장려되었다는 주장도 있지만, 연행자들 중에는 불구자와 아스텍족이 신의 은총을 받았다고 생각한 정신박약자들도 포함되어 있었다. 따라서 그런 연행에는 아마 세속적인 목적과 밀접하게 결합된 종교적 요소도 있었을 것이다.

후고전기 말기 메소아메리카에서 사용된 가면의 용도를 생각하기 전에 먼저 원주민들이 이해한 '인간'의 구성요소와, 더 넓은 형이상학적 범주와 인간과의 관계는 어떤 것이었는지 살펴볼 필요가 있다. 아

아스텍족의 시페 토텍 돌가면. AD 12000~1519년. 안쪽에 전형적인 원뿔형 머리장식에 벗긴 살가죽을 덧쓴 시페 토텍 신이 얇게 돋을새김되어 있다. 풍작의 상징인 방울 달린 지팡이와 인간의 해골을 들고 있다. 시페 토텍과 밀접한 관계가 있는 붉은색 색소를 칠한 흔적이 아직도 남아 있다. 높이 22.8cm.

스텍족이 생각한 '인간'은 서양에서 생각하는 것과 달리 단순히 물리적인 육체를 가진, 독립적이고 자유로운 행동의 주체가 아니었다. 또한 동물과 식물, 자연적인 현상이나 초자연적인 현상과 '인간'의 관계는 절대적이지도 명백하지도 않았다.

인간의 운명은 영원히는 아니더라도 어느 정도는 태어나면서 결정되었는데, 이는 아이가 태어난 날 토날포왈리tonalpohualli라는 260일 주기의 제의용 달력에 씌여 있는 표시에 의해 좌우되었다. 아이의 이름을 아이가 태어난 날에 표시된 것에 따라 지었는지 아니면 가족이 임의로 지었는지에 대해서는 자료가 일치하지 않지만, 각각의 날짜마다 씌여 있는 표시는 아이와 특정한 동물이나 식물 또는 자연 현상을 짝지움으로써 같은 영혼을 공유하게 했다. 아스텍족은 그 동물이나 식물을 인간의 분신이나 보호자라고 생각했고, 동물이나 식물의 운명이 그것과 짝을 이룬 인간의 운명과 연결되어 있다고 생각했다. 그리고 '바람의 날'(세 에카틀)이나 '비의 날'(세 키아위틀)과 같은 특정한 날에 태어난 아이들은 그들과 짝을 이룬 동물(나왈)로 변신할 수 있는 힘을 가지고 있다고 생각했다.

하지만 변신 능력은 타고나는 것이지 가면에 의해 좌우되는 것은 아니었다. 그런가 하면 특히 강한 '심장'을 가진 사람도 있는데, 그 강한 심장이 그들에게 비범한 지혜와 능력을 가져다준다고 생각했다. 그리고 이런 특성은 신에게서 비롯된 것이라고 생각했기 때문에 특별한 능력을 가진 사람들은 단지 신령에게 몸을 빌려준 것일 뿐이라고 생각했다. 흔히 통치자와 고위직 사제들은 신과 가장 가까운 존재로 인식되었다. 그들은 인간과 신을 매개하는 존재로 격상되었으며, 그 결과 그들의 지위는 정당화되었다.

따라서 아스텍족에게 가면은 얼굴을 가리거나 변장을 하기 위한 수단이 아니었던 것 같다. 가면을 쓰거나 가면이 전시되는 경우, 즉 의식 · 장례 때 또는 신으로 분장하기 위해서거나 전사 · 궁정 연예인이 가면을 쓰는 경우와 공물로서 가면을 전시하는 경우 등에는 종교적 의미와 정치적 의미가 결합되어 있었다. 그리고 가면 쓴 사람을 나타낼 때 가면과 함께 원래의 얼굴을 보이게 하는 회화 기법을 사용하고, 입가면을 쓴 채 머리장식과 얼굴에 직접 채색을 하는 방식이 가면보다 훨씬 널리 이용되었다는 사실은 가면이 동일한 인물에게 자연적 특성과 초자연적 특성이 공존한다는 것을 암시하기 위한 장치였음을 말해준다. 이와 같은 해석은 가면을 지칭하는 토착어 사야카틀xayacatl이 '얼굴'을 뜻하고 아스텍족이 얼굴을 인간 마음의 외적인 표현이라고 했다는 데서도 짐작할 수 있다.

또한 아스텍족은 가면에 초자연적인 힘이 깃들어 있다고 생각했다. 『보르보니쿠스 사본*Codex Borbonicus*』 34쪽에는 '새로운 불을 붙이는 의식New Fire Ceremony' 때 그들이 여자와 아이들을 집안에 가둔 채 가면을 쓰게 해 악령이 그들을 동물로 변하게 하는 것을 어떻게 막으려 했는지 잘 나타나 있다. 이는 가면으로 얼굴을 가리려고 한 드문 예지만, 이 경우에도 가면의 목적은 가면 쓴 사람의 모습을 바꿔놓는 데 있는 것이 아니라 그들의 인간적 정체성을 지키는 데 있었다. 그런가 하면 가면은 병을 고치는 힘도 있다고 생각해 황제가 병이 들면 회복을 위해 머리 위에 가면을 올려놓았다. 나아가 재규어와 독수리의상에는 그것을 입은 사람과 동일시되고 그 사람과 정령을 공유한다고 여겼던 동물의 사나움과 명민함, 용기를 암시하려는 의도도 들어 있었을 것이다.

가면이 그런 힘을 지녔다는 생각은 아마도 가면이 신령과 밀접한 관계가 있다고 여긴 데서 기인되었을 것이다. 신령이 깃들어 있다고 믿었던 유명한 신인神人이나 고위 군인, 정치 관료나 고위 성직자의 해골은 장식을 한 뒤 성골함으로 보존했을지도 모른다. 오악사카와 푸에

AD 1200~1519년 미스텍·아스텍족의 터키옥 모자이크가면. 둥글고 큰 눈을 둘러싸고 있는 뱀 머리가 코를 이루고 있다. 터키옥가면으로, 가장 흔히 묘사되었던 비의 신 틀랄록을 나타낸 것으로 보인다. 높이 17.8cm.

블라의 미스텍족 지방의 묘지에서 발굴된 많은 터키옥 모자이크가면이 지닌 힘은 아마도 과거에 신인이었던 존재의 사체와 밀접한 관계가 있다는 데서 나왔을 것이다. 대영박물관에 소장된 터키옥가면들은 반신반인이었던 사제들이 입었던 예복의 일부였으며, 따라서 비상한 힘을 가지고 있다고 생각했을지도 모른다 (94, 95쪽 사진 참조).

가면과 연관된 형이상학적 힘 때문에 가면을 소유하는 것은 정치적으로도 강력한 의미가 있었다. 적의 해골이나 살가죽 또는 가면을 포함해 다른 종족의 예복 전부를 소유한다는 것은 정복과 함께 그 집단이 초자연적인 존재와 맺고 있던 관계까지 단절시키는 것을 의미했기 때문에 그들을 효과적으로 무력화시킬 수 있는 방법이었다.

따라서 메소아메리카에서 가면은 얼굴을 가리거나 뭔가를 드러내는 데 일차적인 목적이 있었던 것이 아니라 살아 있거나 죽은 사람의 몸과 접촉할 수 있도록 신령을 잠시 담아두는 용기 또는 저장소 역할을 했던 것 같다. 그리고 이와 같은 접촉은 때로 가면을 성골함 자체로 여길 정도로 가면에 영적인 힘을 부여했다. 이렇듯 가면은 인간에게 가능한 '다양한 얼굴'의 복잡한 공존을 상징했다.

식민지 시대와 현대 라틴아메리카

1519년부터 스페인은 처음에는 멕시코에서 나중에는 페루에서 토착 지배 세력을 체계적으로 제거해 신권 정치의 토대를 무너뜨렸다. 그 결과 콜럼버스의 아메리카 대륙 발견 이전에 권위와 번영, 공물, 국가 차원의 의식과 연관되어 있던 가면의식의 전통은 갑자기 맥이 끊기고 말았다. 하지만 가정이나 공동체의 차원에서 벌였던 농경의례나 다산과 관련된 가면전통은 좀처럼 사라지지 않았다. 이렇듯 토착의례가 끈질기게 지속되는 것을 보고 놀란 기독교 선교사들은 조심스럽게 아메리카 인디언들이 그들의 신앙과 의식을 교회 차원의 기독교 의식과 동일시하도록 유도했다. 그리하여 안데스 문명권에서는 사육제가 잉카의 신년의식 및 신에게 첫 수확물을 바치는 의식과 일치하게 되었다. 또한 성모 승천 대축세(8월 15일)는 스페인 정복 이전에 모내기 의식을 하던 때쯤 열리게 되었고, 무원죄 잉태 축제(12월 8일)는 과거에 달(月) 마마키야Mamakilla에게 바쳤던 의식과 비슷한 시기에 열리게 되었으며, 모든 성인의 축일과 위령의 날(11월 1~2일)은 스페인 정복 이전의 사자死者들을 위한 의식이 행해졌던 기간과 일치하게 되었다.

스페인 정복 이전의 의식과 기독교 의식이 결합되고, 안데스 및 메소아메리카의 신과 기독교의 성인이 융합되면서 춤과 놀이로 극화된 새로운 종교적 전통의 토대를 낳았다. 11세기부터 스페인은 기독교에서 영감을 얻은 신비극과 도덕극을 우화적인 작품과 결합시켜 새로운 형태의 성찬신비극auto sacremente을 만들어냈는데, 이

AD 1200~1519년 미스텍 · 아스텍족의 터키옥 모자이크가면. 이 가면은 깃털 달린 뱀 케트살코아틀, 태양신 토나티우, 지상의 괴물 틀랄테쿠틀리를 다양하게 나타낸 것으로 확인되었다. 틀랄록과 시페 토텍을 나타낸 가면 외에 얼마 남아 있지 않은 아스텍족 가면은 누굴 나타냈는지 쉽게 알아볼 수 있다. 높이 16.8cm.

는 원주민들의 사고방식이나 그들의 드라마틱한 표현방식과 아주 잘 맞아떨어졌다.

처음에 이런 극은 성체축일 행사에 편입되었는데, 16세기 가면의식에 대한 주기적인 단속에도 불구하고 나중에는 크리스마스와 예수 공현 축일, 부활절, 성도 기념일과 관련된 행사에서까지 열리게 되었다. 폴로 데 온데가르도Polo de Ondegardo와 같은 비평가들도 인정했듯이, 안데스 문명권에서 성체축일 행사와 중요한 태양 숭배의식인 인티라야미Intirayami와 추수 전에 가뭄 방지를 위해 플레이아데스Pleiades(역주: 그리스 신화에 나오는 아틀라스의 일곱 딸)에게 바쳤던 의식 온코이미타Oncoymitta는 서로 비슷한 점이 상당히 많다.

지금도 성체축일을 성대하게 치르는 에콰도르의 코토파시Cotopaxi 지방과 툰구라와Tungurahua 지방에서는 떠들썩한 가운데 곡예 솜씨가 뛰어난 가면 쓴 악마들이 거리와 광장을 습격하면서 의식이 시작된다. 다른 무용수들은 천사를 나타내는데, 식민지 시대 초기에 천사들은 예전에 잉카의 온코이미타 의식 때 숭배되었던 별의 신들과 동일시되었다. 무용수들은 꼬리 달린 앞치마와 가슴장식, 어깨를 가로질러 나란히 놓여 있는 나무막대에 화려하게 수놓은 띠가 매달려 있는 정교한 복장을 한다. 버드나무 틀로 된 복잡한 머리장식은 자수와 동전, 거울, 보석, 플라스틱 인형으로 장식되어 있고 꼭대기에는 깃털 다발이 얹혀 있다. 유럽식 가면은 채색한 털가죽이나 철망으로 만들어졌으며 코에 동전이 매달려 있다. 의상은 기독교적 도상과 토속적 도상이 어우러져 장식되어 있으며, 성찬을 비롯한 기독교적 표상에 경의를 표하는 의식에도 등장한다.

안데스 문명권 전체에서 발견되는 종교적 혼합주의의 양상을 보여주는 예는 볼리비아의 오루로Oruro에서 열리는 사육제 행사에서도 찾아볼 수 있다. 칸델라리아Candelaria의 동정녀를 기리기 위한 이 행사는

1789년 몬테알레그레라는 신부가 마왕과 대천사 미가엘의 싸움을 각색해 선과 악의 투쟁과 안데스 토속신앙에 대한 기독교의 필연적인 승리를 그리면서 시작되었다.

하지만 스페인 정복 이전에 시골에 널리 퍼져 있던 신앙의 영향으로 칸델라리아의 동정녀는 대지인 파차마마Pachamama로 통합되고, 마왕은 언덕의 정령인 수파이Supay 혹은 대지의 지배자인 파차타타Pachatata와 동일시되었다. 파차마마가 풍작을 가져다주는 대신 농부들이 그에게 공물을 바쳤듯이, 파차타타에게도 광부들을 보호하고 광부들이 풍부한 광맥을 찾을 수 있도록 이끌어주는 대가로 선물을 줄 필요가 있었다.

원숭이가면과 의상. 볼리비아의 오루로, 1984년. 사육제 축제는 선과 악의 투쟁에 대한 이야기와 직접적으로 관련된 것 이외에 많은 인물과 동물이 등장한다. 원숭이로 분장한 이 인물은 오루로의 도시 축제에 시골 지방의 신앙이 강한 영향을 미쳤음을 보여준다.

사람들은 파차타타가 자기들을 시골 집에서 광산으로 끌고 가 일하게 함으로써 자신들의 전통적인 생활과 가치를 파괴했다고 주장한다. 하지만 결국 동정녀가 사람들을 위해 파차타타를 땅 속으로 쫓아버린다.

이런 신화가 사육제 때는 디아블라도Diablado라는 가면무극을 통해 극화되는데, 여기서 마왕(파차타타)과 그의 수하에 있는 악마들은 잠시 대지를 지배하지만 결국 소코반Socovan의 동정녀가 기적 같은 힘을 발휘하는 바람에 광산으로 다시 쫓겨난다. 지금은 훨씬 정교하지만 20세기 초만 하더라도 악마로 분장한 무용수들의 의상은 부유한 광산주들이 좋아하는 스페인 및 카우보이 스타일이 주조를 이루었고, 마왕을 나타내는 가면은 라틴아메리카 이외의 지역에서 흔히 볼 수 있는 유럽의 마왕 이미지와 비슷한 뿔 달린 사람으로 묘사되었다(98쪽

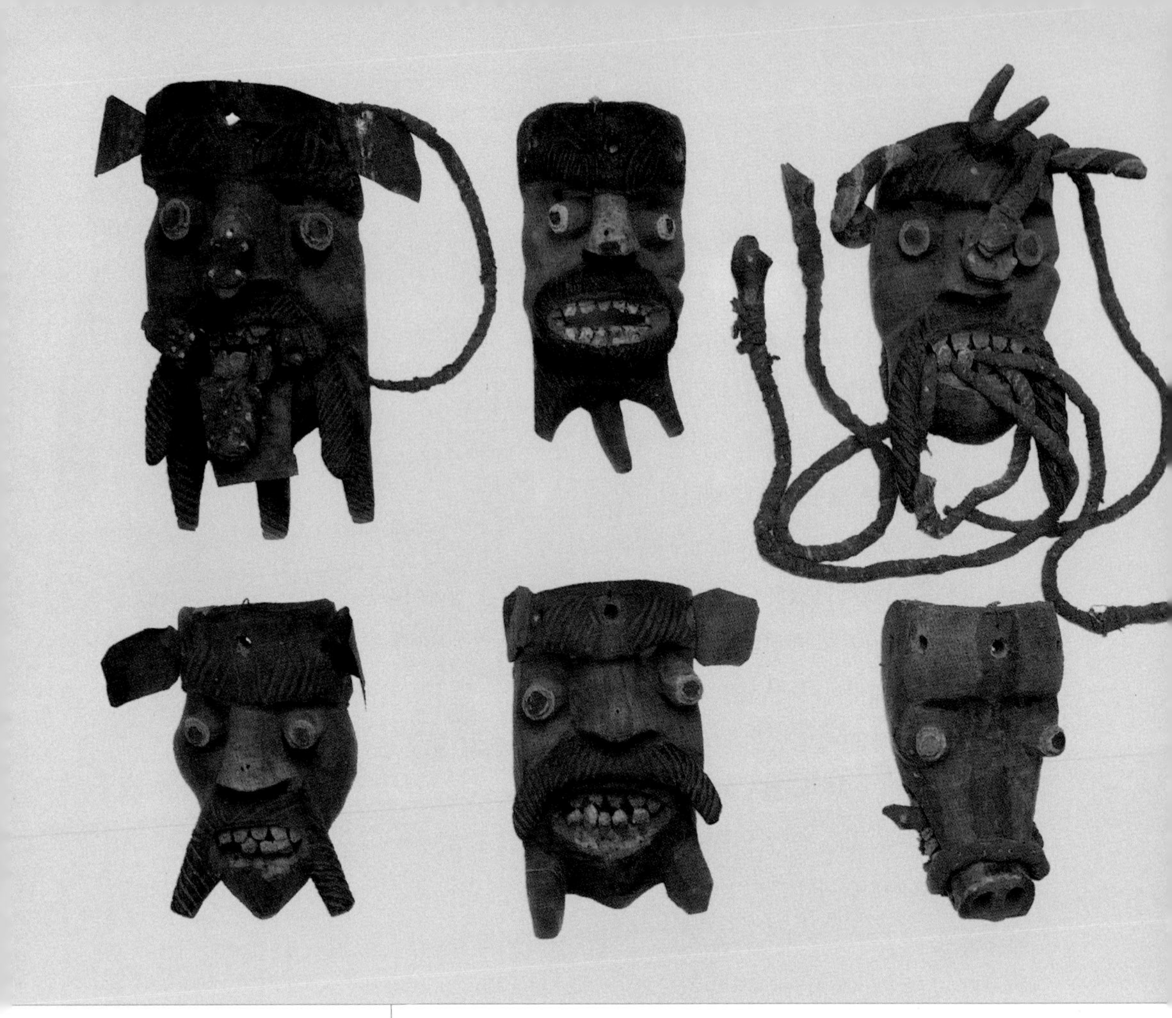

벨리즈 아과카테Aguacate의 켁치 Kekchi 가면. 20세기 초. 이 가면은 정욕과 부정직·음주벽·미움·질투·죽음을 퍼뜨린 악마와 악마의 아버지, 어머니, 아내, 두 새끼악마를 나타낸 것이다. 악마는 켁치에게 자신이 세상을 지배하는 것을 축하하는 뜻에서 정기적으로 춤출 것을 명령했다. 이 가면은 토머스 갠이 수집했으며, 지금은 대영박물관에 있다. 가장 큰 것의 높이가 46cm.

사진 참조). 이런 의상은 광부들이 광산을 지배하는 마왕이 허락한 부도덕한 세계에서 자신들은 하루하루가 불안한 생활을 하는데 광산주들은 착취를 일삼는 경제 질서를 어떻게 생각했는지 한층 분명하게 표현해주었다. 디아블라도에서 악마의 패배는 고된 노동과 빈곤에서 구원될 날, 언젠가 동정녀가 가져다줄지도 모를 그날을 기다리는 광부들의 열망을 표현한 것이었다.

종교축제는 고정되거나 변화하지 않는 전통이 아니다. 종교축제는 역사적 사건과 타국 신앙의 영향을 받은 가면의식을 계속 받아들였다. 오루로와 라파스에서 사육제 때 추는 모레나다 Morenada춤도 광산에서 일하며 학대받은 아프리카 노예들의 반란을 이야기하고 있다. 아프리카의 종교적 요소를 받아들인 악마의 춤은 베네수엘라 해안을 따라 이 지역에 정착한 노예들이 자이르 출신이라는 것을 말해준다. 결국 멕시코와 남아메리카 전역에서 스페인의 정복과 관련된 사건을 다루고 있는 여러 춤들은 원주민 사회와 스페인 후손들의 인종간 관계뿐 아니라 인종적 정체성의 중요한 표현이기도 한 것이다.

현재 멕시코와 중앙아메리카에서 이루어지고 있는 가면의식은 세 가지 범주로 분류할 수 있다. 첫번째 범주는 주로 투쟁과 정복이라는 주제를 다룬 기독교 성찬신비극과 '일곱 가지 죄악' '여덟 명의 광인' '세 가지 힘'과 같은 도덕극에서 유래한 의식이다. 이런 춤의 구성과 동작은 식민지 시대 이래 거의 변하지 않았을지 모르지만 그 주제와 의미는 원래 의도했던 것과 아주 많이 달라졌을 것이다.

이 범주에 속하는 가면의식 중에서 가장 널리 퍼져 있는 '무어인과 기독교인의 춤'에서는 쌍방이 치열한 전투를 벌인다. 16세기에 스페인이 이베리아 반도를 재정복하고 아랍인을 쫓아낸 사건에 기초한 이 가면무극은 기독교와 이교도의 싸움과 악에 대한 선의 승리를 우의적으로 표현한 것이다. 산티아고의 다른 판본에서는 메소아메리카 민족에게 잇따라 기적적인 승리를 거두는 스페인 사람들의 수호성인이 훨씬 중심적인 역할을 하는데, 식민지 정복자들이 이베리아 반도를 재정복한 것과 멕시코를 정복한 것을 같은 선상에 놓고자 했던 의도를 한층 잘 보여준다.

대개는 기독교를 믿는 스페인의 승리를 필연적이고 당연한 사실로 그리지만, 춤을 추는 원주민들이 천년왕국설과 같은 요소를 삽입해 결국은 원주민들이 설욕할 날이 올 것이라는 희망을 안겨주는 춤극도 있다. 테쿰 우만Tecum Uman이 이끄는 키체 마야Quiche Maya족과 잔인한 페드로 데 알바라도Pedro de Alvarado가 이끄는 스페인간의 싸움을 그린 과테말라 전투극은, 마야족 지도자가 죽어 케트살quetzal(역주: 중앙아메리카의 꼬리가 긴 고운 새. 과테말라의 화폐 단위이기도 함)로 변신해서는 언젠가 다시 돌아와 자기 백성들을 승리로 이끌 것이라고 약속하며 전장을 떠나는 것으로 끝난다(101쪽 사진 참조).

두 번째 범주에 드는 멕시코와 중앙아메리카의 가면의식에는 스페인 정복 이전의 요소와 기독교적인 요소가 혼합되어 있다. 이를 가장 잘 보여주는 것이 틀로콜롤레로스Tlocololeros 춤인데, 게레로와 오악사카, 모렐로스Morelos 주에 널리 퍼져 있는 이 춤은 논밭을 망치고 돌아다니는 호랑이를 사냥하는 이야기이다. 이 춤에서는 흔히 우기雨期가 오는 것을 알리는 비의 신, 즉 사냥꾼 틀로콜로레로스(게레로 주 칠라파Chilapa에서 자루 같은 옷에 챙이 넓은 뾰족한 밀짚모자와 나무가면을 쓴 사람들)가 건기乾期를 상징하는 호랑이를 추적해 처치하게 된다.

칠라파에서 가까운 시틀랄라Zitlala 마을에서는 성 십자가 찬미의 날(4월 30일)에 호랑이를 나타내는 투구형 가죽가면을 쓴 주인공들이 의례적인 싸움을 벌인다. 참가자들은 울퉁불퉁한 매듭이 있는 길고 두꺼운 밧줄로 피가 날 때까지 서로 때리는데, 이때 흘리는 피는 비가 오게 해달라고 바치는 제물의 성격을 띠고 있다.

세 번째 범주의 가면의식은 어릿광대나 익살꾼들이 벌인다. 미코아칸Michoacan에서 추는 노인춤은 F. 두란이 설명한 아스텍족의 늙은 꼽추춤과 관계가 있을 것이다. 여기서는 어릿광대들이 이가 거의 빠진 노인 얼굴 가면을 쓰고 나와 지팡이를 짚고 비틀대며 관중들의 폭소를 자아낸다. 흔히 가면 쓴 어릿광대들은 공연에 들어가기 전에 춤판이 벌어지는 안뜰에 나와 있는 관객들을 제자리에 앉힌다. 그리고 공연을 하는 동안 관객을 향해 일부러 얼굴을 찌푸리거나 비아냥거리고 무용수들의 동작을 우스꽝스럽게 흉내내기도 한다.

예전에는 동정녀나 성인이 베푼 기적에 대한 보답으로 춤을 추거나

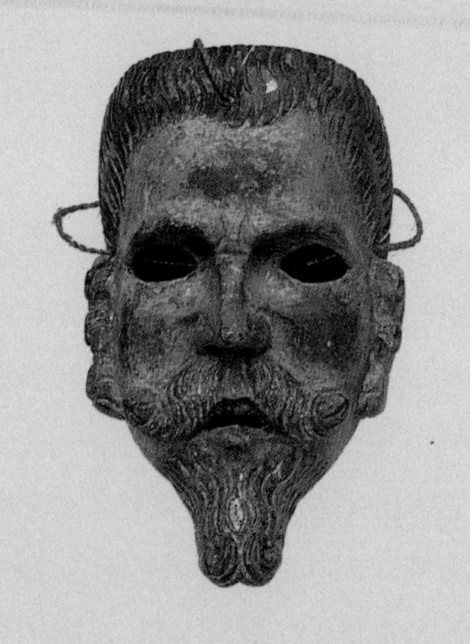

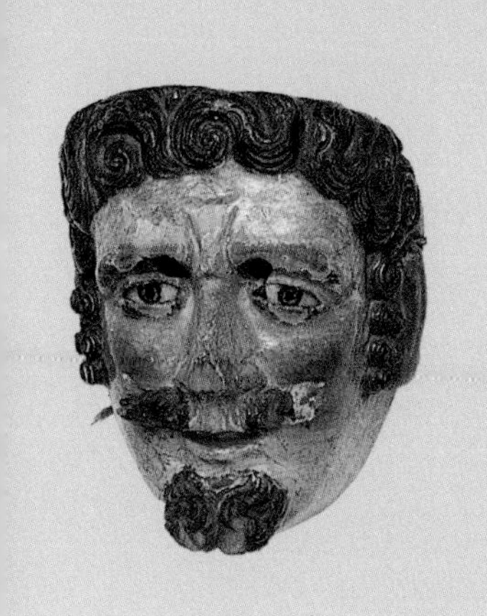

과테말라의 인디언들을 정복한 페드로 알바라도와 스페인 군인들을 나타낸 6개의 가면. 벨리즈의 켁치. 20세기 초 토머스 갠이 수집. 가장 큰 것의 높이가 22cm.

개인적 또는 마을 전체의 차원에서 무엇인가를 부탁할 때 가면을 썼다. 예를 들면 비가 오게 해달라거나 풍작이 들게 해달라거나 또는 병을 고쳐달라거나 병이 들지 않게 해달라고 기원하는 춤을 출 때 쓰였다. 그런데 지금은 상업적 목적으로 가면을 만드는 경우도 많다. 게레로 주의 텔로로아판Teloloápan에서 열리는 경연대회처럼 국가에서 후원하는 경연대회는 스페인 정복 이전 시기의 주제를 다룬 한층 정교한 가면을 찾는 수집가들의 요구와 맞물려 가면 양식의 혁신을 가져왔다. 이는 또한 1960년대와 1970~80년대에 멕시코의 가면 제작자들이 놀라울 정도로 뛰어난 창조력을 발휘하는 계기가 되었다. 이런 새로운 가면 양식 가운데 일부는 마을 행사에 쓰이는 가면에도 영향을 미쳤지만, 주된 흐름은 세속화와 상업화였다.

현재 멕시코시티에서는 가면을 쓴 살아 있는 현대의 영웅에 대한 새로운 숭배 열풍이 불고 있다. 보통 가면을 쓰고 벌이는 멕시코의 레슬링 시합은 이긴 사람이 상대의 가면을 벗기면서 절정에 달한다. 최근에 등장한 가장 놀라운 인물은 무능하고 부패한 공무원 사회에 저항할 수 있는 근거를 제공해준, 가난한 사람들의 보호자인 가면 쓴 슈퍼바리오이다.

남아메리카 전역과 특히 멕시코 사회는 서로 굴절시키기도 하고 서로의 가면 뒤에 숨어 있기도 한 여러 단편적인 현실들이 다층적으로 얽혀 있다. 스페인인이 거의 3백 년 동안이나 근절시키려고 애썼던 고대의 신인 신앙과 슈퍼바리오에 대한 믿음과 열망이 그리 다르지 않다는 것을 안다면 참으로 놀라지 않을 수 없다.

5

생활도구에서 수호정령까지

- 아메리카 서북 해안 지역의 가면

의식을 중시하는 아메리카 서북 해안 지역의 전통을 상징하는 것으로 사람들은 흔히 가면을 든다. 가면은 이 지역 사회를 가장 쉽게 직접적으로 이해할 수 있는 유물임에 틀림없다. 하지만 가면은 고도로 숙련된 목각 공예인들이 만들어낸 작품 가운데 극히 일부에 지나지 않는다. 그들은 카누·집·상자 등 실용적인 것들에서도 기능적이면서도 우아한 형태를 뛰어넘어 상징적이고 종교적인 울림을 지닌 작품들을 만드는 데 노력과 열정을 쏟았다. 보다 구체적으로 말하면, 오늘날 포틀래치Potlatch로 널리 알려진 축제 때 사용된 의식용 장비는 풍부한 상상력을 보여주지만, 가면과 가면을 쓰는 일은 전체의 한 측면일 뿐이며, 그것에 항상 큰 의미가 부여되었던 것도 아니다.

이 축제에는 가면 이외에 아주 복잡하게 생긴 딸랑이며 큰 조각상, 기둥, 휘장, 꼭두각시와 같은 복잡한 장비도 쓰였다. 비록 삼목나무 껍질로 화환과 같은 정교한 머리장식을 만들 수도 있겠지만, 삼목나무 껍질과 독수리의 부드러운 깃털처럼 언뜻 보면 별로 중요할 것 같지 않은 소재가 의식에서는 아주 중요한 의미를 지닌 것으로 쓰였을지도 모른다. 즉, 무미건조한 소재와 일상적인 행동에 어떤 의미가 담겨 전달될 수도 있는데, 외부 사람들은 아직도 가면을 의식의 중심적인 특징으로 생각할지 모른다는 것이다. 이는 가

높은 신분의 특정한 하이다족 여성을 나타낸 것으로 보이는 오리나무가면. 입술장식이 있고, 의미를 알 수 없는 문장이 그려져 있다. 1830년 이전에 하와이에서 수집. 높이 23cm.

새 형상의 가면. 콰콰카와쿠족의 겨울 의식에 쓰이는 가면으로, 호코쿠와 같은 식인새일 것으로 보인다. 높이 70cm.

면이 의식의 중심이 되지 않는 행사에서 가장 잘 드러난다.

예를 들어 가장 중요한 의식 중에서도 일부 의식에서는 옛날이나 지금이나 무용수들이 가면을 쓰지 않는다. 콰콰카와쿠Kwakwaká'wakw족의 체체카Tsetseka, 즉 겨울의식에서는 식인 무용수가 헴록(역주: 미나리과의 독초)줄기를 걸치고 있다가 어느 정도 진정되면 헴록줄기 대신 삼목나무 껍질로 만든 화환 같은 것을 쓴다. 이 춤에는 식인 괴조처럼 가면을 쓴 인물도 등장하지만 춤에서 그들의 비중은 크지 않으며, 그 가면은 삼목을 깎아 선명한 색깔로 채색한 움직이는 커다란 새 머리이다(104쪽 사진 참조). 마찬가지로 남부 와카산Wakashan족과 마카Makah족, 누우차눌스Nuu-Chah-Nulth족의 늑대춤에서는 늑대에게 혼을 빼앗긴 무용수가 등장하는데, 여기서도 비중이 크지 않은 등장인물들은 작은 늑대 형상의 앞머리장식을 쓰는 데 비해 늑대에게 혼을 빼앗긴 무용수는 가면을 쓰지 않는다(105쪽 사진 참조). 아메리카 서북 해안 지역에

나무로 만든 늑대 형상의 앞머리 장식. 누우차눌스족의 늑대의식과 관련된 춤에 쓰인 것으로 보인다. 19세기 중엽. 길이 21cm.

서는 가면이 대체로 주변적인 의미밖에 지니지 않았을 것이라는 사실을 말해주는 증거는 이 밖에도 또 있다.

인류학자 프란츠 보아스Franz Boas(역주: 독일 태생의 미국의 인류학자. 20세기에 주류를 이룬 상대주의적이고 문화 중심적인 인류학을 확립했으며, 북아메리카 인디언 문화와 언어 분야에 대한 뛰어난 연구자였다)에게 틀링깃Tlingit족에 대한 정보의 상당 부분을 제공한 조지 헌트George Hunt는 금속도구가 나타나기 전에는 콰콰카와쿠족이 삼목나무 껍질로 만든 머리장식만을 썼다는 취지의 정보를 기록하고 있다. 또한 흥미로운 사실은 선사시대와 원사시대原史時代(역주: 선사시대와 역사시대의 중간에 있는 시대)의 습지대로, 일련의 진흙 사태 때문에 잇따라 많은 집이 파묻혔던 워싱턴 주 오제트Ozette의 마카족 마을에서는 여태껏 한 번도 가면은 물론 가면의 파편조차 발견된 적이 없다는 점이다. 그 곳에서는 대부분 1970년대에 5만여 점의 목공예품이 발견되었다. 여기에는 접시와 빗, 곤봉처럼 화려하게 장식된 의식용품과 역시 의식에 쓰였던 고래안장과 같은 기념비적인 조각이 포함되어 있었다. 그러나 가면은 물론 딸랑이조차 보이지 않아, 유럽과 접촉하기 이전에도 의식이 존재했을 가능성이 전혀 없진 않지만 설령 거기에 가면과 딸랑이가 사용됐다 할지라도 그 후만큼 그렇게 일상적이지는 않았음을 짐작케 한다. 알래스카 남동부의 틀링깃족은 추장이 죽으면 애도하는 의식을 지내는데, 처음 네 번 '곡을 하는 의식' 때까지는 전혀 볼거리가 없으며, 가면과 함께 문장紋章이 달린 화려한 예복이 등장하는 것은 그의 후계자가 성대한 포틀래치를 열었을 때뿐이었다.

가면과 포틀래치

옛날이나 지금이나 가면을 쓰는 중심적인 행사는 연회인데, 연회의 가장 두드러진 특징은 치누크족의 통상어通商語(역주: Chinook jargon 치누크족과 다른 인디언어에 영어와 프랑스어가 혼합된 언어로, 미국과 영국의 모피상인들과 거래하게 되면서 캘리포니아에서 알래스카까지 원주민과 백인의 거래에 널리 쓰였다)로 포틀래치를 하는 것, 즉 '선물을 주는 것'이다. 모든 연회가 포틀래치는 아니지만 모든 포틀래치는 연회이다. 여기에서는 초대된 손님들이 지켜보는 가운데 문장과 이름, 지위에 대한 권리가 공식적으로 확인된다. 그리고 손님들은 이 중요한 행사에 기여한 대가로 물품을 받았는데 지금은 돈을 받는다.

그러나 19세기만 하더라도 해안 지역 어디서나 포틀래치를 연 것은 아니다. 포틀래치는 서서히 퍼져나갔는데, 특히 루퍼트 요새와 심슨항을 중심으로 육지에 거점을 둔 모피 교역소가 세워지면서 급속도로 확산되었다. 포틀래치는 부를 축적할 수 있는 기회를 제공했는데, 무역과 질병으로 사회 질서가 급속히 변화하면서 경쟁적으로 연회를 벌이던 몇몇 집단에서는 반드시 좋은 집안 출신이 아니더라도 사회적으로 출세하는 경우가 생겨났다.

포틀래치는 주로 통과의례 때 열렸다. 예를 들면 추장의 자식이 태어났을 때, 아이의 이름을 짓거나 어른에게 이름을 양도할 때, 결혼할 때, 죽었을 때, 그리고 가장 흔한 경우인 죽은 사람의 제사를 지낼 때 등이다. 또 포틀래치는 한 추장이 다른 추장에게 이름을 넘겨주거나 기념비로 기둥을 세울 때 혹은 큰 집을 지을 때도 열린 것으로 보인다. 의식의 여타 부분이 그랬듯이, 가면전통 역시 서북 해안의 중앙에서 남쪽으로 퍼져나갔는데 서북 해안의 모든 사회에서 가면이 중요한 의미를 지닌 것은 아니다.

그런데 유럽인들의 등장과 함께 무역이 활발해짐으로써 원주민들 간에 전쟁은 사라졌지만, 수많은 전염병의 창궐로 인한 인구 붕괴로 원주민의 수는 1세기 만에 약 20만에서 2만도 채 안 되는 수로 줄어들었다. 물론 그 와중에도 가면을 포함해 조상 대대로 내려오는 재산과 일족의 권위를 유지할 수 있었던 개인이나 가계도 있었겠지만, 일부 사람들에게 이는 곧 포틀래치와 권위를 기리는 가면무의 종말을 의미했다. 예를 들어 캐나다 브리티시 컬럼비아 주의 하이다Haida족의 경우, 현재 다시 번성하고 있지만 19세기에는 가면의식이 거의 완전히 중단되었다.

1884년 캐나다에서는 포틀래치를 법으로 금지했다. 아마 식인 풍습을 흉내낸 것과 관련이 있겠지만 포틀래치가 낭비적이고 야만적이라는 이유에서였다. 인디언을 빅토리아 왕조의 시민으로 확실하게 개조하는 데 포틀래치가 방해가 되는 주요 걸림돌이라고 생각했던 것이다. 이 법을 실행할 것인가를 두고 관료들은 어정쩡한 태도를 보였지만, 포틀래치를 계속해온 콰콰카와쿠족은 1920년대에 엄청난 보복을 당했다. 이 법에 따르면 춤추는 것과 물건을 다른 사람에게 양도하는 것은 합법적인 것이었지만 포틀래치, 즉 연회를 벌이고 춤을 추며 선물을 주는 것은 허락되지 않았다. 그래서 1930년대와 1940년대에는 춤추는 것과 선물 주는 것을 따로따로 하게 되었다.

그런데 1930년대부터 포틀래치가 크게 줄어들면서 경제마저 불황과 쇠퇴의 길을 걷게 되었다. 그러니 모터 달린 배를 구입할 자본도 없어 상업적 어업에서 충분한 역할을 할 수 없었다. 그 결과 콰콰카와쿠족은 의식에 참여하는 데 필요한 부를 얻을 수 없었다. 물론 부족들 가운데는 누우차눌스족처럼 춤과 포틀래치를 중단하지 않고 계속한 부족도 있었다.

그러나 콰콰카와쿠족은 포틀래치를 금지한 법이 사실상 소멸(1951년)된 직후인 1953년에 와서야 당시 컬럼비아 주립 박물관 자리에 큰 집을 세우면서 포틀래치를 부활시켰다. 그러자 뒤이어 1962년 어러트Alert 만에 세워진 것을 포함해 공동체 소유의 새로운 큰 집들이 잇따라 세워졌다. 포틀래치를 부활시키자 조각도 다시 살아났는데, 이는 그때까지 살아 있던 멍고 마틴Mungo Martin과 자신의 하이다족의 전통으로 다시 돌아간 빌 리드Bill Reid와 같은 예술가와 박물관 및 대학에서 일하는 인류학자들의 협력하에 이루어졌다.

사실 서북 해안 지역의 예술에 정부가 관여한 것은 그보다 훨씬 이전부터였다. 1876년부터 1939년까지 미국과 캐나다의 전시회 조직위원회는 다양한 교육적 · 토착적 전시회를 위해 기둥과 집, 서북 해안 지역의 주민들을 데려왔다. 특히 캐나다에서는 1953년 이후 조각가들, 그리고 뒤이어 가족으로 구성된 무용단이 정부가 주도하는 행사를 위한 위원회에 참여했다.

이런 프로젝트의 일환으로 이루어진 사례로는 1958년 브리티시 컬럼비아 주의 100주년 기념식 때 멍고 마틴이 윈저 대공원에 세운 조각 기둥과, 1992년 캐나다 연방 125주년을 기념하기 위해 예술가 노먼 테이트Norman Tait가 런던 부시 공원에 세운 기둥, 그리고 최근 빌 리드가 워싱턴의 캐나다 대사관에 설치한 실물 크기의 청동상 '카누 정령'을 들 수 있다. 가면은 이런 프로젝트 아래 진행된 작품의 헌정식 같은 데서 작지만 결정적인 역할을 했는데, 얼굴의 형식화된 표현을 강조하는 예술에서도 그것은 마찬가지였다.

양식과 의미

서북 해안 지역의 의식용 예술 작품의 주요 특징은 자연 현상이나 신비한 동식물, 조상을 의미하는 '문장紋章'(가족이나 씨족 또는 부족의 상징물)이다. 이 문장들 가운데 대부분은 원래 대대로 전해 내려오는 개인의 수호정령이었을 것이다. 그러나 처음에는 종교적인 상징물이었던 것이 시간이 지나면서 가족이나 정치적인 의미를 지닌 상징물로 변한 것인지도 모른다. 문장을 표현하는 회화적인 기법은, 언어의 기원은 다르지만 사냥하며 생계를 꾸려가는 전통을 공유한 서북 해안 전역의 부족들 사이에서 수천 년에 걸쳐 시서히 발전한 하나의 예술 전통에서 비롯되었다고 보는 것이 일반적이다.

이에 비해 조각의 경우에는 부족들마다 독특한 전통을 발전시켰다. 그리고 이들 전통의 중심에 있는 것은 인간 얼굴의 형식화된 표현이었다. 이런 조각 양식은 가면을 만들 때만 사용된 것은 아니다. 토템 폴totem pole(역주: 서북 해안 지역 인디언들

틀링깃족의 씨족 문장인 늑대 형상의 가면. 1867년 이전에 허드슨 만 회사의 직원이었던 사무엘 비먼이 수집. 길이 24cm.

바다회색곰과 같은 동물을 나타낸 하이다족의 가면. 범고래와 갈가마귀가 붙어 있다. 길이 45cm.

이 토템의 상징을 조각, 채색해 세운 기둥)과 카누의 뱃머리, 빗과 그림 붓, 부적에 이르기까지 온갖 종류의 다양한 장식품에 적용되었다. 그리고 공예품 가운데는 얼굴은 입체적으로 표현하면서 몸통과 날개, 가슴지느러미, 팔, 다리와 같은 사지는 아주 작게 평면적으로 다룬 것이 많다. 어떤 의미에서는 서북 해안 지역의 예술이 모두 얼굴에 대한 표상表象 또는 가면에서 유래되었다고 볼 수 있다.

대부분의 서북 해안 지역의 조각에서는 사용된 소재가 나무줄기든 곰이빨이든 표현된 형식과 소재 사이에 역동적인 긴장감이 나타난다. 흔히 예술가들은 소재의 잠재력을 극대화하면서 소재의 한계를 뛰어넘으려 한다. 이를 가장 잘 보여주는 예가, 나무토막의 형태를 충분히 활용하면서도 나무의 한계를 뛰

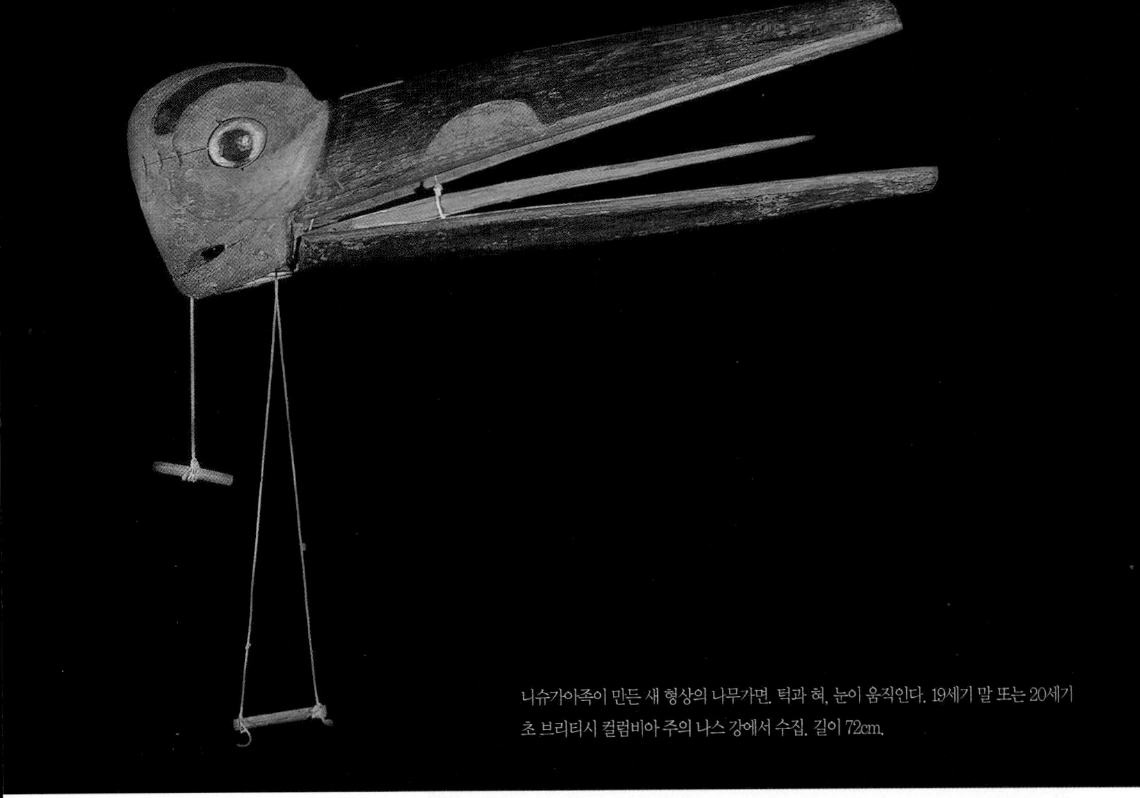

니슈가아족이 만든 새 형상의 나무가면. 턱과 혀, 눈이 움직인다. 19세기 말 또는 20세기 초 브리티시 컬럼비아 주의 나스 강에서 수집. 길이 72cm.

어넘기 위해 날개나 부리 등은 따로 붙이는 콰콰카와쿠족의 예술가들이다. 하이다족과 콰콰카와쿠족의 조각은 깊고 대담한 면이 특징적이다. 그러나 하이다족의 조각은 부드럽고 곡선적이며 거의 관능적이기까지 해 조용하고 사색적인 스타일인 반면, 콰콰카와쿠족의 조각은 툭툭 튀어나온 부분이 얼굴의 윤곽을 뚜렷하게 나타내 표현주의적이다.

틀링깃, 헤일추크Heiltsuk, 하이슬라Haisla, 오웨케노Oweekeno족과 침시언어Tsimshian(역주: 북아메리카 북태평양 해안 지역에서 살았던 인디언들의 언어)를 쓰는 부족들의 조각 양식은 콰콰카와쿠족의 조각보다 한결 부드럽고 사실주의적인데, 이런 차이는 얼굴 면이 다양하고 눈과 뺨 등 얼굴 생김새를 표현하는 방식이 한층 절제되어 있는 데서 기인한다. 그리고 눅살크Nuxalk족의 조각은 콰콰카와쿠족의 깊고 활달한 면과 하드 에지hard edge(역주: 기하학적 무늬를 선명한 색채로 구분한 추상화의 한 형식)를 공유하고 있는 반면, 코스트 살리시Coast Salish족의 가면 조각은 추상적인데 이는 서북 해안 어디에서도 발견되지 않는 독특한 양식이다. 한편 누우차눌스족의 조각에는 서로 다른 많은 전통이 포함되어 있는데, 가면에 움직이는 정교한 부착물이 달려 있는 콰콰카와쿠족의 가면과 유사한 전통이 있는가 하면, 날카롭게 모난 두 면을 활용한 전통도 있고, 피상적으로 얼굴을 본뜬 자연주의적 기법을 활용한 사실주의 전통도 있다.

비버 형상의 나무가면. 침시언어를 쓰는 부족이나 브리티시 컬럼비아 주 서북 해안의 다른 부족들 사이에서 문장으로 사용되었을 것으로 보인다. 높이 23cm.

조각 양식의 복잡한 차이는 다양한 채색 양식으로 인해 더욱 두드러진다. 예를 들어 침시언어를 쓰는 부족과 헤일추크족은 문장을 분할해 추상적으로 표현한, 군더더기 없이 논리정연한 새로운 표현 형식을 발달시켰다. 이런 표현 체계는 1965년 빌 홈의 『서북 해안 지역 인디언 예술 형식에 대한 분석 *Northwest Coast Indian Art, an analysis of form*』에서 최초로 설명되었다. 그는 이 형식화된 디자인을 '형태선formline', 즉 윤곽은 검은색으로 칠하고 내부는 붉은색을 칠하며 제3의 요소로 종종 쓰이는 청색이나 녹

가면을 열었을 때의 모습

색으로 강조된 곡선을 가지고 설명했다. 특히 달걀 모양과 U자 모양을 포함한 몇 가지 형태가 이와 같은 체계 내에서 창조되고 복잡하게 조합된 조각의 기본틀이었다.

서북 해안 지역의 북부에서는 이런 추상적인 창작 기법이 가면에서는 가장 이상적인 형태로 나타나지는 않았지만, 얼굴에 직접 채색을 하거나 가면에 추상적인 문양을 표현하는 방식에서는 서로 영향을 주고받았다. 남쪽으로 내려오면, 특히 콰콰카와쿠족은 두세 가지 색깔로 엷게 칠하던 정도였는데 20세기에 들어와 눈에 거슬릴 정도로 검은색과 흰색, 붉은색 에나멜을 칠하는 쪽으로 바뀌었다. 그러나 이런 색깔은 박물관 보관실의 형광불빛 아래에서는 조잡하게 보일 수 있으나 춤을 출 때, 즉 큰 집 중앙에 피워놓은 모닥불에서 내뿜는 불빛에 휩싸이면 원래 의도했던 대

곰 또는 다른 큰 포유류 동물이 갈가마귀와 같은 맹금류로 변한다는 확인되지 않은 이야기와 관련된 변신가면. 브리티시 컬럼비아 주 북부. 열었을 때의 넓이는 80cm.

로 극적인 효과를 얻을 수 있을지도 모른다.

의식에서의 가면

아마 서북 해안 지역에서 펼쳐지는 의식 가운데 콰콰카와쿠족이 가면을 쓰고 펼치는 연행演行과 관련된 의식만큼 정교한 것은 없을 것이다. 이것은 단순한 연기나 오락이 아니다. 이 의식은 등급화된 특권을 지닌 사람이 증인으로 초대된 참석자들에게 그런 특권을 공식적으로 확인하는 자리다. 이는 19세기 후반에 그랬듯이 지금도 마찬가지다. 이런 의식에서 가면은 중요한 부분을 차지하지만, 그렇다고 해서 다른 물질적인 장비나 특권 계급이 소유한 노래와 이름 등 비물질적인 것들과 가면을 분리해서 생각할 수 있는 것은 아니다.

콰콰카와쿠족의 의식은 전통적으로 겨울에 체체카라는 제의 기간 동안 벌어진다. 의식과 관련된 모든 것을 집행하는 집단은 흔히 가입 의례를 통해 입문하는 비밀결사로 생각되었다. 겨울 또는 '삼목나무 껍질춤'의 두드러지는 특징은 신입자가 사람을 잡아먹는 정령인 박바콸라눅시와에 Bakbakwalanooksiwae나 전사의 정령인 위날라길리스 Winalagilis와 같은 정령에게 혼을 빼앗기는 것이었다. 예전에는 정령에게 혼을 빼앗기게 되면 신입자나 혼을 빼앗긴 사람이 오랫동안 공동체에서 사라지곤 했다. 그러나 지금은 그와 같은 일은 일어나지 않는다.

일단 가면과 음식이 마련되면 초대받은 지위가 높은 손님들이 모인다. 애도하는 노래를 부르고 여러 다른 춤과 함께 이 가면의식을 주최한 사람이 세습적으로 소유해온 가면무가 무대에 오르는 것으로 의식이 시작된다. 그리고 의식은 식인 무용수 박바콸라눅시와에에게 혼을 빼앗겼던 무용수가 정신이 돌아오면서 절정에 이른다. 이 식인 무용수는 손님을 물지도 모르며 사람고기가 먹고 싶어 안달이 난 것처럼 보일 것이다. 이 일련의 과정은 박바콸라눅시와에의 친구들 중의 하나인 호코쿠Hokhokw(104쪽 사진 참조)라고 불리는 커다란 식인새 가면을 쓴 무용수들이 나타날 때 최고조에 이른다.

다른 신화상의 동물들처럼 이 호코쿠도 특정한 사람과 동물들이 나오는 이야기에 기원을 두고 있다. 그 중 하나의 예를 들면, 한 추장이 혼자 곰 사냥을 나갔다가 떠난 지 나흘 만에 호코쿠를 보았다. 크기는 사람보다 컸지만 학처럼 생긴 호코쿠가 추장을 쫓아오면서 잡아먹으려 했다. 그러나 용케 피해 집에 돌아온 추장은 호코쿠를 문장으로 삼고 포틀래치에서 호코쿠에 대한 권리를 선언했다.

누흘마흘 형태의 가면. 헝크러진 머리와 점액으로 뒤덮인 누흘마흘은 콰콰카와쿠족의 의식에서 중요한 위치를 차지했다. 1875년 이전에 브리티시 컬럼비아 주 루퍼트 요새에서 수집. 높이 27cm.

누흘마흘Noohlmahl(115쪽 사진 참조)도 신화에 나오는 무서운 동물인데, 긴 머리가 마구 엉클어져 있고 코가 큰 것이 아주 추하게 생겼다. 이 가면이 나오는 장면에서는 손님들의 평가가 요구되는데, 지저분한 코에 대해 뭐라고 했다간 예기치 않은 포악한 반응을 보일지도 모른다. 이 밖에도 체체카 기간에는 여자 정령이자 전쟁의 정령인 토퀴트Tokwit의 가면무를 포함해 여러 가면무가 잇따라 펼쳐진다. 특히 토퀴트는 요술 부리는 솜씨가 뛰어난 초자연적인 정령들에게 거대한 새나 큰 개구리가 나타나게 한다거나, 목이 잘리거나 불에 타도 절대로 죽지 않는 영원한

생명력을 과시하게 하는 등등의 솜씨 자랑을 벌이도록 한다. 이 모든 의식이 끝나면 증인의 역할을 한 손님들에게 사례를 하고 선물을 나누어 주었다.

콰콰카와쿠족이 루퍼트 요새에서 자기들을 포틀래치에 초대하러 벨라벨라Bella Bella에서 온 헤일추크족 사람들을 대량 학살한 19세기 중엽에는, 콰콰카와쿠족의 겨울의식이 다른 부족들에게 많이 전해졌다. 헤일추크족 · 하이슬라족 · 오웨케노족은 이웃의 침시언어를 쓰는 부족들과 서로 영향을 주고받았고, 하이다족의 영향도 받았다.

콰콰카와쿠족의 겨울의식에 쓰인 식인 창조물의 가면. 1860년대에 수집. 높이 28cm.

하이다족은 주로 두 가지 경우에 포틀래치를 했는데 물론 가면의식도 벌였다. 첫번째는 공동

◀ 입과 눈이 움직이는 나무가면. 시트카Sitka 근처의 틀링깃족 영토에서 발견되었다. 하지만 원래는 더 남쪽으로 내려온 콰콰카와쿠족의 겨울의식과 관계가 있을 것이다. 높이 24cm.

브리티시 컬럼비아 주 중앙 해안에서 발견된 가면. 겨울의식에 나오는 동물이나 정령을 나타낸 것으로 보인다. 높이 29cm.

체의 집을 짓고 마지막으로 정면에 기둥을 세우면서 이를 기념하는 의식을 할 때였고(1881년에 마지막으로 행해졌다), 두 번째는 장례식 때였다. 전자는 집을 짓는 데 도움을 준 사람들에게 답례를 하기 위한 행사이기도 했지만 집의 소유자가 그의 후손에게 이름과 문장, 문신을 건네줌으로써 자손의 지위를 선언하기 위한 것이기도 했다.

일반적으로 이 지역에서는 무당뿐만 아니라 이미 헤일추크족의 의식을 주관하는 결사에 가입한 사람도 가면의식을 주관할 수 있었다. 콰콰카와쿠족이 헤일추크족의 의식을 취득했을 때와 마찬가지로 하이다족이 이런 권리를 획득한 것은 아마 단순한 모방을 통해서일 것이며 적절한 이전 절차를 거치지는 않았을 것이다. 침시언어를 사용하는 몇몇 부족들 사이에서는 세 번의 애도식 가운데 상속인이 선임자의 자리에 앉게 되는 마지막 애도식 때 여는 포틀래치와, 문장을 공인하고 토템 폴을 세우기 위해 이름을 공표할 때 여는 포틀래치가 가장 중요한 포틀래치였다.

서북 해안 전역에서 발견되는 신화의 중심적인 측면은 여성과 동물의 결혼이다. 틀링깃족과 하이다족 같은 북부 지역의 부족들에게는 여성과 곰의 결혼 설화가 있다. 밴쿠버 섬과 워싱턴 주의 누우차눌스족과 마카족에게 그런 동물과의 결혼은 늑대와 일어난다. 다른 곳과 마찬가지로 이런 설화를 얘기할 수 있고 그에 따른 특권과 함께 스토리를 물려줄 수 있는 권리는 특정 가족에게 있다. 누우차눌스족 사이에서 클루와나Kluwana 또는 수많은 방언으로 불리는 늑대의식은 콰콰카와쿠족의 사적인 의식과 비슷한 역할을 했다. 8일 이상 지속되기도 하는 이런 긴 연회는 젊은이들에게 그들의 고유한 권리와 의무를 가르치는 자리가 되었다. 그리고 이 의식은 부부싸움과 같은 용납할 수 없는 행동을 공개적인 웃음거리로 만드는 순서를 행사에 끼워넣음으로써 가족과 집단 내부의 결속을 강조하기도 했다.

늑대의식과 관련된 춤은 가면과 관련된 각종 특권을 낳았는데, 이는 늑대의식과 달리 오늘날까지 그대로 남아 있다. 해안의 다른 지역과 마찬가지로 이 의식에서도 독수리, 갈가마귀, 학, 도요새, 곰, 고양이 같은 많은 동물이 등장하는데, 보통은 가면을 쓰고 나온다(105쪽 사진 참조). 이 동물들은 독특한 누우차눌스족 양식으로 새겨졌지만 금방 알아볼 수 있을 정도로 다른 지역의 동물과 똑같은 형태이다. 그러나 특정한 가면을 쓸 수 있는 특권과 관련된 이야기는 지역마다 다르며 다른 부족과 전혀 관계가 없을 수도 있다. 머리장식의 중요한 형태 중의 하나는 번개뱀이라는 뜻의 하에틀리크Haetlik와 관계가 있는 머리장식인데, 이는 흔히 독수리의 모습으로 표현되는 신화 속의 동물인 천둥새의 띠이다.

누우차눌스족과 대조적으로 브리티시 컬럼비아 주 남부와 워싱턴 주 북부의 코스트 살리시족이 소유하고 있는 가면무는 오로지 하나뿐이다. 바로 '빙글빙글 날아오르는 것' 또는 '회오리바람' 춤을 뜻하는 스흐와이흐웨이Sxwayxwey이다. 특히 밴쿠버 섬 남단에 살고 있는 할코멜렘Halkomelem족과 관계가 있다(120쪽 사진 참조). 흔히 이 춤을 출 때는 새 모양의 가면을 쓰는데, 이는 새가 아니라 의식에 쓰이는 장비 가운데 이 가면만 따로 담당하는 사람들에게만 알려져 있는 동물을 나타낸 것이다.

눅살크족도 살리시어語를 쓰는데, 이들은 전통적으로 브리티시 컬

나무로 만든 새 모양의 할코멜렘족의 스흐와이흐웨이 가면. 나나이모에서 수집. 1864년 밴쿠버 섬 탐험 여행에서 예술가 프레드릭 윔퍼가 크리스티 컬렉션에 증정. 높이 45cm.

럼비아 주 북부 해안의 오지에서 살아왔다(121쪽 사진 참조). 다른 곳과 마찬가지로 그들의 가면전통은 의식에서 비롯되었는데, 이들의 의식은 특히 헤일추크족을 포함한 이웃 부족들의 의식과 비슷할 뿐 아니라 관계도 있다. 어쩌면 그 가운데 콰콰카와쿠족에게서 온 것도 있을지 모른다. 이들의 의식에서 특히 중요한 것은 겨울철에 가입하는 시사오크Sisaok와 쿠시우트Kusiut 결사이다. 쿠시우트결사에서는 신입자들이 한 계절에 가입해 이듬해에 첫 의식을 거행했다. 여러 날 동안 춤추며 노래도 짓고 가면도 만들었다. '식인'과 '할퀴는 사람'과 같은 이름의 춤과, 천둥이나 웃음과 같은 가면의 이름은 빌리거나 취득한 의식과 자연 현상에서 따왔다.

서북 해안의 다른 부족과 마찬가지로 틀링깃족도 가면 쓸 기회가 두 번 있었다. 통과의례를 기념하는 포틀래치 때 가면을 썼거나 아니면 무당과 그들의 수호정령과 관계가 있는 때였을 것이다. 포틀래치는 중요한 세 시기, 즉 장례와 제사, 귀족 자제들의 귀를 뚫는 의식 때 열렸다. 다른 곳과 마찬가지로 한 연회에 서로 다른 행사의 요소들이 뒤섞이기도 했을 것이며, 따라서 특정한 추장의 조상에게 지내는 제사 때 열린 포틀래치에서 살아 있는 씨족 구성원

눅살크족의 것으로 보이는 머리장식. 갈가마귀가 곰인 듯한 다섯 개의 머리로 둘러싸여 있는 형태이다. 눈은 나사의 앞부분으로 만들어졌다. 높이 27.5cm.

▶ 틀링깃족의 머리장식. 비버(역주: 포유류 비버과에 속하는 동물의 총칭) 문장으로 새겨져 있으며 전복으로 상감되어 있다. 높이 19cm.

을 축하하는 일도 있었을 것이다. 이와 같이 며칠씩 열린 연회의 중요한 요소는 씨족의 문장으로 쓰이는 창조물을 흉내낸 춤과 무당과 같은 가면을 쓰고 추는 춤이었을 것이다.

대개는 남자였지만 그렇다고 모두 남자만은 아니었던 무당은 공동체 안에서 지배적인 인물이었다. 무당의 역할은 개인과 부족 전체의 이익을 위해 자연과 인간에게서 비롯된 힘을 통제하는 것이었다. 병이 낫지 않으면 그 병이 마녀인 친척 때문에 생긴 것이라고 생각해 다른 씨족이나 다른 공동체의 무당을 불러왔을 것이다. 그러면 불려온 무당은 마녀를 찾아내어 자백을 받아내려 했을 것이다. 이때 무당이 쓰는 도구에는 가면과 부적, 딸랑이가 포함되어 있었는데, 이것들은 모두 나중에 무당과 함께 묻혔을 것이다. 무당의 힘은 살아 있는 것은 물론 살아 있지 않은 것에도 깃들어 있다고 생각한 정령으로부터 나오는 것으로 여겨졌다.

▼ 틀링깃족 추장 카다산과 관계 있는, 매 모양의 나무장식판. 캘리포니아 전복으로 상감되어 있다. 높이 18.5cm.

가면은 무당이 쓰는 도구 가운데 가장 강력한 도구였다. 가장 힘있는 사람들은 가면을 8개까지 소유할 수 있었지만, 무당들은 저마다 정령을 나타내는 4개의 가면을 가지고 있었다. 이 가면들은 기본적으로 인간의 형상이었는데, 저마다 특정한 속성이 있어 그것이 어떤 개인의 정령을 나타낸 것인지 알아볼 수 있었을 것이다. 가면에는 그런 정령을 나타내는 상어 · 낙지 · 매가 야케yake라는 보조적인 정령과 함께 조각되었을지도 모른다. 무당의 가면은 씨족이 소유한 틀링깃족의 문장보다 작고 생김새도 그다지 인상적이지 않았다.

틀링깃족의 문장인 갈가마귀 형태의 나무투구. 갈가마귀가 이 세상을 위해 꾀를 써서 얻었다는 해를 물고 있는 모습이다. 바닥 길이가 44cm.

틀링깃족의 머리장식과 가면에 쓰이는 장비는 그 형태가 아주 다양하다. 이 가운데는 머리장식에 붙인 문장 장식판(122, 123쪽 사진 참조)과 가문비나무 뿌리로 만든 문장이 그려진 모자가 포함되어 있는데 유럽인과 접촉하던 시기에 있었던 전쟁 때 문장이 있는 투구를 썼다(124, 125쪽 사진 참조). 이 중 일부는 남쪽에 있는 하이다족과 침시언어를 쓰는 부족의 것을 모방한 것이었다.

유럽인과의 접촉이 미친 영향

18세기 말 유럽인이 들어오면서 서북 해안 지역은 강한 압박을 받았다. 특히 풍부한 금속도구와 대량생산된 직물, 라이플 총을 비롯한 외래 무기 등 새로운 부를 낳는 수많은 물품을 접할 수 있었지만 해상 모피무역과 질병, 알코올의 파괴적인 영향도 피할 수 없었다. 19세기 동안 해상 모피무역에서 지상 모피무역, 상업적인 어업, 유럽인과 미국인의 통조림 공장에 이르기까지 유럽인과의 지속적인 접촉은 많은 부를 낳았지만, 이는 동전의 양면처럼 파국적인 인구 감소를 동반했다. 그 결과 서북 해안 지역의 사회에는 급속한 변화가 일어났는데, 이런 변화는 가면전통과 연관된 예술 양식뿐만 아니라 춤의 전수 방식에도 영향을 미쳤다.

그럼에도 불구하고 급속한 사회 · 경제적 이행기에 창조된 새로운 조각 양식은 전통이 일관되게 유지될 만큼 안정적이었다. 프란츠 보아스에 의해 처음 밝혀진 19세기 서북 해안 지역 예술의 기본 원리는 빌 홀림에 의해 더욱 정교하게 가다듬어져 그 구성요소가 한층 더 분명하게 규정될 수 있었다. 그리고 이런 성과를 통해 예술 형식에 관심이 있는 학자들이나 나무와 물감으로 작업하는 조각가와 예술가들이 서북 해안 지역 거장들의 작품을 포괄적으로 이해할 수 있었다.

오늘날에는 직접 사용하기 위해 만든 가면보다는, 원주민이 아닌 사람들에게 팔기 위해 만든 가면이 대부분이며, 문장을 무미건조하게 재현해놓은 듯한 장식판은 결코 실제로 쓰기 위해 만든 것이 아님을 분명하게 보여준다. 1940년대와 50년대에 극심한 침체기를 겪은 후, 조각 작품이 다시 증가한 결과 지금은 말 그대로 수백 명의 원주민이 조각 기술을 습득했다. 이들은 생계를 위해서도 이런 전문화된 창조활동에 관심을 돌렸지만, 이는 전통적인 활동에 참여하는 수단이기도 했다. 즉, 이는 더 넓은 경제에 기반한 것이기도 했지만 예로부터 전해 내려오는 전통에 지속적으로 참여하는 수단이기도 했던 것이다. 판매

틀링깃족의 문장인 식인 고래 형상의 나무투구. 조개와 달팽이의 단단한 껍질 및 인간의 머리카락으로 장식되어 있다. 19세기. 머리카락을 뺀 길이 28cm.

를 목적으로 한 공예품의 대부분은 가면이며, 브리티시 컬럼비아 주에서 한두 명의 인쇄업자들이 생산하는 실크스크린 인쇄물 중에도 가면을 묘사한 것이 많다. 서북 해안 지역의 인간을 닮은 가면은 토템 폴과 함께 관광객의 물결에 실려 전세계를 휩쓴 문화적 유산의 상징이라 할 수 있다.

주) 브리티시 컬럼비아 주에 사는 부족들의 명칭은 현재 쓰이는 관행에 따라 표기했다. 따라서 남부 콰키우틀Kwakiutl족 또는 콰키우틀족은 콰콰카와쿠족으로, 북부 콰키우틀족은 헤일추크족과 하이슬라족, 오웨케노족으로, 벨라 쿨라Bella Coola족은 눅살크족 그리고 눗카Nootka족은 누우차눌스족으로 표기했다.

6

감추기와 드러내기

– 아프리카의 가면

흔히 아프리카를 세계의 가면전통의 중심지 가운데 한 곳, 아니 어쩌면 유일한 중심지라고 생각할는지 모른다. 하지만 이런 가정은 아프리카 대륙에서 가면 쓰는 풍습이 얼마나 널리 퍼져 있는가에 대한 기존의 어떤 지식과도 거리가 멀다. 사실 이런 생각은 20세기 초 피카소를 비롯한 몇몇 사람이 아프리카의 가면과 조각을 '발견' 하면서 갖게 된 인상이 지금껏 남아 있는 탓일 것이다. 게다가 당시 파리의 작업실에서 볼 수 있었던 것은 주로 프랑스의 식민지에서 가져온 것들이었다. 그런데도 가면은 아프리카 문화 일반을 상징하는 것으로 여겨지고 있다.

이와 같은 아프리카 원주민의 생활에 대한 외부인의 시각은 오해를 낳은 강력한 원인이다. 하지만 앞서 말한 기본적인 가정이 전적으로 틀린 것만은 아니다. 실제로 어떤 형태의 가면풍습은 아프리카에, 적어도 사하라 사막 이남 지역에는 널리 퍼져 있기 때문이다. 그러나 상황과 동떨어져 가면을 파악하면 균형 잡힌 시각을 가질 수 없게 된다. 아프리카 가면은 대부분 나무에다 새겼으며, 주로 서아프리카나 적도 부근의 삼림 지대에서 만들어진다. 그러나 이 지역은 물론 다른 지역에서도 풀이나 나뭇잎, 나무껍질, 천 같은 내구성이 떨어지는 재료로 만든 가면이 많이 발견된다(128쪽 사진 참조). 따라서

가봉 푸누punu족의 나무가면. 가장 초기에 수집된 가면 중의 하나인 이 가면의 형식은 가봉 남부의 장례식 행사와 관계가 있다. 다채로운 색깔로 장식된 이 가면은 시기적으로 나중에 제작되었을 이 지역의 다른 가면들에서 특징적으로 나타나는 흰 얼굴과 대조적이다. 죽은 자의 모습을 새긴 것으로 보인다. 높이 29cm.

많은 가면이 특별한 보존 절차도 거치지 않았던 탓에 필요가 없어지면 쉽게 소실되고 만다. 이렇게 망실亡失되기 쉬운 가면은 그래서 실증하기도 어렵다. 그러나 이런 가면도 새겨지고 조각된 가면 못지않은 상황에서 사용되며, 인류학적 관점에서 보면 모두 똑같은 가치를 지닌다. 따라서 이렇게 보존되지 않은 가면까지 포함시키면, 가면 쓰는 풍습이 그렇게 널리 퍼져 있지 않다고 생각되는 동아프리카와 남아프리카의 상당히 광범위한 문화도 고려의 대상이 된다.

나뭇잎이나 깃털로 만든 가면은 당연히 형체가 좀 불분명하고 엉성하다. 그러나 가면이 과연 확인 가능한 구체적인 주제를 의도적으로 묘사한 예술 창작품인지는 또다른 차원의 복잡한 문제이다. 조각된 가면을 쓴 경우에는 그런 가장의 목적이 다른 어떤 것도 아닌 한 특정한 존재를 재현하는 데 있는 것처럼 보일지 모른다. 뒤에 살펴보겠지만, 사실 가장행위의 정체성은 그 자체가 골치 아픈 문제이다. 그러나 모든 것을 포괄적으로 보여주는 의상

케냐 티리키Tiriki족의 섬유가면. 할례식 뒤에 티리키족의 남자 신입자들은 여러 의식에서 가면을 쓰지만, 통과의례 기간 중 공공장소에 모습을 드러내야 할 경우 자신의 모습을 감추기 위해서도 가면을 쓴다. 이 과정에서 다른 사람이 신입자의 얼굴을 보면 신입자가 병에 걸린다고 한다. 길이 140cm.

은 조각된 가면의 경우처럼 미학적인 문제나 정체성의 문제를 일으킬 것 같지는 않다. 한 번 쓰고 버리는 가면은 인간이든 아니든 어떤 다른 존재를 재현할 의도에서가 아니라 그저 가면 쓴 사람을 가리는 데 목적이 있을지도 모른다. 이런 점에서 북아프리카의 가면은 이슬람 문화권에서 사용하는 베일과 비슷한 것처럼 보인다. 그러나 이런 인상 역시 대부분 그릇된 것이다.

어떻게 정의하든 사람들은 대부분 모든 가면에 의례적인 의미가 있을 것이라고 생각한다. 가면을 재미나 오락에 사용하는 것은, 명백히 종교적이거나 의례적인 상황에서 가면을 지속적으로 사용하는 예가 드문 서구에서나 찾아볼 수 있을 것 같다. 하지만 아프리카에도 이와 비슷한 경우가 있다. 클라크Clarke가 소말리아에서 이슬람교를 믿는 일부 주민들이 가면을 사용하고 있는 예를 보고한 적이 있듯이, 브라브만Bravmann도 이슬람교로 개종한 서아프리카 주민들 사이에서 가면 쓰는 풍습이 광범위하게 발견되기는 했지만 그렇다고 가면이 빈번하게 쓰이지는 않았다고 말한다.

또한 한때 소말리아인들이 가면을 기우제에 사용하기도 하고 병이나 여성의 불임을 치료하는 데 사용하기도 했음을 보여주는 더 오래된 증거도 있지만, 1950년대에 그런 가면을 쓰고 춤추는 사람들과 인터뷰했을 때 그들은 가면의 목적 따윈 깡그리 잊고 있었다. 마찬가지로 가면 쓰는 풍습이 알려져 있지 않은 마다가스카르에서도 필자는 마하팔리Mahafaly족이 '마을 아이들을 즐겁게 하고 놀라게 하기 위해' 나무가면을 사용하는 것을 가끔 본 적이 있다.

사실 가면을 쓰고 벌이는 행위에는 어디든지 복합적인 목적이 있어 가장 '진지한' 것에도 해학과 오락적인 측면이 없지 않다. 게다가 가면은 함께 또는 연이어서 나오는 경우가 많은데, 아주 무서운 것에서부터 흉내를 내고 폭소를 터뜨리며 풍자를 하는 것에 이르기까지

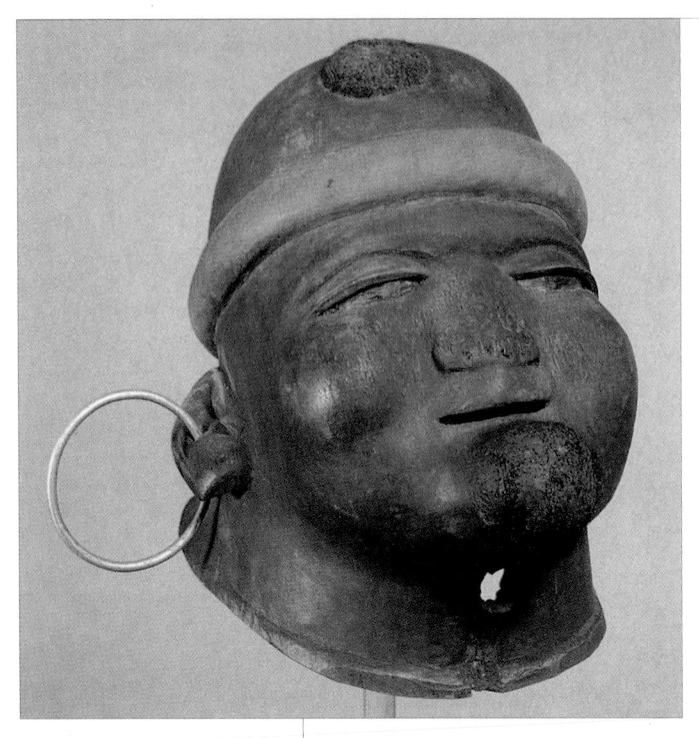

커다란 금속귀걸이를 하고 있는, 모잠비크 마콘데Makonde족의 나무가면. 마콘데족이 사용하는 가면은 대부분 주제가 아주 명확하다. 얼굴은 밀랍을 이용해 난자亂刺법으로 표현했으며, 가면과 개인이 속한 특정 집단 사이의 연관성을 나타냈다. 이국적인 주제는 드문데, 여기서는 머리장식과 귀걸이, 턱과 머리에 붙인 털장식을 통해 동아프리카 해안에 있는 많은 아랍·스와힐리 공동체 가운데 한 곳의 이슬람 상인임을 알 수 있다. 눈이 관객을 내려다보게 되어 있는 이 가면은 머리 위에 높이 썼다. 높이 35cm.

저마다 독특한 특성이 있다(131족 사진 참조). 가면을 쓰고 하는 행위는 아무 모순도 없이 진지한 의식이면서 동시에 엄청나게 재미있는 오락일 수 있다. 관객에게 공격적인 행동을 보이는 가면도 관객의 호응을 받는다. 심지어 아무리 천박한 태도를 보이는 가면일지라도 가면은 우스꽝스럽게 변장한 배우가 아니라 영적인 세계에서 온 존재로 여겨질지도 모른다.

아프리카 전역에 가면 쓰는 전통이 있다는 점을 고려하면, 가면의 양식과 재료, 쓰임새, 가면을 쓰고 하는 행위와 가면을 쓰는 경우가 매우 다양해 이 짧은 장에서 충분히 논의할 수는 없다. 따라서 아프리카 대륙에서 발견되는 가면전통을 모두(비교적 많이 논의되는 것이라 할지라도) 언급하기보다는 몇 가지 주제를 선택해 흔히 논의되는 사례와 관련지어 서술하는 것이 훨씬 나을 것 같다.

신화와 역사

가면을 쓰는 풍습이 아프리카 문화에 깊숙이 배어 있다면 당연히 그 기원은 뭘까 하는 의문이 들 것이다. 아프리카에서 가면 쓰는 전통은 상당히 오래 됐을 것이라는 게 일반적인 가설이다. 앞에서 다룬 고대 이집트에서 나온 증거 외에도 과거에 가면 쓰는 풍습이 있었다는 것을 말해주는 실마리는 많다. 지금은 가면 쓰는 풍습이 전혀 없는 사하라 사막 지역에도 한때는 가면이 사용되었다는 증거가 몇 가지 있다. 사하라 사막이 지금보다 훨씬 덜 건조했던 시기에 그려진 것으로 추정되는 유명한 타질리 암벽화에도 어떤 가면 양식을 또렷이 재현한 것이 있다. 그 가면 양식은 지금의 자이르와 앙골라의 적도 부근에 있는 삼림 지대의 남쪽에서 발견된 몇몇 가면 양식과 아주 흥미로울 정도로 비슷하다. 그러나 지리적인 차이 때문만이 아니라 이 그림이 그려진 것은 4천 년도 더 된 것으로 보이기 때문에 둘 사이에 어떤 직접적인 관계가 있을 가능성은 아주 희박하다.

마찬가지로 남아프리카 드라켄스버그Drakensburg 산맥의 부시맨족으로도 알려진 산San족의 암벽화에도 가면 쓴 사람들이 그려져 있다. 여기에서 가면은 사냥꾼이 자기 모습을 감추고 사냥감에 접근할 수 있도록 동물가죽에 동물의 머리모양을 하고 있다. 이렇게 가면을 실용적인 용도로 쓰게 되면 가면을 쓸 기회는 늘어나기 마련이다. 아프리카에서는 대부분 가면이 썩기 쉬운 유기물질로 만들어지기 때문에, 북아프리카와 남아프리카에서 발견된 이와 같은 증거들이 가면의 궁극적인 기원을 설명해주지는 못하겠지만 최소한 가면 쓰는 풍습이 최근에 나타난 현상이 아니라는 견해만은 다시 한 번 확인시켜준다.

물론 아프리카의 가면전통도 그 공동체 사람들에게 널리 알려진 그들 고유의 신화에 토대를 둔 것이 많다. 그리

실을 붙이고 나염숄을 두른, 말라위Malawi 체와Chewa족의 나무가면. 체와족은 냐우Nyau결사의 의식 때 가면을 쓰는데, 남성 조직인 이 결사체의 주요 활동은 장례식을 감독하는 것이다. 냐우 가면은 기본적으로 두 가지 유형이 있는데, 죽은 사람들을 나타낸 것과 맹수를 나타낸 것이다. 하지만 이 두 가지 유형 사이에서 일정한 절충이 이루어지고 있는 것이 눈에 띈다. 유럽인을 묘사한 가면이 일반적이다. 가면은 잘 알려진 신체적 특징을 강조해 특정한 개인을 떠올리게 하는 캐리커처에 가깝다. 두 가면은 지역의 선교사를 표현한 것이다. 높이 25cm.

고 신화가 가면풍습에 일정한 틀을 제공해주는 사회도 있다. 자이르의 쿠바족이 가입의례 때 사용하는 장벽에 대해서는 이 책의 「'얼굴' 에 대하여」에서 이미 언급한 바 있다. 쿠바족의 가입의례는 그들의 기원 신화와 밀접한 관계가 있는데, 신화는 쿠바족의 조상인 우트와 그의 여동생간의 근친상간에서 쿠바족이 유래됐다는 생각과 관계가 있다. 쿠바 왕국의 지배집단인 바슝족은 그들이 카사이Kasai 강 남쪽의 현재 위치로 이주하게 된 내력도 간직하고 있다.

◀ 라피아섬유를 채운 뿔에 라피아섬유 술이 달려 있는 암소 모양의 나무가면. 자이르와 앙골라 국경 지대에 사는 좀보Zombo족의 가면이다. 이런 일반적인 양식의 가면은 좀보 고원과 콰고 · 퀼루 강에 사는 수많은 동콩고족 주민들 사이에서 발견되는데, 특히 야카족과 관계가 깊다. 가면은 남자들의 가입의례 때 사용되며, 신비한 가면의식은 가입의례 과정에서 가장 중심적인 주제이다. 높이 26cm.

반시나와 빈클레이는 가입의례가 시작되면 신입자들이 어떻게 마을 끝자락에 세워져 있는 가입의례의 벽을 통과하는지 서술한 바 있다. 장벽 뒤에는 땅굴이 파여 있고 굴에는 움푹 들어간 구덩이가 여러 군데 있는데, 신입자들babyeen(굴 속에 있는 사람들)은 숲속에 있는 은거처로 떠날 때 한 사람씩 차례로 이 굴을 기어서 지나가야 한다. 발가벗은 채 장벽을 통과하면 신입자들은 은누프Nnup라는 가면 쓴 사람과 맞닥뜨리게 되는데, 그는 가입의례를 관장하는 왕의 특전으로 의식용 칼을 비롯해 왕의 여러 휘장을 달고 있으며 표범가죽을 입고 있다. 은누프는 표범가죽 치마에 가려 굴 입구가 보이지 않게 두 다리를 벌리고 서 있다. 신입자들이 그 다리 사이를 지나 굴 속으로 들어가면 시야에서 사라지게 되는데, 마치 유령열차를 타고 가는 여행처럼 무서운 경험

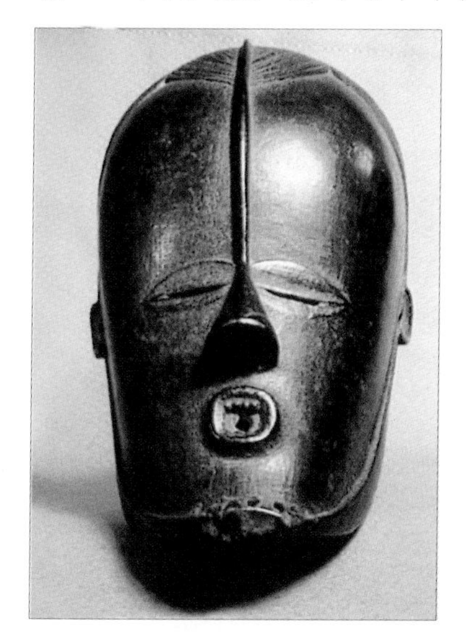

코트디부아르 구로Guro족의 나무가면. 이 가면은 동물과 인간의 속성이 혼합된 형태를 띠고 있으며, 숲의 정령과 관계가 있다. 높이 27cm.

을 하며 굴을 통과하게 된다.

신입자들은 의례에 들어가기 앞서, 지하 땅굴에서 으르렁거리는 표범과 맞닥뜨리게 될 것이며 강도 건너게 되는데 여기서 많은 사람이 빠져 죽게 될 것이라는 이야기를 듣는다. 그들이 상처를 입지 않고 굴에서 벗어날 행운은 거의 없어 보인다. 땅굴에 들어가면 첫번째로 움푹 들어간 곳에서 갑자기 두 사람이 와락 덤벼든다. 그리고 바로 표범이 있는 곳으로 다가가게 되는데, 여기서 신입자들은 표범이 아니라 어떤 사람이 마찰을 일으켜 윙윙거리는 낮은 북소리를 내고 있을 뿐이라는 사실을 알게 된다. 한 명씩 차례로 그 길을 따라가면서 신입자들은 다른 후미진 곳에서 망치질을 하고 있는 대장장이와 마주친다. 신입자들은 곧이어 도랑에 빠졌다가 도랑 맞은편 칼렝글Kalengl가면 다리 사이로 모습을 드러내게 된다. 칼렝글은 여성가면으로, 가입의례의 대모代母이다.

신화를 재현하고 있는 이런 일련의 사건이 갖는 의미는 분명하다. 두 가면은 우트와 그의 여동생 또는 아내와 결부되어 있고, 신입자들은 그들의 근친상간에서 나온 쿠바족 자신이다. 신입자들은 아이처럼 발가벗고 땅굴에 들어가며 땅굴을 지나 여성가면의 다리 사이로 기어나옴으로써 상징적인 의미에서 다시 태어나는 것이다. 표범은 우트인데, 그가 으르렁거리는 소리(북소리)는 신입자들이 사람들의 시야에서 사라지기 며칠 전부터 밤마다 마을에 들려온다. '우트가 처음 두드려 만든 괭이는 남자의 발이었다'는 쿠바족의 금언에서도 알 수 있듯이 대장장이 역시 우트이다. 물은 생명의 원천이며, 신화에서는 바숑족이 현재의 터전으로 이주해올 때 출발점이 되었던 곳이다. 그리고 어떤 의미에서 굴은 그 자체가 신입자들을 받아들여 변화시키는 과정을 나타내는 하나의 가면이다.

나이지리아 이보Ibo족의 나무 가면. 이보족의 가면전통은 복잡하지만 기본적으로 이 가면처럼 얼굴이 흰 가면과 검거나 붉은 가면으로 분류된다. 때로 뿔이 달린 공격적인 행동을 보이는 사납고 어두운 색깔의 가면과는 대조적으로 얼굴이 흰 가면은 아름답고 차분하며 보통 여성으로 간주된다. 높이 37cm.

가면과 성별

이런 경우에 신화는 의식을 이끌어가는 일종의 대본 구실을 한다. 그러나 다른 곳에서는 신화에 가면풍습 자체의 기원이 반영되어, 역사적인 설화의 형태로 이야기되기도 한다. 또 어떤 곳에서는 여러 가면이 다들 저마다 다른 '역사'를 가지고 있을지도 모른다. 모든 설화가 그렇듯이 내용은 단순한 줄거리를 넘어서 여러 가지로 해석될 수 있다. 가면풍습이 그렇듯이, 서로 연관된 신화도 다양한 문제를 더욱 자세하게 설명하고 확대해 훨씬 자극적이고 드라마틱한 이야기 구조를 만들 수 있을지도 모른다. 그런데 이런 주제들이 지역마다 나름의 원천을 가지고 있으면서도 어느 정도 비슷한 구조가 많다는 것은 흥미로운 일이 아닐 수 없다.

예를 들어 픽턴Picton에 따르면, 나이지리아의 에비라Ebira족 사이에서는 '신은 사물을 쌍으로 만들었으며, 따라서 남자에게는 가면의식을 하게 하고 여자에게는 마법을 부리게 했다'는 생각이 지배적이라고 한다. 이들에겐 남성의 영역과 여성의 영역이 뚜렷이 구분되어 있을 뿐 아니라 서로 대칭을 이루고 있다. 가면의식을 가리키는 에쿠eku라는 말은 선조들의 세계에서 물려받은 힘을 가리키는데, 이런 힘 중에는 마녀가 부린 마법으로 때이른 죽음을 당하게 되었을 때 이를 물리칠 수 있는 힘도 있다.

이런 상황은 아프리카의 다른 곳에서도 많이 발견된다. 1730년 감비아 강 연안의 가면풍습에 대한 글에서 프랜시스 무어Francis Moore는 가면 쓴 사람('멈보점보Mumbo Jumbo, 우상')을 이렇게 설명했다. "가면은 남자들이 아내들에게 겁을 주어 꼼짝 못하게 하려고 만들어낸 것인데, 아내들은 그것을 야만인이라고 생각할 정도로 무지하다(아니 하다못해 그런 척이라도 한다)." 그런가 하면 나이지리아 요루바Yoruba족의 겔레데Gelede 가면의식에서는 여성을 아주 포학하게 묘사해 일반적인 남녀관계를 역전시켜놓았다. 하지만 그렇다고 해서 여성이 풍자의 대상이 되어도 좋을 만큼 수동적인 존재, 보복을 두려워할 필요도 없이 마음대로 조롱해도 순종적이기만 한 힘없는 주변적인 존재라는 말은 아니다. 겔레데 가면의식의 전반적인 구조는, 주도권을 쥐고 많은 활동을 조직, 주관하는 것이 남성이면서도 한편으로는 여성의 숨은 힘을 두려워한다는 역설에 의해 생기를 띠고 고조된다.

때로는 여성을 나타낸 가면도 있지만 일반적으로 가면을 관리하고 소유하며 가면을 쓰고 춤을 추는 것은 남성이므로, 남성만이 가면의 비밀을 알고 가면의 힘을 정확하게 발현시킬 수 있다. 그렇다면 그렇게 많은 사회에서 가면의식이 표현하는 존재를 만들어낸 것이 꼭 여성은 아닐지라도 원래 그 존재를 부리는 것은 여성이라고 생각한다는 점은 주목할 만한 사실이 아닐 수 없다. 그러나 신화에서는 이와 반대로 가면이 남자들만의 영역이라는 점을 강조하는 경우가 많다.

칼라바리 이조Kalabari Ijo족은 니제르Niger 삼각주의 작은 강 지류에서 살고 있다. 물의 정령과 관계 있는 이 종족의 가면의식은 남성들만의 영역이다. 그러나 가면의식을 통제하는 에키네Ekine결사의 명칭은 여성의 이름에서 나왔다. 신화는 삼각주의 한 지방에 살았던 아름다운 처녀 에키나베에 관한 이야기로, 그녀는 어느 날 춤을 추는 물의 정령들에게 유괴당해 물밑에 있는 그들의 집으로 끌려간다. 호턴Horton은 이렇게 말한다.

> 물의 정령들의 어머니는 이 사실을 알고 벌컥 화를 내며 당장 에키나베를 사람들이 사는 뭍으로 다시 데려다주라고 명했다. 그런데 돌려보내기 전에 물의 정령들은 그녀에게 저마다 특별한 묘기를 보여주었고, 에키나베는 집에 돌아오자 자신이 본 묘기를 사람들에게 모두 가르쳐주었다. 이것은 아주 인기를 모았고 사람들은 계속해서 묘기를 부리며 놀았다. 그러나 젊은 남자들은 물의 정령들이 그녀에게 반드시 지키라고 말한 몇 가지 규칙을 지키기 힘들었다. (…) 그들이 규칙을 세 번 어기자 물의 정령들이 참지 못하고 에키나베를 영원히 데려가버렸다. 그때부터 사람들은 에키나베를 가면의식의 수호여신으로 여겼다.

서쪽으로 더 나아가, 시에라리온Sierra Leone에서 코트디부아르에 이르는 넓은 지역의 가면의식과 관련된 가장 지배적인 제도는 포로Poro라는 비밀결사이다. 포로결사의 구성원들은 교육과 품행, 정치와 경제, 신비한 약을 투여하는 일 등 중요한 일을 전반적으로 책임지고 있다. 가면의식에서 그들이 정령을 종합적으로 지휘하는 능력에서도 증명되듯이 포로결사의 권위는 부분적으로 그들이 정령을 통제할 수 있는 능력에서 나온다. 본질적으로 남성의 결사체인 포로는 산데Sande 또는 산도고Sandogo로 알려진 여성들의 결사체와는 여러 면에서 대조적이다.

그런데 놀랍게도 코트디부아르의 세누포Senufo족의 경우 포로결사의 권위를 후원하고 보증해주는 것은 여성들이다. 장례식에서 포로 가면이 하는 역할을 논하면서 글레이즈Glaze는 다음과 같이 지적한다. "세누포족의 장례식에서는 흥미진진한 볼거리가 많은 가면의식에 으레 초점을 맞추게 되는데, 이런 세부적인 시각으로는 장례식장 주변에 조용히 서 있는 나이 든 여성들을 놓치기 쉽다. 의식 자체를 공인하고 거기에 힘을 실어주는 것은 바로 그 곳에 참석한 이 산도고 지도자들의 존재이다." 최초의 부부를 보여주는 양식화된 조각에서 여성이 항상 크게 묘사된다는 사실에서도 알 수 있듯이, 이데올로기적으로는 여성들과 여성 조상들이 남성들보다 훨씬 중요하다. 포로 신입자들의 비밀스런 말 중에는 암호나 격식을 차린 인사말로 흔히 쓰이는 '어머니 덕분에'라고 번역되는 말이 있다. 포로결사의 진짜 우두머리는 여성인 것이다.

가면과 정체성

이런 신화적 토대를 강조하는 것이 중요한 이유는 실제로 여성들만이 가면을 소유하고 춤을 추는 풍습은 얼마 안 되지만 그 가운데 하나가 시에라리온의 멘데Mende족 사이에 특히 강한 산데결사가 실제로 존재하기 때문이다. 산데는 여성의 성인식에 관여하기 때문에 성인식을 하는 공동체에는 산데가 널리 퍼져 있다(그러나 이와 관련이 있는 코트디부아르의 산도고결사는 목적도 다르고 구성원도 그렇게 포괄적이지 않다).

가면이 무엇을 묘사 또는 재현하고 있는가 하는 문제는 이 글의 첫

머리에서 제기한 바 있다. 산데 가면은 이 문제에 대해 좋은 실마리를 던져준다. 멘데족의 시각을 설명하면서 인류학자 제드레이Jedrej는 이렇게 말한다. "이 경우에는 모습을 감추는 가면이 정령이라는 것이 확연히 드러난다. (…) 산데 정령의 모습이 완전히 구상적具象的으로 표현되어 있어 누가 봐도 정령이라는 것을 알 수 있다." 여기서 말하고 있는 것은 가면을 쓴 것이 무엇을 표현하고 있다기보다는 그것을 실제로 구현하고 있다는 점이다. 강조점이 감추는 행위(가면을 쓴 사람)보다 드러내는 행위(정령의 제시)에 있는 것이다. 모든 산데 가면은 아주 비슷하고 도상의 특징도 공유하고 있을 뿐 아니라 동등한 지위를 가진 것으로 간주된다. 차이가 있다면 위계적인 형식이나 양식에서 가면이 차지하는 위치 때문이 아니라 지방마다 가면을 새기는 양식이 조금씩 다른 데서 기인한 결과일 뿐이다(139쪽 사진 참조).

멘데족의 정령(은가팡가ngafanga)에 대한 개념은 인간의 영혼에서 위험한 숲의 정령에 이르기까지 아주 다양한 존재에 걸쳐 있다. 그 중 하나가 마을에 나타나는 무용수, 곡예사, 어릿광대와 같은 춤추는 정령인데 이것은 다른 정령들과 대조적으로 사람들 눈에 보이는 것으로 되어 있다. 가면 쓴 인물과 마찬가지로 이 정령은 다른 면에서도 독특하다. 이 정령들은 평상시에는 숲에서 거처하는데, 이들과 마주치는 사람은 반드시 미치거나 아주 부자가 되거나 아니면 병을 치료하는 사람

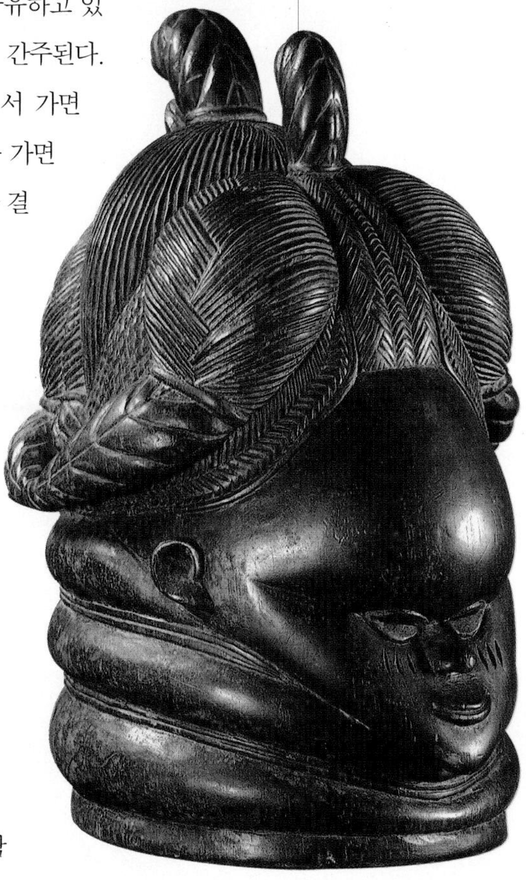

시에라리온 멘데족의 투구형 나무가면. 이 장에 소개된 가면 가운데 유일하게 여성들만이 소유하고 사용할 수 있는 가면으로, 여성 산데의 구성원들이 쓴다. 이 지역의 도상학적 특징을 고려해보면, 얼굴 생김새가 이상적인 여성의 미와 관계가 있다. 높이 44cm.

으로 변한다. 따라서 가입의례를 신비한 변신의 공간인 숲속 은거처에서 여는 것도 당연하다. 하지만 이 정령들이 마을에 나타났을 때는 해害가 없는 존재가 된다. 만일 그렇지 않고 마을에서 가면과 마주쳤을 때도 숲에서와 똑같은 일이 벌어진다면, 멘데족의 논리에 따라 마을은 신비한 사람, 백만장자, 의사로 가득 찰 것이다. 가면의식에서는 정령 자체가 변하고, 그렇게 변하면서 자신을 본 사람들을 변화시킬 수 있는 힘도 상실한다.

이 책의 「'얼굴'에 대하여」에서 거론된 중앙아프리카의 마키시는 이와 대조적인 예이다. 여기서는 가면이 남성의 가입의례에 관여하며, 일련의 특정한 행사에 참여하기 위해 부활한 죽은 사람들로 인식된다(140쪽 사진 참조). 하지만 가면마다 이름이 있어 각기 부유한 귀족이나 단호한 사람, 무기력한 사람, 젊고 매력적인 여성 등 일정한 부류의 사람들과 동일시된다. 이와 같은 동일시는 일 대 일로 아주 구체적으로 이루어지는데, 마찬가지로 분명한 대응관계를 보이는 가면의식과 죽은 사람의 관계와 어떤 연관이 있는지가 분명하지 않다.

문제를 더욱더 복잡하게 만드는 것은 이런 가면에 대한 관객의 기대가 전혀 동일하지 않다는 점이다. 아주 기대에 들떠서 어서 나타나기를 고대하는 가면이 있는가 하면 두려움에 떨며 맞이하는 가면도 있다. 마찬가지로 산데 가면은 도상의 차이가 미미한 반면, 마키시 가면은 저마다 외적인 특징이 뚜렷해 무엇을 나타내고 있는지를 뚜렷이 구분할 수 있다. 마키시 가면은 나무로 만든 것도 있고 나무껍질이나 천으로 만든 것도 있다. 그리고 상당히 자연주의적인 기법으로 표현된 가면도 있고 비교적 추상적인 가면도 있으며, 죽은 사람들의 세계와 관련이 있으면서도 표현된 대상이 인간과 관련된 주제에만 국한되지 않은 가면도 많다. 그래서 인류학

앙골라 초크웨족의 가면. 채색한 나무껍질과 수지로 만든 그물 모양의 섬유를 붙였다. 초크웨족의 가면은 다양한 이름에 저마다 특유의 행동 양식을 가진 독특한 유형의 다양한 양식을 보여준다. 이 가면은 정령의 세계와 깊은 관계가 있는 칼렐와Kalelwa가면으로, 남자들의 할례식 때 모습을 나타낸다. 칼렐와의 모습은 다른 상황에서도 나타나는데, 예를 들면 족장의 의자에서도 볼 수 있다. 높이 76cm.

가봉 크웰레Kwele족의 나무가면. 크웰레족의 태생지인 가봉 북부에서 가면은 마법의 파괴적인 측면에 대항하기 위해 벌이는 의식과 관계가 있다. 높이 26.5cm.

자 빅터 터너는 은뎀부족의 가면이 부분적으로는 인간이지만 부분적으로는 풀이 우거진 초원을 묘사한 것이라고 설명했다. 또한 같은 잠비아에서 글루크만Gluckman은 강 위에 떠 있는 풀로 엮은 멍석을 묘사한 가면의식을 본 적이 있는데, 한 무리의 가면으로 표현되는 이 부분이 다른 경우에는 '숲속의 식인종, 동물, 마법사의 꼬마도깨비, 죽어서 동물이 된 사람들, 이방인…'과 동일시되기도 했다. 그런가 하면 요시다Yoshida는, 잠비아의 체와Chewa족들이 자신의 현지조사용 차량을 번호판만 맞게 붙어 있는 것을 제외하면 갈대발에 세워놓은 일종의 웅장한 가면으로 탈바꿈시키는 것을 보기도 했다. 이렇듯 가면이 갖가지 형태로 나타나는 것은 가면이 묘사하려고 했을지도 모를 대상에 대한 한정된 생각에 집착해서라기보다 특정한 레퍼토리에 등장하는 가면들을 서로 구별하기 위해서인 것 같다.

아마 마키시의 민속을 가장 뚜렷하게 보여주는 것은 잠비아 로발레Lovale족의 가면풍습에 대한 화이트White의 설명일 것이다. 가면의 정체를 말해주는 로발레족의 말은 나투야 나쿠산상굴라 리키시 *natuya nakusangula likishi*라는 구절, 말 그대로는 '우리는 리키시를 소생시킬 것이다'이다. 그러나 엄밀하게 말하면 이 말은 무덤으로부터의 부활을 가리키는 것이지 조상의 영혼을 소생시킨다는 게 아니다. 가면은 조상을 나타내는 것이 아니다. 조상은 눈에 보이지도 않을 뿐더러 어쨌든 무덤 속에 살고 있는 것도 아니기 때문이다. 소생시킨다는 말은 오히려 불가사의한 동물이 된 인간, 즉 죽어서 맹수가 된 사람처럼 인간 세상에 악의를 품고 있는 괴물에게 쓰이고 있다.

이와 비슷한 함의를 보이는 말은 앙골라와 자이르의 초크웨족과 룬다족이 사용하는 어휘에도 나타나는 듯한데, 그들의 가면의식 서막에서도 역시 '부활'이 일어난다(요시다도 지적했듯이, 이는 잠비아와 말라위의 국경 지대에 사는 체와족에게도 해당되는 말이다). 화이트는 로발레족의 가면인 카토토지katotoji, 치카자chikaza, 은곤도ngondo가 다른 곳에서는 마법사들이 부리는 마귀에게 적용되는 이름을 가지고 있다고 말한다. 이런 세부적인 설명은 중앙아프리카의 할례식에서 사용되는 가면의 다른 용도를 설명하는 데 도움을 준다. 그래서 가입의례를 치르지 않은 사람이 마키시를 만지면 중병에 걸린다고 생각하거나, 근자에 가면이 춤춘 적이 있는 땅만 밟아도 위험하다고 생각해 가입의례가 끝나면 가면을 태워버리는 곳도 있다. 가면의식을 가리키기도 하고 특히 콩고 지역에서는 신비한 힘이 깃들어 있는 물건이나 물질을 가리키는, 같은 뿌리에서 나온 키시kisi 역시 마키시에 대한 이런 해석을 한층 더 뒷받침해준다.

물론 모든 가면이 다 똑같이 '위험한' 것으로 간주되지는 않는다. 흔히 가면을 모두 합치면 일련의 다양한 특징을 가진 인물들을 모두 포괄한 하나의 공동체가 된다. 쿠빅Kubik에 따르면, 앙골라의 음브웰라Mbwela족은 가면이 저마다 가지고 있는 힘에 따라 왕과 신하, 종자從者로 구분되는 일종의 왕실과 같은 위계 질서를 이루고 있는 것으로 생각한다고 한다. 그리고 드 수스베르게de Sousberghe는 자이르 펜데족의 할례식 과정에 등장하는 두 유형의 가면에 대해 설명한 적이 있는데, 밍간지Minganji라는 가면은 가입의례가 이루어지는 할례식장의 감독관들이 쓰고 이와 대조적으로 음부야mbuya 가면은 신입자들이 마을

자이르 펜데족의 천을 붙인 나무가면. 펜데족의 가입의례 때 여러 단계에서 중요한 역할을 하는 품부pumbu(살인자라는 뜻)라는 가면의 일종으로 보인다. 높이 21cm.

로 돌아올 때 벌이는 축제에서 춤을 출 때 쓴다. 마키시와도 관계가 있는 이 두 유형의 가면은 모두 죽은 사람들(음붐비 mvumbi)과 관계가 있는데, 단 음부야 쪽이 그 관계가 좀 약할 뿐이다. 그래서 밍간지는 마법을 부린다 해서 불길하다고 생각되는 반면, 음부야는 재미있고 극적인 요소가 강해 관객들과도 훨씬 직접적으로 상호 작용한다.

음부야가면은 밍간지가면보다 수적으로도 많다. 강암비Gangambi는 펜데랜드Pendeland라는 한 구역에서만 알려져 있는 음부야가면을 논하면서 곱사등이와 같은 신체장애자에서부터 요염한 여자, 장다리물떼새, 선교사에 이르기까지 저마다 뚜렷한 개성을 가진 인물을 31명이나 열거하고 있다. 아마 개별 행사에서

음부야가면이 한꺼번에 모두 등장하지는 않을 것이다. 하지만 언제든지 등장할 수 있는 인물이 많기 때문에 가면과 의상만으로 특정한 역할의 정체를 알 수 없는 경우가 많은 것도 어쩌면 당연할 것이다. 만일 정체를 확인할 수 있는 외형적 특징을 찾으려 한다면, 때로 가면 쓴 사람이 사용할지도 모를 소도구나 그의 특징적인 몸짓, 움직이는 양식, 반드시 주목해야 할 노래나 목소리가 실마리가 될 수 있을 것이다. 예를 들어 선교사 기케치케치Giketshiketshi는 가면 자체보다 그가 쓴 챙 넓은 밀짚모자로써 훨씬 분명하게 알 수 있으며, 물소인 피카사Pikasa는 대개 네 걸음을 뗀 다음 관객들에게 덤벼들고, 때로는 배설하는 흉내를 내면서 숨겨둔 자루에서 질척한 진흙을 쏟아놓는다.

자이르 펜데족의 천을 붙인 나무가면. 이 가면은 1909년 민속학자 에밀 토어데이Emil Torday가 수집한 몇 개의 가면 가운데 하나이다. 툰두로 알려진 가면의 일종으로 보인다. 툰두는 여성이나 아이들과 기꺼이 뒤섞이는데, 계속 들락날락 해대며 공연 중인 다른 가면을 흉내내는 아주 재미있는 가면 가운데 하나이다. 높이 21.5cm.

하지만 궁극적으로 관객들이 등장인물이 누군지 아는 것은 대사 때문이다. 항상 처음에 나오는 가면은 앞으로 전개될 장면을 소개하는 외설스런 익살꾼 툰두tundu이다. 툰두는 자기 역할이 끝나더라도 무대에 남아 일종의 진행자 역할을 하며 앞으로 나올 가면을 흉내내거나 풍자하기도 하고 다른 가면이 연기를 하는 동안 반주를 하기도 한다. 뒤에 나오는 가면들도 저마다 시중꾼이 있는데, 이들이 가면보다 먼저 나온다. 그리고 한 무리의 반주자들이 그 가면이 무엇을 나타낸 것이고 어떻게 움직일 것인지를 설명하면서 앞으로 펼쳐질 훌륭한 공연을 칭찬하는 노래로 그들의 도착을 알리는 동안 그 가면이 나올 때만 연주되는 독특한 '테마 음악'이 북 위에서 흘러나온다.

칼라바리 이조족의 경우는 상황이 이와 아주 대조적이다. 여기서는 가면 쓴 무용수들이 나오는 대목에 이르러 물의 정령들이 30명에서 50명이 나오는데, 에키네결사의 구성원들은 물의 정령들에게 그들과 관련된 행사에 참여해줄 것을 청하기 위해 멀리 떨어진 강까지 카누를 타고 간다. 말하자면 이는 그들의 결사조직의 수호자인 에키나베가 정령들의 세계로 붙잡혀 갔던 길과 나중에 다시 그들의 세계로 되돌아왔던 길을 되밟는 것이다. 그들은 물의 정령이 고정된 형태를 지니고 있다고 생각하지 않는다. 호턴에 의하면, 물의 정령들은 일반적으로 동물뿐만 아니라 인간과도 유사성이 있다고 한다. 그러나 이들이 모습을 나타낼 때는 물 속에 사는 동물의 형태를 띠는 경우가 가장 흔한데, 상어나 톱상어, 해파리의 모

부르키나파소 보보핑Bobo Fing족의 나무가면. 정수리에 새의 볏 모양의 장식이 있고 그 위에 여성상이 두 다리를 벌리고 서 있다. 장례식과 가입의례 때 대장장이가 만들어 쓰던 가면. 높이 69.5cm.

습으로 나타나지만 대개는 비단뱀이나 악어의 형태를 띤다. 이런 관계는 조각 형식의 토대가 되기도 해 동물의 피부에 있는 비늘이나 무늬가 조각품의 표면에 이용되기도 하고 동물 자체가 부조로 새겨지기도 한다.

가면의식에 나타나는 이런 가면들 가운데는 동물의 형태와 인간의 얼굴이 결합되어 있는 경우가 많다. 가장 흔한 예로, 도식적으로 새긴 인간의 눈과 코가 악어의 주둥이를 연상시키는 돌출물로 마무리될지도 모른다. 그러나 외적인 특징이 물의 정령임을 확인할 수 있는 충분한 단서가 되든 안 되든, 그런 특징적인 부분이 시야에 쉽게 들어오기 어려운 위쪽을 향한 채 가면이 머리 위에 씌워지고 있다는 것은 가시적인 외형이 유일하거나, 가장 강력한 단서는 아니라는 사실을 말해준다. 따라서 멀리 떨어진 강의 지류까지 가서 특정한 물의 정령에게 이런 머리장식을 바치는 것도 외적인 특징 못지않게 그것의 정체성을 확보하는 중요한 요소인 것이다.

말리 도곤Dogon족의 천을 붙인 나무가면. 이런 유형의 가면(왈루)은 장례식에도 사용되지만 농경의례에도 사용된다. 이는 큰 영양을 나타낸 것이라고 하는데, 이런 형태는 신전의 건축 양식에도 반영되어 있다. 높이 60cm.

이런 맥락에서 칼라바리에서 물의 정령과 가면의식의 연관성을 표현하는 용어는 많은 것을 말해준다. 가면이나 머리장식이 항상 가면의식의 의상에 포함되는 것이 아님에도 가면 또는 머리장식이 사용될 경우 나머지 의상은 그저 장식일 뿐이며, 이것이 그 가면의식을 지칭하는 '이름'이 된다. 그렇다면 이는 분명히 가면에 독자적인 의미를 부여하는 것이며 연행과 특정한 정령의 관계도 가면을

코트디부아르 세누포족의 투구형 나무가면. 세누포족은 서아프리카에서 광범하게 발견되는 가입의례 결사체인 포로결사의 의식 때 나무가면을 사용한다. 이런 유형의 가면을 흔히 '불을 내뿜는 가면'이라고 하는데, 많이 인용되기는 하지만 일반적인 풍습은 아닌 듯하며, 가면을 쓴 포로결사의 구성원이 의식을 거행하면서 가면의 입에서 불꽃을 내뿜는다고 해서 붙여진 이름이다. 길이 45cm.

통해 확보되는 셈이다. 그러나 실제로 이런 정체성은 각각의 극에 나타나는 특유의 북소리와 독특한 춤동작을 통해 확보되며, 에키네 결사의 구성원들에게 특정 연행의 주제를 어떻게 아느냐고 물으면 이때 그들이 언급하는 것은 북소리와 춤동작이지 가면의 형태가 아니다. 또 이름이 똑같다고 해서 구체적인 물리적 형태까지 똑같은 것은 아니다. 나아가 가면을 물의 정령에게 바치면 정령이 가면을 '소유'하게 된다고 말하는데, 이는 그렇게 함으로써 그 연행에 부여되는 권위를 강조하는 것이지 그것이 묘사하는 세부적인 것들을 정령이 소유하게 된다는 말은 아니다. 끝으로, 연행이 계속되는 동안에는 물의 정령이 에키네 무용수와 '함께 걷는다'고 말하는데, 이렇게 표현을 바꿈으로써 다시 한 번 가면의식에 나타난 묘사와 그 묘사의 대상이 되는 존재 사이에 거리를 두게 된다.

나이지리아 요루바족의 에궁군 나무 가면. 요루바랜드 전역에서 발견되는 이 가면은 연례 축제 때 등장한다. 가면은 일족의 조상과 관계가 있으며, 조상 대대로 면면히 이어져 내려오는 일족의 생명력을 과시할 필요가 있는 위기시에 모습을 나타냈을 것으로 보인다. 아베오쿠타 Abeokuta에서 발견된 이 가면에서는 요루바 가면의 또다른 형식인 겔레데 가면의 특성도 엿보인다. 높이 72.5cm.

이리하여 결국 우리는 처음 출발했던 곳으로 다시 돌아왔다. 즉, 아프리카의 다양한 가면풍습을 하나로 뭉뚱그려 설명해주는 모델은 없다는 것이다. 관객이 가면 쓴 사람의 정체를 아는가, 모르는가가 문제는 아니다. 또 모습을 숨기는 가면 안에 아주 정교한 연기를 펼치는 사람이 있다는 것을 인정하는가, 그렇지 않은가도 문제는 아니다. 중요한 것은 가면이나 연기지 가면을 쓴 사람이나 연기를 하는 사람이 아니란 점이다. 가면을 새긴 사람이 뛰어난 솜씨의 예술가로 명성을 날리는 경우도 있겠지만, 아마 가면을 쓴 사람이 가면의식과 별도로 유명해지는 일은 없을 것이다. 분명히 가면 쓴 사람의 정체성을 통해 가면의식의 정체성이 확보되는 일은 없을 것이다. 어떻게 가면의식의 정체성이 확보되는가를 말하려면 전체로서의 가면의식이 가지고 있는 다양한 세부적인 측면을 고려해야 할 것이며, 눈에 보이는 가면의 모습은 그런 측면의 하나일 뿐이다.

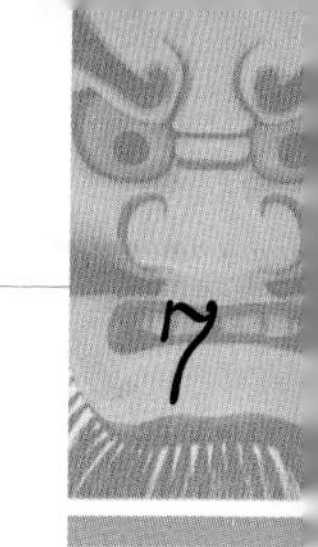

의례와 극
- 일본의 가면

일본의 가면 중에서 가장 초기의 것으로 알려진 것은 조몬 시대(역주: BC 10,000~300년경. 일본의 신석기 시대에 해당. 새끼줄무늬繩文 토기가 사용된 시기라 해서 조몬 시대라 부른다)의 가면이다. 조개뿐만 아니라 진흙으로 만든 작고 일정한 양식이 있는 가면이 발굴되었는데, 그 중에는 의례적인 목적으로 가면을 썼다는 것을 확실하게 보여주는 진흙으로 만든 인물상도 있다.

일본에서 가장 오래된 춤의 형태는 신도神道에서 기원한 의례적인 가면무인 가구라神樂인데, 초기에 사용된 가구라 가면은 현재 남아 있지 않다. 고대 이래로 가면은 일본인의 삶에서 중요한 역할을 했지만, 공연예술에서 가면을 쓰는 전통이 생기기 시작한 것은 6세기에 중국과 한반도에서 새로운 종교와 비종교적인 개념들이 소개되기 시작하면서부터이다. 지금까지 남아 있는 가면 가운데 가장 오래된 것은 기가쿠伎樂로 알려진 춤극에 사용된 가면이다. 기가쿠가 전해질 무렵 아시아 대륙에서 또다른 형태의 춤이 소개되기 시작했는데, 지금도 공연되고 있는 부가쿠舞樂이다. 춤과 극에 사용된 가면은 8~9세기 불교 사찰에서 열린 종교적인 행렬에도 등장하기 시작했다. 14세기에는 일본만의 독특한 노能 가면이 좀더 희극적인 교겐狂言 가면과 함께 전반적으로 발달하게 되었다.

'신도의 신' 스사노 노 미코토의 모습을 그린 현대의 가구라 가면. 니시무라 시게오의 작품. 가면 안쪽에 일본어로 "일본의 중요 민속무형문화재로 지정된 비추備中(역주: 옛 지방 이름) 가구라를 위한 가면. 번영을 기원하며 영국에 기증함. 1985년 1월 1일"이라고 씌어 있다. 수염을 뺀 높이 23.6cm.

오늘날 가면은 축제에서나 볼 수 있는데, 이런 가면은 흔히 일본의 전통적인 인물이나 아이들 만화책에 나오는 영웅의 모습을 그린 것이다. 그리고 가면 공예는 특히 노와 가구라 가면 분야에서 훌륭한 작품을 선보이는 현대 예술가들에 의해 꾸준히 맥을 이어오고 있다.

가구라

가구라는 신도에서 유래한 일종의 연행 또는 의례적인 무속춤이다. 신도는 대지와 그 대지에 의지하고 사는 사람들의 관계에 뿌리를 둔 신앙(또는 일련의 민간신앙)이다. 대부분 가구라는 다산과 풍요의식과 관계가 있는데, 풍작을 빌기 위해 신에게 바치는 연행을 펼친다. 가구라의 전통은 여전히 현대 일본에서도 활발하게 이어지고 있는데, 수확기나 신년축제 같은 중요한 시기에 보통 신사에서 벌어지는 가면의식을 전국 어디에서나 볼 수 있다.

가구라의 전설상의 기원은 『고지키古事記』(역주: 일본에서 가장 오래된 역사서. AD 712년)에 서술되어 있는데, 숨어 있는 태양신 아마테라스 오미카미를 꾀어내기 위해 아메 노 우즈메 여신이 아주 관능적인 춤을 추었다는 이야기를 전하고 있다. 남동생인 스사노 노 미코토(역주: 일본 신화에 나오는 폭풍의 신)의 난폭한 행동에 화가 난 아마테라스가 동굴에 들어가버려 세상에 어둠과 재앙이 닥쳤던 것이다. 스사노는 하늘나라에서 쫓겨나 일본 서부에 있는, 지금의 이즈모 지방으로 내려왔다. 그곳에서 스사노는 야마타 노 오리치라는 괴물이 어느 늙은 부부의 딸을 일곱이나 잡아먹고 여덟 번째 딸까지 내놓으라고 으름장을 놓고 있다는 사실을 알았다. 그래서 그는 괴물에게 쌀로 빚은 술을 먹여 곯아떨어지게 한 후 그 틈을 이용해 괴물을 죽였다. 대영박물관에는 현대에 제작된 스사노 노 미코토 가면(151쪽 사진 참조)과 함께 이 이야기에 나오는 여덟 딸의 가면이 있는데, 모두 같은 사람이 제작한 것이다.

기가쿠

구전에 의하면, 중국 오나라의 왕족이었던 치소가 서기 550년경 기가쿠를 일본에 들여왔다고 한다. 그때 그는 불교 경전과 예술품, 기가쿠 가면과 의상, 악기를 가지고 왔는데, 춤만은 들여오지 않은 것이 확실하다. 612년에야 기가쿠가 실제로 공연되었다는 최초의 기록을 볼 수 있다.

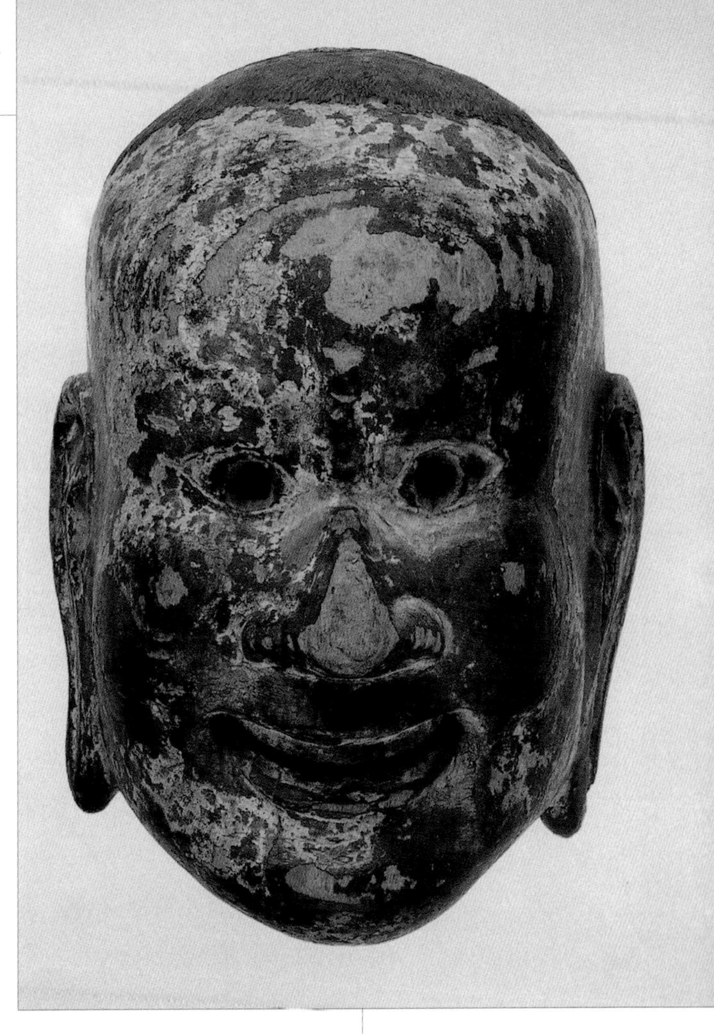

기가쿠 가면. 신화상의 동물인 시시를 따르는 두 젊은 시종 가운데 하나인 시시코를 그린 듯하다. 가면은 녹나무 목재의 한 토막으로 만들어졌다. 석고를 칠한 바탕에 살색으로 칠한 물감이 조금 남아 있다. 정수리에는 접착제를 사용해 진짜 머리카락을 붙였다. 높이 29.3cm.

이 당시는 오나라에서 기가쿠를 배운 미마지味魔之(역주: 백제의 음악가)가 많은 기가쿠 가면을 가지고 일본에 건너왔을 때인데, 이 가면은 지금도 나라奈良의 호류사法隆寺에 보존되어 있다. 미마지가 일본에 온 것은 기가쿠를 가르쳐달라는 쇼토쿠 태자의 초청에 따른 것이었는데, 그의 후원 아래 기가쿠는 황실뿐만 아니라 큰 불교 사찰에서도 중요한 역할을 했다. 쇼소인正倉院(황실 창고)에 보존되어 있는 몇몇 가면에는 서기 752년 나라에 있는 도다이사東大寺에 대불전大佛殿을 봉헌한 날짜가 새겨져 있다.

서기 1233년에 쓰여진 『교쿤쇼校訓沙』(역주: 옛부터 내려오는 악곡과 악기 등의 유래를 모아놓은 악서樂書)라는 후대의 기록에서는 기가쿠가 어떻게 행해졌는지 그 형태를 어느 정도 알 수 있다. 가면은 행렬이 반주에 맞춰 사찰의 뜰을 돌 때 썼다. 선두에서 행렬을 이

끈 것은 코가 긴 가면을 쓴 치도라는 인물이었는데, 그는 의례상 길을 깨끗이 청소하는 시늉을 했다. 그리고 신화에 나오는 동물인 시시가 그 뒤를 따랐다. 두 사람이 들어가 움직이는 긴 옷자락이 달린 사자가면인 시시를 시시코라는 가면 쓴 젊은 시종 두 명이 호위했다. 그들은 의례적인 춤을 추고 기도를 올렸다. 그리고 오나라 왕 고코와 아름다운 공주 고조, 악마 같은 인물 곤론이 등장하는데, 공주에게 눈독을 들인 곤론이 마라카타라고 불리는, 남근을 상징하는 막대기를 두드리며 춤을 추다가 그녀를 와락 껴안는다. 그러자 불교의 수호자인 곤고金剛와 씨름꾼 리키시力士가 달려들어 곤론을 때려눕힌다. 이 극은 해탈에 방해가 되는 육욕의 화신 곤론을 불교의 수호자들이 물리친다는, 육욕에 대해 경고를 보내는 교훈극이다.

이 밖에도 기록된 극에는 여러 가지가 있는데, 모두 어떤 식으로든 도덕적 내용을 담고 있다. 예를 들어 자식을 낳으면 반드시 속죄하고 회개해야 하는 높은 계급의 승려인 바라문은 긴 천조각을 들고 춤을 추며 아기 기저귀 빠는 흉내를 내고, 다이코에서는 다이코후와 자식 다이코지가 제사를 지내며 부처에게 빌고, 스이코에서는 외국의 왕과 시종들이 술에 취해 곤드레만느레가 되어 마구 떠들며 춤을 춘다(분명히 술독에 빠지지 말라는 경고였을 것이다). 기가쿠에 나오는 인물은 모두 가면을 쓰고, 피리와 북, 꽹과리 같은 타악기의 연주에 맞춰 연기를 한다.

기가쿠 가면은 일본인 고유의 얼굴이 아니라 아시아 대륙, 그 중에서도 특히 인도와 중국의 영향을 받은 얼굴 생김새이다. 그런데 스이코의 가면은 페르시아인의 인상을 풍긴다. 기가쿠 가면은 얼굴과 머리 전체를 덮고 모양이 둥글어 언뜻 보면 거의 조각상 같다. 대영박물관에 소장된 나라 시대(AD 645~781년)의 가면은 크기로 보아(28.9cm) 시시코의 가면일 가능성이 높은데, 도다이사에 있는 최근에 제작된 비슷한 가면과도 비교해볼 수 있다.

헤이안 시대(AD 782~1184년)에는 기가쿠가 쇠퇴하고 대신 훨씬 엄숙한 부가쿠극과 교도行道 행렬이 성행했다. 이는 나라 시대에 받아들인 불교의 영향으로 인해 아시아 대륙과 일본의 유대가 약해졌기 때문이다. 기가쿠에 나오는 몇몇 인물은 후대의 가면의식에도 영향을 미쳤는데, 시시마이獅子舞는 오늘날에도 불교 행렬과 대중적인 축제에서 볼 수 있다.

부가쿠

부가쿠는 가가쿠雅樂(궁중 음악)로 알려진 관현악 전통의 춤 형식이며, 부가쿠와 가가쿠는 모두 중국 당나라(7세기~10세기)의 궁궐에서 널리 행해지던 형식에서 유래되었다. 일본 황실에서 채택한 춤 형식은 어느 지역에서 수집했는지에 따라 예컨대 한반도에서 가져온 고라이가쿠高麗樂, 만주의 보카이가쿠渤海樂, 인도의 텐티쿠가쿠天巫樂 하는 식으로 나뉘어져 있었는데, 이렇게 서로 다른 형식들은 풍부하고 복잡한 극을 낳았다.

헤이안 시대에 들어와 부가쿠는 현재의 형태로 체계화되었다. 11세기에 부가쿠의 형태는 왼춤(당나라 음악과 춤을 사용하는 사마이左舞)과 오른춤(한반도와 만주, 일본의 음악과 춤을 사용하는 우마이右舞)으로 분리되었다. 왼춤과 오른춤은 저마다 춤사위와 의상 색깔, 악기가 따로따로 분명하게 정해져 있었다. 일반적으로 왼춤에 쓰는 음악은 오른춤에 쓰는 음악보다 훨씬 경쾌했다. 부가쿠는 궁정 연회에서는 황실 관객, 사찰에서는 정화의식을 위해 공연되었을 것이다. 기가쿠에 비해 부가쿠를 위한 관현악단은 규모가 훨씬 컸으며, 세 가지 유형의 북과 피리, 쇼簫(입으로 부는 둥근 관악기로 단조로운 저음이 난다), 고토(거문고), 비와(비파), 쇼코(징), 히치리키(피리)로 구성되어 있었다.

부가쿠는 항상 황실의 춤으로 여겨졌다. 『겐지 이야기源氏物語』에는 헤이안 시대 귀족들의 삶에서 궁정 음악과 무용이 얼마나 중요한 위치를 차지했는지 자세히 기술되어 있다. 여기에는 한 젊은 왕자의 료오춤을 보고 관객이 감동해 눈물을 흘렸다느니, 한 궁정 관리의 아홉 살 난 아들이 나소리춤을 추었다느니 하는 이야기도 전해져 오고 있다. 부가쿠는 춤을 품성교육의 일환으로 높이 평가했던 귀족뿐만 아니라 선문 음악가들의 세습적인 동업자조합에 소속된 사람들도 췄다. 그래서 현재의 황궁 음악부에는 원래 8세기에 생긴 동업자조합원의 직계 후

용왕인 료오 부가쿠 가면. 노송나무로 만든 이 가면은 정교하게 새겨 옻칠을 하고 금박을 입힌 다음 진짜 머리카락을 붙여 콧수염과 턱수염을 만들었다. 턱은 명주실 끈에 매달려 있고, 눈은 끈이 달려 있는 가는 금속 막대로 고정되어 있다. 턱에 붙은 판을 뺀 높이가 33.5cm.

손인 사람도 많다.

가마쿠라 시대(AD 1185~1332년)에는 귀족의 세력이 약해지면서 예술 형태로서 기가쿠와 부가쿠는 쇠퇴의 길을 걸었다. 부가쿠의 중심은 나라와 교토의 사찰과 신사, 오사카의 시텐노사四天王寺로 분산되었다. 부가쿠는 나중에 에도 시대(AD 1600~1867년) 도쿠가와 막부幕府 하에 다시 번성했으며, 메이지 유신(AD 1868년) 후에는 황실청에 음악부가 생기면서 황실의 후원 아래 다시 한 번 통합되었다. 오늘날에는 나라 지역, 니코 도쇼구(도쿠가와 이에야스의 사당), 오사카의 시텐노사, 도쿄의 황실 등에서 부가쿠 공연을 볼 수 있다.

일반적으로 부가쿠 가면은 훨씬 극적이고 양식화되어 있다는 점에서 기가쿠와 다르며, 춤을 출 때도 훨씬 활발하게 움직이기 때문에 가면도 더욱 자유로이 움직일 수 있도록 만들어졌다. 부가쿠 가면은 작고 가벼우며 얼굴과 머리 옆만 가리게 되어 있다. 부가쿠 가면의 특징은 코나 눈, 턱 같은 부분들이 움직일 수 있게 되어 있고 때로는 이것들이 동시에 움직이기도 한다는 것이다. 이 때문에 부가쿠에서는 훨씬 극적이고 때로 희극적인 장면들이 연출된다. 여러 면에서 기가쿠의 스이코를 닮은 고토쿠라쿠극에서는 극이 진행될수록 등장인물들이 점점 술에 취해가는 것을 가면의 코를 움직여 아주 효과적으로 보여줄 수 있다. 일본의 사찰과 박물관에는 헤이안 시대의 가면이 많이 보존되어 있는데, 대개 보수하거나 색을 다시 칠했지만 여전히 고유의 특징을 잘 간직하고 있다.

대영박물관에는 에도 시대의 료오龍王 부가쿠 가면이 있는데(156쪽 사진 참조), 다채로운 무늬를 넣어 옻칠을 한 원래의 보관함이 지금도 남아 있다. 료오가면은 용이 가면 꼭대기에 낮게 몸을 구부리고 앉아 있는 형상이어서 일종의 투구 같다. 그리고 턱과 눈이 함께 움직여 춤의 리듬감을 한층 강조한다.

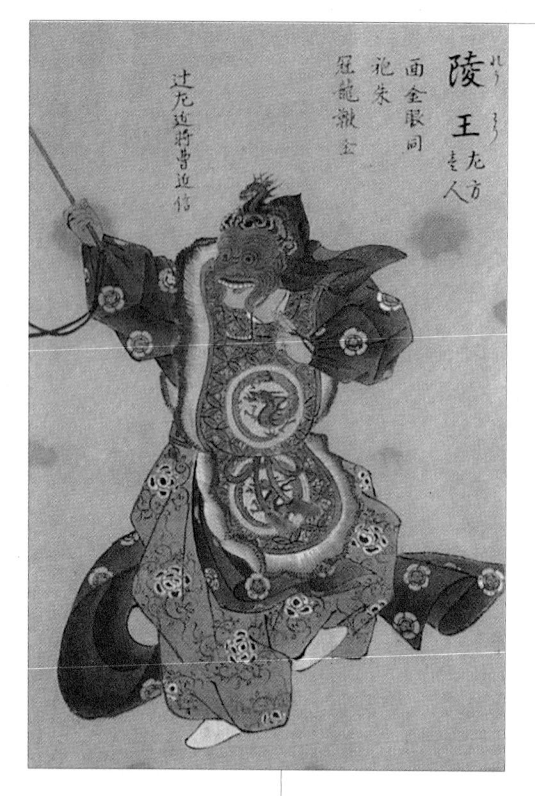

두루마리에 그려진 용왕 료오의 그림. 1816년. 니코에 있는 도쇼구 사당에서 벌어진 부가쿠 춤을 보여준다. 료오의 전통의상을 생생하게 볼 수 있고, 옷의 부피가 큰데도 배우가 아주 활기 찬 춤사위를 보여주고 있다.

료오 이야기는, 한편으론 아군이 자신의 아름다움에 반해 전열이 흐트러지는 것을 막으면서 또 한편으론 적을 위협하기 위해 흉악한 가면을 쓰고 전쟁터에 나갔다는 6세기 중국의 잘생긴 젊은 왕자에 대한 설화에서 나왔다. 이 대목을 위해 배우가 가면을 쓰고 옷을 입으면서 아주 독특한 공중제비 솜씨를 선보였다는 료오의 연기와 관련된 이야기가 전해진다. 1816년 두루마리에 그려진 료오의 그림을 보면 이 연기가 얼마나 박력 있고 활기 찼는지 가히 짐작이 된다(158쪽 사진 참조).

불교의식에서의 가면

불교의식에서 가면이 사용되기 시작한 것은 나라 시대에 보통 때는 사람들 눈에 띄지 않게 사찰에 보관해두던 성상聖像을 들고 나와 기리를 행진하는 관습이 당나라로부터 전해지면서부터였다. 불교의 신격을 나타낸 가면을 쓴 수행자들이 성상의 뒤를 따랐는데, 이들은 대개 인류의 구제를 돕기 위해 궁극적인 해탈을 미루는 보살 또는 보리살타의 가면을 썼다(159쪽 사진 참조). 보살가면은 서기 752년 도다이사에서 대불전을 봉헌할 때 올린 부가쿠 의식의 일환으로 썼다고 한다. 그런데 점차 보살춤은 교도 또는 가멘교도假面行道로 알려진 순수한 불교의식에 흡수되었다.

가장 초기의 가면의식은 승려들이 불경을 외우면서 줄지어 사찰을 도는 형식이었다. 이런 관습은 순행巡行의 형태를 띤 불교의식이 있었던 인도에서 처음 시작되었을 것이다. 나라 시대에 시작되었

무로마치 시대 후기 교도에 나오는 보살가면. 보살은 해탈한 후에도 속세에 남아 중생을 구제했다. 여러 조각의 나무를 짜맞추어 만든 가면이라 누구에게나 잘 맞는다. 가마쿠라 불상 양식의 이 가면은 조용하고 차분하며 영적인 느낌을 준다. 까만 옻칠 바탕에 흰색으로 그렸으며 부분적으로 금박이 되어 있다. 입가에 붉은 물감을 칠한 흔적과 머리와 귀에는 녹색 물감을 칠한 흔적이 남아 있다. 이마에 불투명한 수정이 박혀 있다. 높이 23.3cm.

다고 추측되는 쇼료의식精靈會(역주: 우라본盂蘭盆의 다른 이름으로, 음력 7월 보름에 조상의 영혼에게 제사를 지내는 불교 행사)은 지금도 호류사에서 열리고 있는데, 이때 승려들이 쇼토쿠 태자(AD 572~622년, 일본 불교의 수호성인)의 유해와 그의 상을 들고 사찰을 돈다. 이 유골이 들어 있는 가마는 부처를 수행한 사람들의 가면을 쓴 여덟 사람이 들고 간다.

교도 가면은 아미다(아미타불)가 극락에서 내려오는 것을 재현하는 라이고來迎로 알려진 의식에서도 쓴다. 이 의식은 불교의 정토종인 조도와 관계가 있다. 조도는 엔신이라는 승려가 아미다를 믿은 사람이 죽으면 그들을 맞이하기 위해 부처가 극락에서 내려와 서방의 극락정토로 데려갈 것이라고 설교했던 10세기부터 시작되었다. 이 의식에서는 보리살타의 가면을 쓴 행렬이 사찰의 중앙에 있는 아미다전殿에서 부속 건물까지 이어져 있는 높은 다리를 따라 건너갔다가 다시 천천히 아미다전으로 돌아온다. 네리쿠요練供樂는 라이고의식의 한 부분인데, 지금도 나라에 있는 다이마데라사當麻寺와 같은 많은 사찰에서 볼 수 있다.

교도 가면은 대개 불상을 본뜬 것이라 차분하고 조용한 모습이다. 의식의 전반적인 인상은 사찰에 있는 불상들이 소생해 신도들에게 앞으로 다가올 세상을 얼핏 보여주는 것 같다.

사자춤

시시마이는 현재 여러 가지 다양한 형태를 볼 수 있다. 시시마이는 원래 아시아 대륙에서 왔는데 아시아에는 대부분의 나라에 어떤 형태로든 이런 종류의 사자춤이 있으며 아마 가장 널리 알려진 것은 신년 축제 행렬일 것이다. 원래 일본의 시시가면은 기가쿠와 교도, 심지어 부가쿠에서도 사용되었다.

쇼소인에 있는 초기 시시가면은 그 제작 시기가 12세기까지 거슬러 올라간다. 사자에서 유래한 신화적 동물, 시시의 가면은 사자의 위엄과 힘을 느낄 수 있다. 후기의 가면은 훨씬 화려하고 사자의 사나운 성질을 강조하는 경향이 있었는데, 이는 시시마이를 굿의 형태로 대중적으로 사용할 때 훨씬 적합했다. 시시가면이 대중적인 축제에 모습을 나타낼 때는 희극적이기까지 했다.

노와 교겐

가장 잘 알려진 일본 가면은 일본의 독특한 극인 노가쿠能樂(또는 노)에 나오는 가면일 것이다. 비극적인 노와 좀더 희극적인 교겐은 이전 시대의 민속가면극 덴가쿠田樂와 사루가쿠猿樂에서 발전되어 나왔다. 극 예술 형식으로서의 노는 14세기와 15세기 위대한 두 배우 간아미觀阿彌(1333~84년)와 그의 아들 제아미世阿彌(1363~1443년) 때 전성기를 맞이했다.

원래 덴가쿠는 모내기와 추수할 때 올리던 의식에서 유래한 종교 행사였다. 경쾌한 형태인 사루가쿠는 중국에서 들어왔고 레퍼토리에 요술과 곡예가 포함되어 있었다. 이런 극에서 사용된 가면은 기가쿠에서, 음악은 가구라와 불교의식에서, 그리고 춤은 부가쿠에서 온 것이었다. 덴가쿠는 가마쿠라 시대에 무사계급에게 인기가 있었지만, 13세기 말 극중 대사와 음악, 동작이 표준화되기 시작한 사루가쿠에 점점 밀려났다. 간아미와 제아미는 바로 이런 예술 형태로부터 현재에도 공연되는 노극을 만들어냈던 것이다.

1374년 간아미와 제아미는 교토의 이마구마노 신사에서 쇼군 아시카가 요시미쓰(1358~1408년) 앞에서 공연을 했다. 선종禪宗을 믿는 요시미쓰의 후원을 받게 된 제아미는 말과 행동을 삼가고 움직임과 표현을 절제하는 선禪의 원칙을 기본으로 엄숙한 노극의 토대를 닦았다. 제아미는 많은 극을 만들어냈을 뿐 아니라 노에 대한 자신의 원칙을

전설 속의 사자를 나타낸 시시가면으로 19세기 축제에 쓰였다. 붉은색과 검은색 옻칠을 했고, 눈과 눈썹, 이에는 금박을 했다. 혀와 턱이 움직이고 다채로운 색깔의 머리카락도 달려 있다. 가면은 턱을 움직이는 사람이 쓰고 두 사람은 옷자락 밑에 숨어 사자의 형상을 만들었는데, 이들은 함께 경쾌한 춤을 추었다. 에도 시대에 제작된 이 가면처럼 후대에는 가면이 훨씬 화려해지고 종종 희극적이기까지 한 반면, 12세기에 만들어진 가장 초기의 가면 가운데는 훨씬 위엄이 있는 것들도 있다. 높이 34cm.

정리한 일련의 논문을 씀으로써, 이후 노에서 펼치는 모든 연기의 기초를 닦았다.

1467년 내전이 시작되면서 교토를 중심으로 공연되었던 노는 붕괴되었지만 한편으로는 오히려 노 예술이 확산되는 결과를 가져왔다. 1500년경에는 전문가가 아닌 일반인들 사이에서도 노가 유행했고, 제아미가 이끌던 극단(역주: 유자키자結崎座. 자座는 극단을 지칭하는 말)에서 발전한 간제류觀世流(역주: 노의 5대 유파 중 하나)에서는 교습도 했다. 1582년 정권을 잡아 1590년 일본을 평정하는 데 성공한 도요토미 히데요시(1537~98년)의 지원 아래 노는 다시 부활했다. 그는 그때까지 남아 있던 배우 네 명을 모두 고용해 자신의 군대를 위해 공연하게 했으며, 극을 의뢰해 자신이 직접 극에 참여하기도 했다. 그러나 이 즈음에는 제아미가 이상으로 삼았던 엄숙함과는 아주 동떨어진 분위기의 노가 성행했는데, 심지어 당시 일본에 거주하던 예수회 선교사들까지 기독교적인 노를 공연했을 정도였다.

1603년 정권을 잡고 도쿠가와 막부 체제를 확립한 도쿠가와 이에야스는 자신의 승리를 노 공연으로 기념하고 히데요시가 데리고 있던 배우들을 새로운 수도인 에도(지금의 도쿄)로 모두 데려갔다. 이때부터 노는 도쿠가와 가문을 위한 의식에 쓰이는 예술이 되었다. 1647년 도쿠가와 이에미쓰는 노의 모든 전통을 하나도 바꾸지 말고 고스란히 보존하라는 명령을 내렸다. 그 결과 극이 기록되고 무대 연출 기법이 확립되었으며 의상과 가면도 모두 분명하게 규정되었다.

에도 시대(1600~1867)의 나머지 기간에는 노가 더욱 엄격하고 엄숙해졌으며, 연기도 느려졌다. 그리고 노는 관에서 막부를 위해 공연되는 음악과 연극이었기에 서민들은 거의 볼 수 없었다. 1867년 막부 체제가 몰락하고 정부의 지원이 끊기면서 노는 다시 쇠퇴했지만 우메와카 미노루(1828~1909년)에 의해 명맥은 유지되었다. 그러다가 제2차

세계대전 후 다시 활기를 되찾으면서 처음으로 일반 대중도 널리 볼 수 있게 되었다.

지금은 대부분의 공연이 현대식 건물 안에서 이루어지지만, 원래 열린 마당에서 하던 구조는 그대로 남아 있다. 노의 무대 배치와 무대 사용법은 에도 시대에 완전히 그 형식이 정해졌고 음악가와 배우의 위치도 고정되었다. 무대 소품은 거의 없으며, 있다고 하더라도 대부분 그저 뭔가를 암시하거나 그것을 작게 축소시킨 모형에 불과하다. 시간과 공간은 마음대로 변형시킬 수 있어서 배우가 몇 발자국 움직이는 것으로 긴 여행을 암시할 수도 있고 아주 짧은 순간이 한 달이 될 수도 있다.

연극의 주인공을 시테仕手라고 하는데, 가면을 쓰는 것은 시테와 그의 상대역들뿐이며, 그들이 살아 있는 인물을 연기하지 않을 때만 가면을 쓴다. 그리고 황제와 같은 역할에는 소년 배우(kokata)를 쓰는데 (신분이 높은 사람의 역할을 어른 배우가 맡으면 주인공인 시테의 연기에 시선이 집중되지 않을 것이다), 모든 역할은 남녀를 불문하고 신이든 악마든 모두 남자배우가 맡는다. 가면은 다양한 극에서 유겐幽玄이라는 개념을 표현하기 위해 쓴다. 유겐은 뚜렷이 성의하기 힘들지만 우아하고 은은하며 신비로운 느낌을 담고 있다. 불교 승려이자 시인인 쇼테츠는 이렇게 말한다. "우리가 유겐이라고 하는 것은 마음속에 있다. (…) 유겐은 어렴풋이 달을 가리고 있는 구름이나 가을철 산자락에 피어오른 안개에 비유할 수 있을 것이다."

노의 레퍼토리 가운데 가장 오래된 극은 10세기부터 공연된 오키나翁(164쪽 사진 참조)극이다. 이 극은 평화와 풍요, 장수를 비는 춤으로 구성되어 있는데, 아마 신도에서 유래되었을 것이다. 오키나극은 때로 첫번째 극이라고도 부르는데, 특별한 경우에만 공연된다. 또 이 극은 배우가 무대에 오르고 난 뒤에 가면을 쓰는 유일한 노극이라는 점

에서 독특하다. 이 극은 여러 부분으로 나뉘어져 있는데, 마지막 부분에서 삼바소三番叟라는 교겐 춤을 춘다. 이 춤에서 연기자는 색깔이 검다는 점만 제외하면 오키나 가면과 거의 똑같은 가면을 쓴다.

오키나를 제외하면 노극은 크게 다섯 가지 부류로 분류할 수 있다. 첫째는 대개 신(가미)이 주인공으로 등장하는 가미神노이다. 첫 장면에서 신은 인간의 모습으로 나와 신사나 사찰의 기원에 대해서 말하곤 한다. 그리고 두 번째 장면에서는 자신의 본래 모습으로 다시 나와 상서로운 춤을 춘다. 노의 둘째 부류는 전투적인 슈라修羅(역주: 인도의 귀신인 아수라의 준말)노이다. 슈라노는 일본 역사에서 많은 영웅호걸이 나타나 낭만적인 문학 형태를 낳았던 12세기의 겐지 · 헤이케 전쟁(역주: 수년 간 내전을 거듭하며 일본을 뒤흔들었던 '다이라' 가문과 '미나모토' 가문간에 있었던 싸움)에 나오는 유령들의 이야기를 다루고 있다.

셋째 부류는 '가발' 극인 가쓰라髮노인데, 주로 사랑에 빠진 헤이안 시대의 여성들을 다루고 있다. 제아미는 이 부류를 가장 중요시했다. 이 극에는 아주 섬세하고 절묘한 춤이 많이 나오는데, 여기서 배우들은 극에서 가장 매력적인 역할 가운데 몇 가지를 얻게 된다. 넷째 부류인 자츠雜노에는 살아 있는 사람의 비극 · 광기 · 망상을 다룬 극이 포함되어 있다. 살아 있는 사람을 다루는 극은 스타일이 아주 드라마틱하다. 일반적으로 광기를 다룬 극은 자식이나 사랑하는 사람을 잃은 여성의 광기를 다루고 있으며, 망상에 대한 극은 강한 집착 때문에 이승을 떠나지 못하는 유령과 정령의 이야기이다. 이 부류의 극은 다른 극에 비해 무대에서 더 많이 움직이는 경향이 있다. 마지막 부류의 극은 기리切(마지막)노 또는 기치쿠鬼畜(귀신과 짐승)노라고 부르는데, 귀신과 초자연적인 존재를 다룬다. 이 극에서는 움직임이 빠르고 드라마틱한 춤을 통해 선과 악의 싸움을 보여준다.

노에서 가장 드라마틱한 극 가운데 하나는 도조지道場寺이다. 이 극

노에 나오는 현대의 오키나 가면. 우지하루 나가사와의 작품. 아래턱에 경첩이 달린 이 가면은 이전의 부가쿠 가면을 연상시킨다. 일본에서는 아직도 노 가면을 조각하는 전통이 중요하다. 이 공예인의 솜씨는 1979년 중요 무형문화재로 선정되었다. 노도 중요 무형문화재의 하나이다. 높이 18.5cm.

노에 나오는 와카온나가면. 안쪽에 데메 다이만의 인장이 찍혀 있다. 남자배우가 젊은 여자 역할을 하는 것은 노의 레퍼토리에서 가장 매력적인 역할 가운데 하나이다. 배우는 자신이 연기하고 있는 역할을 관객에게 충분히 이해시켜줘야 한다. 노는 등장인물의 나이나 성별을 알 수 있도록 굳이 목소리를 바꾸지 않는 게 관례이다. 가면으로 대부분의 감정을 전달해야 하기 때문에 생명이 없는 물건에 생명을 불어넣는 것이야말로 연기자의 솜씨이다. 높이 20.8cm.

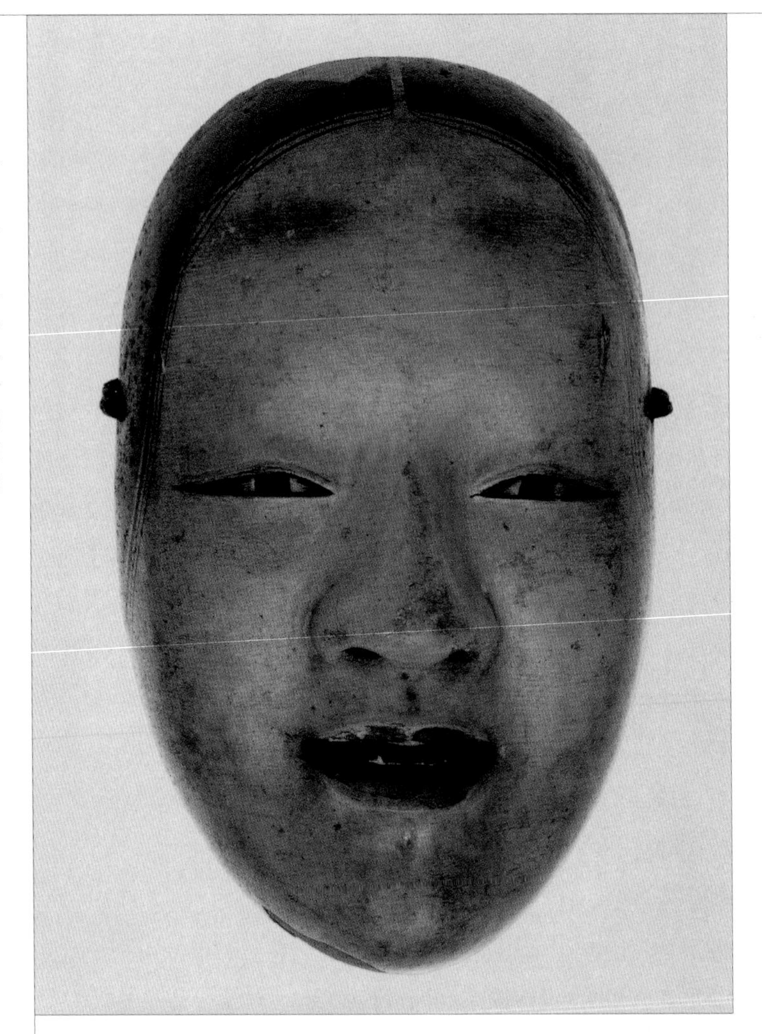

에서는 기요히메라는 어린 딸을 둔 아버지가 종종 집에 찾아오는 안친이라는 승려에게 시집 보낼 것이라며 짓궂게 딸을 놀리는 이야기가 나온다. 이 말을 듣고 자란 기요히메는 나중에 안친에게 결혼해달라고 조른다. 성화에 못 이겨 자신의 절로 도망간 승려는 청동으로 만든 종 밑에 숨는다. 절까지 따라온 기요히메는 분에 못 이겨 무시무시한 뱀으로 변하더니, 자신의 몸으로 종을 친친 감아 승려를 죽이고 분노의 열기로 종마저 녹여버린다.

이 극은 도조사에서 새 종을 주조한 것을 기념하는 식으로 시작된다. 그런데 아름다운 소녀가 여자는 의식에 참여하지 못한다는 금지령에도 아랑곳하지 않고 마법을 부려 절로 들어온다. 그러고는 아주 매혹적인 춤을 추더니 갑자기 종 밑으로 미끄러져 들어간다. 그러자 종이 뜨거워지기 시작한다. 깜짝 놀란 승려들이 주지에게 자초지종을 말하니, 주지가 안친과 기요히메의 이야기를 들려준다. 첫번째 막에서 시테는 와카온나(166쪽 사진 참조)가면과 비슷하지만 약간 더 늙은 여자가면인 오미온나가면을 쓴다. 그런데 두 번째 막에서는 시테가 한냐般若가면을 쓰고 종 밑에서 나타난다(168쪽 사진 참조). 의상 역시 바뀌어, 뱀비늘 무늬가 있는 옷을 입고 있다. 이때 배우는 아주 영적이고 드라마틱한 춤을 춘다. 춤이 점점 광폭해질수록 승려들은 더욱 열심히 불경을 외우는데, 마침내 승려들의 기도가 한냐의 악을 물리치면 그녀는 사라진다.

일반적으로 노 가면은 표정이 없기 때문에 몸짓의 미묘한 변화로 가면에 생명을 불어넣는 것은 배우의 연기력이다. 가면을 만드는 사람의 솜씨 또한 생명이 깃들 수 있는 물건을 만들어내는 데 달려 있다. 가면 자체는 작아서 겨우 앞얼굴만 가릴 정도이고 눈구멍도 작다. 화려한 의상을 입은 다음, 배우는 거울 앞에 앉아 자신이 지금 연기하려고 하는 인물과 하나가 되기 위해 가면을 연구한 뒤 가면을 쓰고 가발 등 필요한 머리장식을 한다. 배우는 무대에 나가기 전에 전신 거울 앞에 서서 자신의 인격을 대신할 가면을 비춰본다 .

노 가면은 항상 한 토막의 노송나무로 만든다. 가면을 새길 때는 알맞은 두께가 될 때까지 앞뒤로 번갈아가며 깎은 다음 눈, 코, 입 자리에 구멍을 뚫는다. 그리고 접착제를 섞은 석고를 여러 차례 입히고 사포로 문질러 다듬으면 완성된 형태가 된다. 그런 다음 특정한 인물에 지정된 색깔로 채색을 하는데, 일부는 금박을 입힐 수도 있고 어떤 부

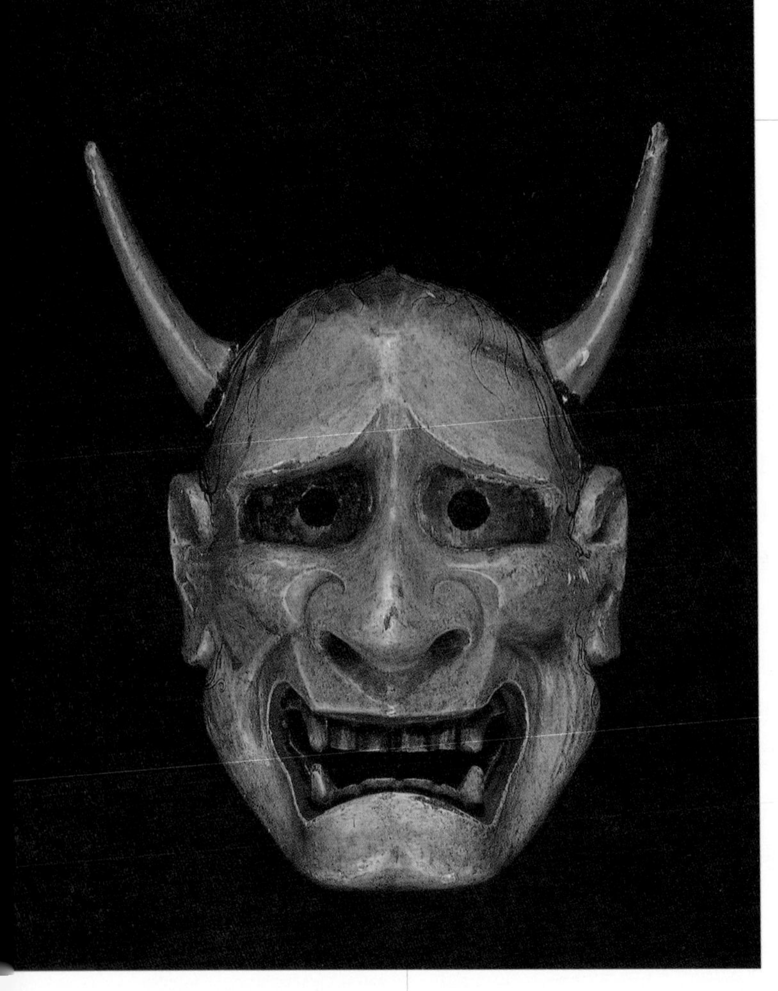

노에서 가장 잘 알려진 가면 가운데 하나인 한냐가면. 이 가면은 한때는 아름다운 여성이었지만 샘 많고 복수심에 불타는 귀신이 된 인물의 역할을 맡은 사람이 쓴다. 원래 금박을 한 금속으로 만든 눈이 사납게 노려보고 있고, 크게 벌린 일그러진 입은 이를 드러내고 으르렁거리고 있으며, 뿔은 악을 상징한다. 이마 위에 높이 그려진 눈썹의 희미한 흔적과 섬세한 이목구비의 흔적만이 그녀의 옛 미모를 말해준다. 뿔을 제외한 높이 20.3cm.

분은 입체적인 효과를 높이기 위해 특히 밝게 할 수도 있으며, 금속으로 만든 눈을 박아넣기도 한다. 그러고는 대개 머리카락과 눈 주위를 검은 물감으로 마무리한다.

대영박물관에는 약 30개의 노 가면이 소장되어 있는데, 대부분 18세기와 19세기의 것이다. 그 이전 시기의 가면으로 주목할 만한 것은 무로마치 시대(1392~1572) 말에 제작된 귀신가면(169쪽 사진 참조)인데, 귀신의 후기 형태인 시카미(9쪽 사진 참조)와 비교해보는 것도 재미있다. 시카미가면은 18세기의 것인데, 만들기는 아주 잘 만들었지만 이전의 원형에서 볼 수 있었던 생기는 좀 떨어진다.

노의 한결 익살스런 측면을 나타낸 교겐은 때로 노를 패러디하기도 한다. 대부분의 노극에서는 막간극으로 교겐을 한다. 교겐은 노와 같은 무대에서 공연되는데, 비극과 희극의 대조를 통해 두 극의 기법이 서로 상승 작용을 일으킨다. 노와 마찬가지로 교겐은 이전 시대의 덴가쿠와 사루가쿠에서 나왔지만, 노에 비해 그다지 세련되거나 표준화되지는 않았다. 교겐에서는 약 50개의 극에서만 가면을 쓴다. 교겐 가면은 크게 신도와 불교의 대중적인 신이 쓰는 가면, 동물이나 식물 또는 그 정령이 쓰는 가면, 대개 투박하고 촌스러운 인물로 나오는 인간이 쓰는 가면으로 나눌 수 있다. 표정이 없는 노 가면은 배우가 생명을 불어넣게 되지만, 교겐 가면은 감정이 아주 솔직하게 드러나 있고, 같은 가면을 아주 다양한 인물들이 사용할 수도 있다. 예를 들어 대중적인 축제에서 쓰는 효토코가면(170쪽 사진 참조)과 흡사한 우소후키가면은 모기나 버섯의 정령을 나타낼 수도 있지만 허수아비나 문어, 메뚜기를 나타낼 수도 있다.

15세기 말이나 16세기 것으로 추정되는 귀신가면. 한 토막의 녹나무로 만들었다. 아직도 이 가면의 원형인 기가쿠 가면, 즉 야만스런 곤론의 영향이 많이 남아 있으며, 이 인물에서 변형된 다른 여러 인물에게서는 찾아보기 힘든 활력을 지니고 있다. 깊고 생동감 있게 조각된 가면에는 석고를 바른 바탕에 붉은색과 검은색 물감을 칠한 흔적이 남아 있다. 적외선 촬영을 통해 가면 안쪽에 남아 있는 서명을 찾아냈지만 안타깝게도 읽을 수는 없다. 높이 23.2cm.

그 밖의 가면 행사

지금도 가면은 전통적인 일본 춤과 극에 나오지만, 축제 때 즐기기 위해서도 쓴다. 이때는 절제된 (외적) 인격, 즉 페르소나를 벗어던질 수 있는데, 익살스런 인물의 가면을 쓰면 평소 남들 앞에서 행동할 때 몸을 사리게 했던 것들로부터 해방될 수 있기 때문이다. 그러나 아이들은 그런 것에 별로 구애받지 않기 때문에 자신이 받아들이기로 한 인물에 완전히 푹 빠질 것이다. 예를 들면 아이들은 안판맨(호빵맨)가면(최근에 나온 일본 만화의 주인공으로 예절 바르고 교육적이다)과 같은 가면을 그저 사달라고 요구해서 손에 넣기만 하는 것이 아니라 나머지 의상이 없으면 불완전한 인물이라며 그것까지 사달라고 부모에게 조를 것이다. 이는 그 인물을 만들어낸 사람의 성공적인 마케팅 기법 때문이기도 하겠지만, 이와 같은 아이들의 태도는 분장실에서 자신이 무대에서 연기할 인물 전체를 받아들일 준비를 하는 노 배우의 태도와 크게 다르지 않다. 잠깐이지만 평범한 현실 생활에서 벗어나 다른 세계로 들어가려고 준비하는 아이들과 노 배우의 모습에서 오로지 한 가지 목적에 충실한 태도를 볼 수 있다.

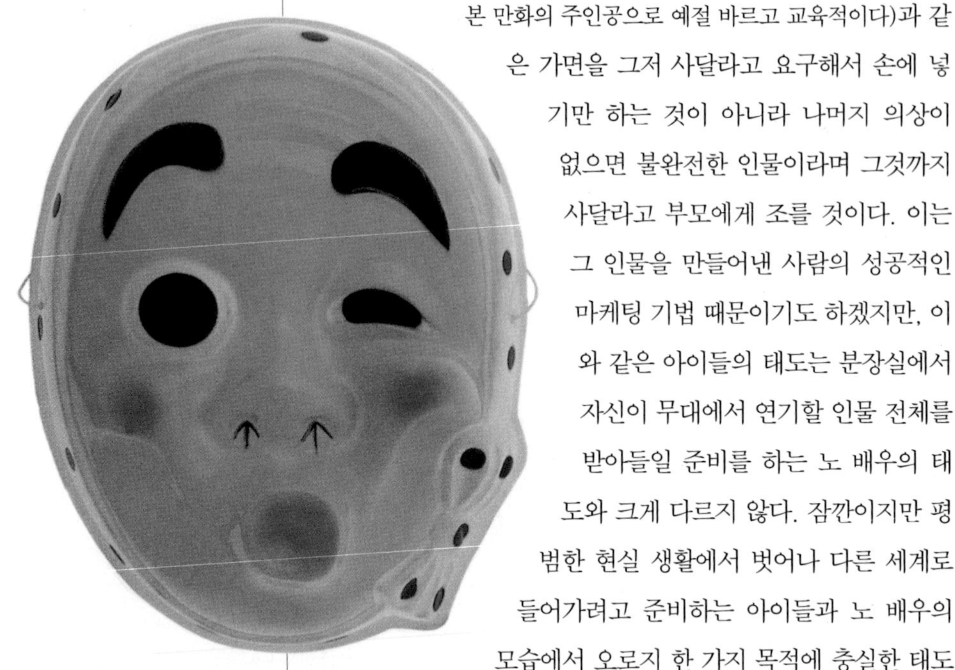

플라스틱으로 만든 효토코가면. 전통적인 가구라극에 나오는 인물인데 교겐의 우소후키와 비슷하다. 아주 익살스러운 이 가면은 휘파람을 불거나 입김을 내뿜어 불을 붙이려는 남자를 나타낸 것이다. 효토코라는 인물은 흔히 번영과 안녕을 상징하는 포동포동하게 생긴 어린 소녀 오카메와 아주 밀접하게 연관되어 있다. 흔히 일본의 마을 축제에서 두 인물이 함께 춤추는 것을 볼 수 있다. 이들 가면은 사찰과 신사 경내에서 많이 볼 수 있는 작은 매점에서 살 수 있다. 높이 21.5cm.

풍부한 예술성의 화려한 변주

- 오세아니아의 가면

오세아니아에서 가면은 사실상 뛰어난 가면으로 유명한 멜라네시아에서만 찾아볼 수 있는 현상이라 해도 과언이 아닐 것이다. 그러나 과거에는 거의 모든 주요 군도群島에서 가면을 만들어 (성인기나 종파, 비밀결사 또는 이 모든 것이 혼합된 어떤 것에 들어가는) 가입의례와 장례식, 농경의례와 관련된 여러 복잡한 종교의식이나 행사 때 사용했다.

멜라네시아의 가면은 남성들의 세계와 밀접한 관계가 있는데, 이는 남성들의 집, 정령 숭배, 비밀결사 혹은 위계적인 결사와 연관된 남성들의 연합체로 나타나며, 여기서 여성들은 배제된다. 가면으로 나타난 초자연적인 존재가 여성인 경우도 일부 있지만, 그 가면을 쓰고 나오는 사람은 언제나 남성이며 여성은 없다. 스스로 가면의식의 본질에 대해 무지하다고 여기는 여성들의 가면의식에 대한 기여는 간접적이다.

여성들은 가면과 의상을 만드는 데 필요한 재료를 제공하거나, 여러 가지 귀중한 물건과 함께 연회와 의식에서 결정적인 역할을 하는 '교환'에 필요한 음식을 만들고 돼지를 기르는 일에 관여하며, 무엇보다도 가면의식의 관객이 된다. 또 여성들은 그 생식능력으로 인해 정신세계에 대한 남성들의 지배력을 위협할 수 있는 존재로 비치기도 한다. 여성들에게 가면의식을 비밀에 부치고 여성들이 배제되는 근거를 남성

파푸아뉴기니, 뉴아일랜드 섬의 말랑간 가면. 이 독특한 투구형 가면에는 노란 식물섬유로 만든 깃장식이 달려 있는, 둥근 지붕 모양의 높다란 머리장식이 있는데, 둥근 지붕 모양의 각 부분은 다른 형태로 장식되어 있다. 채색된 얼굴 장식도 대칭적이지 않다. 높이 41cm.

들이 가면의 원래 주인인 여성들로부터 가면과 함께 가면의 비밀과 힘을 가로챈 신화에서 찾는 사회도 있다.

멜라네시아의 가면은 형태도 다양하지만, 아주 복잡한 것에서 아주 단순한 것까지 천차만별이다. 인간의 얼굴 형태가 대부분이지만 동물 가면도 있을 뿐만 아니라 거의 모든 가면에는 깃털이나 조가비 등으로 만든 장식이 붙어 있으며, 거기에 망토 · 케이프(역주: 어깨를 덮는 소매 없는 외투) · 나뭇잎으로 만든 치마 같은 것이 둘러져 있다. 그래서 그 가면이 정교한 머리장식인지 아니면 얼굴을 가리는 가면인지 분간하기 어려울 정도인데, 그렇다고 모든 가면이 가면 쓴 사람의 정체를 숨기기 위한 의도만 있는 것은 아니다. 또한 일정한 자격을 갖춘 성인 남성이라면 누구나 만들 수 있는 가면도 있지만, 개인적인 재능을 인정받은 전문가들의 기술을 필요로 하는 가면도 있어 이런 경우에는 특별히 그들에게 제작을 의뢰한다.

많은 멜라네시아 가면은 특정한 경우에 한 번 사용되고 버려졌는데, 이는 더 이상 쓸모가 없어졌거나 의식에 쓰인 위험한 물건이라서 반드시 폐기처분되어야 했기 때문이다. 박물관 소장품으로 보존되어 있는 가면은 의상과 장식이 완전히 갖춰진 경우가 드물고 그것이 쓰인 상황과도 동떨어져 있는 탓에 원래 가면이 가지고 있던 생동감이 사라진, 그리고 어느 정도는 그 의미마저 상실한 과거의 초라한 그림자에 불과하다.

때로 그 가면이 정확히 어떤 의미를 지녔고 어떤 기능을 했는지 분명히 알 수 없는 경우도 있다. 가면을 만들었던 공동체가 아주 효과적으로 '선교된' 나머지, 빈약하고 단편적이며 서로 모순되기까지 한 예전의 자료와 이미 변했거나 희석된 채 남아 있는 전통과 신앙을 토대로 과거에 대한 지식을 재구성하기가 너무 힘들기 때문이다.

게다가 더 이상 만들어지지 않는 가면도 있는데, 특히 거대한 엘레마Elema족의 가면처럼 뛰어난 기술과 엄청나게 많은 재료가 필요한 가면의 경우가 그렇다. 지금도 계속 만들어지고 있는 가면 중에는 과거의 전통을 그대로 계승한 것도 있지만 새롭게 부활한 전통을 표현한 것들도 있다. 이런 가면들은 전통적인 행사에 사용되지만, 교회와 관련된 행사처럼 새로운 상황에 쓰이기도 하고 중요한 지역 행사에 축제 분위기를 불어넣는 주변적 역할에 그치기도 한다.

누벨칼레도니 가면. 나무로 조각된 얼굴에 인간의 머리카락과 턱수염을 붙였다. 뒤통수에는 식물섬유를 엮어 만든 띠가 있는데, 아마도 깃털 망토가 매달려 있었을 것이다. 그러나 지금은 깃털이 몇 개밖에 남아 있지 않다. 높이 66cm.

멜라네시아 섬

주도主島의 북부와 중부 지역에만 남아 있는 누벨칼레도니의 가면은 나무로 만들었는데, 선이 굵고 검은색으로 칠해져 있다(173쪽 사진 참조). 북부 지역의 가면은 둥글고 길쭉한 모양의 부리같이 생긴 커다란 코가 입 위로 불쑥 나와 있는 것이 압도적으로 많은 데 반해 중부 지역의 가면은 둥글고 약간 납작하며 코가 짧다.

전통적인 누벨칼레도니 문화에서 가면이 정확히 어떤 기능을 했는지는 분명하지 않으나, 북부 지역의 가면은 추장의 힘을 상징하며 신분이 높은 사람이 죽었을 때 추도식에서 사용되었고, 중부 지역의 가면은 단순히 오락을 제공하는 데 그쳤던 것 같다. 박물관에 소장되어 있는 가면 중에는 특정한 이름을 가진 가면도 있는데, 아마 물이나 지하세계와 관련된 신의 다양한 현신現身을 나타내는 이름일 것이다.

바누아투Vanuatu에는 가면이 대단히 많고 종류도 다양하다(174쪽 사진 참조). 그 중에는 이 지역에 널리 퍼져 있는 위계 집단과 관련된 의식에 쓰이는 가면도 있는데, 남자들은 돼지를 많이 내

놓을수록 사회적 · 종교적 지위가 올라간다고 한다. 또 신화상의 사건이나 일상사를 재현한 춤에서 사용되는 가면도 있다. 특히 이 경우에는 머리장식과 가면을 구분하기 어렵다. 이런 가면 (또는 머리장식)은 보통 원뿔형이지만 다이아몬드형과 타원형도 있다. 이런 것들은 아마 여러 식물섬유를 섞어 만든 풀로 붙여 형태를 만들거나 커다란 주걱 모양의 야자화포花苞, 나무껍질, 거미집으로 만들었을 것이다. 오순절에는 암브림Ambrym과 말레쿨라Malekula 섬의 나무 가면을 볼 수 있는데, 조각술의 측면에서 가장 흥미로운 것은 단단한 나무로 만든 가면으로, 매부리코에 이목구비가 뚜렷해 누벨칼레도니의 가면을 연상시킨다.

바누아투에서는 아직도 가면을 만든다. 전통적인 의식을 위해서도 만들지만 새로운 교회가 문을 열거나 지역의 예술 축제처럼 특별한 행사가 열릴 때 추는 춤을 위해서도 만들고 관광객에게

바누아투 암브림의 가면. 야자 화포로 만들었고, 채색이 되어 있다. 식물섬유로 만든 '치렁치렁한 금발머리'로 장식되어 있다. 관련 정보에 의하면, "돼지 축제가 열릴 때 (…) 춤출 때 썼다"고 한다. 술장식을 제외한 높이 62cm.

팔기 위해서도 만든다.

바누아투의 뱅크스Banks 제도와 토러스Torres 제도에서는 지금은 더 이상 만들지 않는 특별한 유형의 가면도 발견되었다. 그런데 이 가면은 채색을 했을 뿐 그저 머리나 얼굴을 가리는 가리개 정도에 불과하기 때문에 미학적인 측면에서는 별로 관심을 끌지 못하지만, 이 지역에 널리 퍼져 있고 저마다 독특한 상징물과 복장을 가진 남성들의 비밀결사와 관계가 있다는 점에서 흥미롭다. 타마테Tamate라고 불리는 이런 결사에 대한 정보는 그리 많이 기록되어 있지 않지만, 가입의례가 지불을 통해 이루어졌으며 일정한 은둔 기간이 뒤따랐다는 것은 알 수 있다. 결사의 구성원들에게는 가면을 쓸 수 있는 특권과 이 특권을 이용해 결사의 규칙을 어긴 사람들에게 벌금을 물릴 수 있는 권리가 부여되었다. 이는 일종의 사회적인 통제 수단이라는 점에서 이스트 뉴브리튼Eastern New Britain 섬의 두둑dukduk결사와 공통점이 많다.

솔로몬 제도에는 가면이 드물다. 가면은 산타크루스Santa Cruz 제도의 바니코로Vanikoro와 북서부에 있는 니산Nissan, 부카Buka, 부갱빌Bougainville에서 발견되었다. 로스Rose의 말대로, 바니코로에서 발견된 가면은 뱅크스 제도와 토러스 제도의 타마테 숭배와 관계가 있을 것으로 보인다. 솔로몬 제도 대부분의 전통 사회에서 가면은 특징적인 것이 아님에도 불구하고 오늘날 이 곳을 찾는 사람들이 가장 일반적으로 구입하는 기념품 중의 하나는 밝은 색의 단단한 나무로 깎아 진주조개로 상감한 나무가면이다. 제2차 세계대전을 전후해 솔로몬 제도에 사는 한 유럽 여성이 이 지역 주민들에게 아프리카 가면 사진을 보여줌으로써 새로운 조각 전통이 시작되었다는, 출처를 알 수 없는 이야기도 있다. 과거의 전통적인 가면과 희미하게나마 관련되어 있을 가능성을 배제할 수는 없지만, 가면은 이 곳을 찾는 낯선 사람들에게 팔기 위해 개발된 가장 고전적인 관광 예술품의 하나가 된 것 같다.

토러스 제도 마뷔아그Mabuiag의 악어가면. 맥팔레인McFarlane 신부가 입수하고 인류학자 A.C. 해든Haddon이 주석을 붙인 대영박물관의 기록에는, 맥팔레인의 요청에 따라 특별히 제작된 것으로 의식에는 한 번도 사용된 적이 없다고 쓰여 있다. 길이가 무려 213cm나 된다.

솔로몬 제도와 대조적으로, 정치적으로는 오스트레일리아에 속해 있지만 문화적으로는 파푸아뉴기니Papua New Guinea의 남쪽 해안과 관계가 있는 토러스 제도에는 가면이 아주 널리 퍼져 있다(176쪽 사진 참조). 이 곳에서는 풍작을 기원하고 축하하는 농경의례와 가입의례, 장례식, 문화적 영웅과 관련된 다양한 활동에 가면을 사용했으며, 멀리 고기잡이를 나갈 때 풍어를 빌거나 악어로부터 보호해달라고 빌 때도 사용했다. 가면은 나무나 자라의 등딱지로 만들었는데, 뛰어난 예술적 감각을 지니고 있었던 토러스 제도에서는 자라의 등딱지가 단연 손꼽히는 재료로 쓰였다. 나뭇잎으로 만든 치마나 망토를 두르고 있는 이 지역의 가면은 주로 두 가지 유형으로 나뉘는데, 나무나 자라 등딱지로 만든 인간 얼굴의 가면과 주로 자라 등딱지로 만든 크고 복합적인 동물가면이다.

나무로 만든 인간 얼굴의 가면은 가장 정교한 것이 사이바이Saibai에서, 지라의 등딱지로 만든 동물가면은 가장 훌륭한 것이 메르Mer와 에루브Erub에서 각각 발견되었다.

아주 복잡하고 어마어마한 크기인 일부 동물가면은 서쪽 섬에서 특징적으로 발견되는데, 바다 생물을 표현하고 있다. 그 중에는 동물의 몸 전체를 묘사한 것도 있고, 머리만 묘사한 것도 있으며, 인간의 얼굴이 붙어 있는 것도 있다.

뉴기니

해협 북쪽에 있는 파푸아뉴기니의 파푸아 만 연안도 가면으로 유명하다. 연안 지역의 사람들은 전통적으로 토템 씨족으로 구성되어 있었는데 우두머리 없이 연장자들이 힘과 영향력을 행사했다. 풍부한

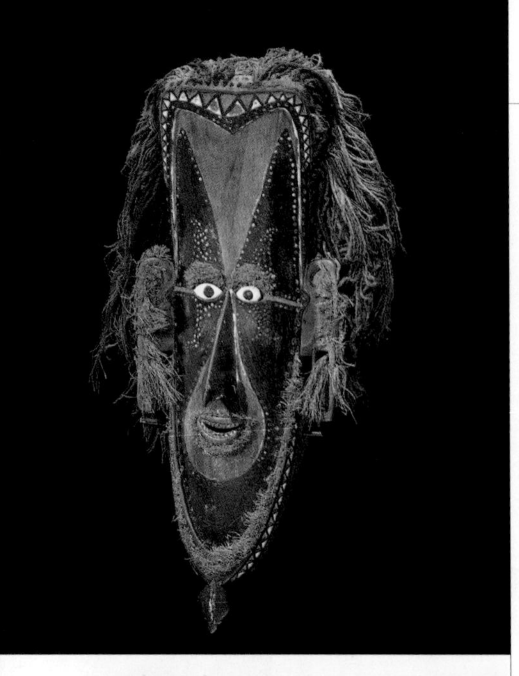

◀ 토러스 제도의 사이바이가면. 나무로 만들었고 채색된 얕은 돋을새김 장식과 조개눈, 식물섬유로 만든 눈썹과 머리카락이 있다(턱에 있는 작은 바다거북의 모양에 주목하라). 우바르ubar(다양한 야생 자두)가 익는 것과 연관된 의식 때 사용된다. 높이 69cm.

의식으로 넘치던 생활은 남성들의 집(역주: 남자들만 모이는 일종의 사랑채)에서 주로 이루어졌으며, 그것은 가면을 포함해 의식에 사용되는 수많은 물품을 창조해낸 아주 길고 드라마틱한 의식이었다. 일련의 행사로 이루어진 의식이 완전히 끝나는 데는 몇 년이 걸리기도 했다. 의식의 목적은 집단에 따라 달랐는데, 농작물의 풍작을 비는 의식일 수도 있고 성인이 된 소년 · 소녀가 성생활을 시작하게 되는 가입의례일 수도 있으며 의식에 참여한 사람들의 힘을 강화시키는 의식일 수도 있고 병을 쫓거나 다양한 종파에 들어가는 가입의례일 수도 있었다. 파푸아 만의 오로콜로Orokolo 연안에 살고 있는 엘레마족은 주기적으로 숲의 정령과 바다의 정령에게 바치는 의식을 벌였다. 서부 엘레마족에게는 이 두 의식이 각각 코바베Kovave와 헤베헤Hevehe로 알려져 있다(179쪽 사진 참조).

토러스 제도 메르의 장례식 가면. 자라 등딱지로 만들었으며, 흰 조개 눈과 절개해서 석회를 채운 장식이 있다. 이와 비슷하게 인간의 얼굴 형상인 에루브의 가면은 가는 끈이나 인간의 머리카락으로 머리카락과 턱수염, 콧수염이 장식되어 있다. 높이 41cm.

가면의식의 의미를 설명하기 위해서는 인류학자 윌리엄스F. E. Williams가 연구해 기술한 바 있고 나아가 마미야C. J. Mamiya와 섬닉E. C. Sumnik이 더욱 자세하게 분석한 헤베헤를 좀더 자세히 살펴볼 필요가 있다.

헤베헤는 하나의 주기로 이루어진 일련의 의식

인데, 사람들은 이 기간 동안 여성이자 위험한 바다 정령인 마헤베헤ma-hevehe가 주기적으로 마을에 찾아와 남자들의 집인 에라보eravo에 가면을 만드는 데 필요한 여러 가지 재료를 가져다준다고 믿었다. 헤베헤 가면은 정령의 딸을 나타낸 것인데, 의식이 절정에 이르렀을 때 운집한 군중들에게 모습을 나타냈다. 나무줄기와 목재, 바구니 세공으로 짠 커다란 원뿔 모양의 틀에 장식을 한 나무껍질 천을 덮고, 그 위에 잘게 갈라진 사고Sago야자잎으로 만든 긴 망토를 두르고 있었다. 헤베헤 의식을 시작하는 것은 구성원들과 에라보의 연장자들이 결정했다. 의식을 벌이려면 엄청난 노동력(가면의 높이는 2m가 넘었는데, 윌리엄스에 따르면 한 특정한 의식에 등장하는 가면이 120개나 되었다고 한다)과 의식의 여러 단계를 끝낼 때마다 선물로 내놓을 음식, 돼지, 조개장식이 필요했기 때문에 의식은 풍작일 때만 열렸다. 헤베헤 의식을 처음부터 끝까지 완전히 끝마치는 데는 10년에서 20년이 걸릴 수도 있었다.

파푸아뉴기니 연안 지역의 가면. 나무껍질 천으로 만들었으며, 가는 나무줄기로 윤곽을 그린 채색된 무늬가 있고 풀잎으로 만든 치마가 달려 있다. 엘레마족은 이런 가면을 코바베라 불리는 숲의 정령에게 바치는 의식 때 사용했는데, 의식이 끝나면 가면을 태웠다. 높이 154cm.

첫번째 주요 의식인 헤베헤 카라와Hevehe Karawa에서는 젊은 남성들이 정령의 비밀을 전수받았는데, 이때 젊은이들은 해변에서 가면 모양으로 구부린 나무줄기를 든, 정령으로 분장한 남성들의 습격을 받는다. 그러고는 가면을 만들기 시작한다. 이 단계는 11단계로 이루어졌는데, 각 단계는 '정령들'이 가면의 재료를 추가로 가져오는 헤베헤 카라와 의식으로 시작되었다. 에라보로 들어가는 새로운 문이 만들어지면(에라보는 커다란 가면이 들어갈 수 있도록 아주 높은 박공膊拱지붕으로 되어 있었다), 다양한 유형의 가면이 등장하는 막간의 여흥이 펼쳐졌다. 에하로eharo라고 불리는 이런 가면들 역시 재료는 나무껍질 천이었는데 크기는 훨씬 작고, 원뿔형이나 원통형 모양의 꼭대기에 토템을 상징하는 상징물이 얹혀 있는 경우가 많았다(180쪽 사진 참조).

헤베헤 가면이 완성되는 순간 소년들에게 가면의 비밀이 전수되었는데, 이는 가면을 쓰는 법과 가면을 쓴 채 움직이는 법을 배우는 것이었다. 의식은 해가 뜨기 직전 에라보의 문이 열리고 가면이 나타나는 순간 절정에 달했다. 윌리엄스는 "거의 20년 동안 갇혀 있던 헤베헤가 자신의 온전한 모습을 보이기 시작하는 이 최고의 순간"을 이렇게 묘사했다. "이른 아침 어슴푸레한 빛 속에 첫번째 '코라이아Koraia'가 열린 문 뒤의 어둠을 배경으로 우뚝 서 있었다. 큰 키에 은백색의 환상적인 모습, 채색된 무늬가 여명 속에 희미하면서도 아주 미묘한 모습으로 나타났다. (…) 마치 다른 세계에서 온 듯한 기묘한 모습은 분명 이교도적인 분위기를 풍겼지만, 깜깜한 문 앞에 우뚝 서 있는 그것을 본 사람은 어느 누구도 감탄을 금할 수 없을 것이다." 그리고 가면을 쓴 사람들은 해변으로 가 북소리에 맞춰 춤을 추었다. 그들은 또 한 번의 잔치를 벌이고 화살로 가면을 쏘는 의식까지 마친 뒤 가면을 태움으로써 의식 전체가 완전히 끝나는 한 달 동안 매일 춤을 추었다.

헤베헤 의식은 관점에 따라 여러 가지로 해석할 수 있다. 신입자의

파푸아뉴기니 연안의 엘레마족이 사용한 에하로가면. 나무껍질 천으로 만들었으며, 천에 윤곽을 따라 가는 줄기를 감침질한 무늬가 있고 그 안은 물감으로 채색되어 있다. 신화상의 인물을 나타낸 것도 있고 개인이 즉흥적으로 만들기도 한 이런 가면은 헤베헤 의식의 일정 단계에서 신화적인 사건을 재현하고 춤을 출 때 사용되었는데, 사람들을 즐겁게 하고 의식에 축제 분위기를 불어넣는 역할을 했다. 높이 49.5cm.

눈을 통해서 보면, 이 의식은 환상에서 깨어나는 과정이라고 할 수 있다. 이제 막 가입의례에 들어간 소년들은 가면 쓴 사람들이 정령의 딸이 아니라 변장한 남성들이라는 것을 알게 되고, 가입의례를 마치고 성인이 되면 정령들이 바다에서 나올 때 나는 엄청나게 시끄러운 소리가 실은 정령인 척 흉내를 낸 남성들의 소리라는 것을 알게 된다. 이렇게 비밀이 밝혀지면 더 이상 신비는 없다.

가입의례의 과정은 동시에 사회적 출세의 수단이기도 하다. 지식을 습득하면 권력이 따른다. 가면 만드는 방법을 알고 전체 의식을 주관하는 사람도 연장자이고, 반복되는 선물 증여와 식량과 귀중품을 교환 할 때도 연장자에게 가장 많은 몫이 돌아간다. 이와 같은 의식은 연장자들의 특권적인 지위도 강화시켜주는데, 의식의 성공 여부가 그들의 지식에 달려 있기 때문이다.

경제적 차원에서도 의식의 각 단계를 마칠 때마다 식량 생산에 박차를 가하게 되는데, 그렇게 하지 않으면 의식을 계속할 수 없기 때문이다. 이 식량 생산에는 여성들이 참여하게 된다. 이렇게 가면의식에서 여성들의 역할은 양면적인데, 이는 멜라네시아 지역에서 일반적으로 나타내는 현상이다. 즉, 여성들은 헤베헤의 비밀로부터 완전히 배제되지만 가면을 두를 망토의 재료를 생산하며, 식량을 생산할 뿐만 아니라 관객으로서 의식에 참여한다. 완전히 남성들만의 의식인 헤베헤는 구성원들에게 나누어주는 힘을 여성들에게 나누어주지는 않지만, 한편 여성들의 기여를 인정해 의식 중에 여성들끼리 선물을 주고받는 특별 행사를 진행하기도 한다. 그러나 이때 주고받는 선물도 결국은 남성들이 제공한 것이기 때문에 특별 행사도 상징적인 것에 불과하며, 결국 이런 식으로 남성들은 자신들에게 주어진 다양하고 복잡한 선물 의무 가운데 일부를 이행함으로써 자신들의 권위를 높일 뿐이다.

엘레마족의 가면과 비슷한 종류의 가면은 등장하는 상황은 다르지만 파푸아 만 연안의 다른 집단에서도 발견할 수 있다. 파푸아 만의 동부에서는 나무껍질 천으로 만든 가면이 지배적인 데 비해 서부에서는 바구니 세공으로 만든 가면이 대부분인데, 모두 기본적으로는 인간의 얼굴을 모티프로 하고 있다.

파푸아 만 연안 서쪽 끝에 있는 아라미아Aramia 강 유역의 오지에 살고 있는 고고달라Gogodala족은 매우 독특한 가면 양식을 가지고 있다. 그들은 연한 나무로 타원형의 액자 모양을 만든 다음, 그 위를 검정 · 빨강 · 노랑 · 흰색으로 채색한 우아한 곡선 장식의 가면을 만들었다. 토템을 나타낸 높이가 1m에서 2m에 달하는 어떤 가면의 그 중심 모티프는 붉은 로자리콩 씨앗으로 둘러싸인 조개로 만든 '눈'이다. 그리고 맨아래쪽에는 밖을 볼 수 있는 초승달 모양의 구멍이 나 있다. 인간의 얼굴을 묘사한 가면도 있는데, 이런 유형은 씨족의 조상을 나타낸 것이다. 사고야자잎으로 만든 의식용 드레스에 깃털장식과 짚으로 엮어 만든 띠를 두르고 있는 이런 가면은 가입의례 때 썼다. 한동안 선교사들의 유도로 쇠락했던 가면전통은 1970년대 고고달라에서 일어난 성공적인 문화적 르네상스의 일환으로 새롭게 부활했다.

뉴기니 섬의 동반부와 비스마르크 제도(지금은 각기 파푸아뉴기니의 독립적인 주이다)의 많은 지역에서 가면이 발견되지만, 서반부(지금은 인도네시아의 한 주인 이리안 자야Irian jaya)에서는 가면이 흔치 않다. 한때는 고도로 발달한 조상 숭배와 함께 식인 풍습이 있었던 남부 해안의 아스마트Asmat인들은 최근 들어 가면을 죽은 사람의 추모의식에 사용하는데, 이때 가면을 쓰는 사람은 죽은 친족의 모습으로 분장한다. 가면은 두 가지 유형이 있다. 첫번째 유형은 가는 식물섬유 실로 된 몸통이 가면 쓴 사람의 머리와 상반신을 가리는 가면으로, 사고야자잎으로 만든 치마와 소매가 달려 있다(184쪽 사진 참조). 두 번째 유형은 이보다 훨씬 단순한데, 바구니 세공으로 만든 원뿔형에 밖을 내다볼 수 있도록 작은 구멍이 있는 가면으로, 역시 치마가 달려 있다.

가면이 완성되면 이름이 붙여지고, 조상의 정령으로서 친족들 앞에 마지막으로 모습을 나타낸다. 원뿔형 가면은 그 역할이 양면적인데, 한편으로는 조상을 나타내면서도 다른 한편으로는 다산의 의미를 함축하고 있는 어릿광대와 같은 인물이기 때문이다. 의식은 가면을 남자들의 집으로 몰아넣는 것으로 끝나며, 여기서 가면은 죽은 사람들의 세계로 떠나게 된다.

그러나 가면의식은 원뿔형 가면이 연상시키는 다산의 의미를 통해, 그리고 죽은 사람과 살아 있는 사람을 동일시함으로써 죽음이 아닌 생명의 연속성을 강조한다. 여기서 죽은 사람과 산 사람의 동일시가 단지 상징에 그치지 않는 이유는 가면 쓴 사람들이 자신이 분장한 죽은 친족들의 아이를 데려다 키우기 때문이다.

이리안 자야 아스마트 지역의 가면. 1961년 포마치Pomatsj 강 상류인 모모고Momogo에서 수집된 이 가면은 가늘고 긴 식물섬유 실로 만든 채색된 몸통과 나무눈, 깃털, 염주씨로 만든 장식이 달려 있다. 소매와 치마는 사고야자잎으로 되어 있다. 높이 188cm

아스마트 지역의 몸통 가면과 비슷한 가면은 아

스마트 서쪽의 미미카Mimika에서도 발견되는데, 쿠이즈만Kooijman이 지적했듯이 미미카의 가면도 죽은 사람 및 생명의 연속성과 깊은 관계가 있다.

파푸아뉴기니의 본토에서 세피크Sepik 강 유역은 아주 놀랄 만큼 풍부한 문화적 다양성을 보여주는 지역이다. 이 곳의 예술적 다양성과 풍부함은 오세아니아 전역을 통틀어 단연 독보적임은 물론, 아마 세계적으로도 가장 독창적이고 풍부한 문화 중심지의 하나일 것이다. 이런 예술적 풍성함은 아주 광범위한 의식용품과 실용적인 공예품의 다채로운 장식, 다양한 형식과 매체, 기법에서도 잘 나타나는데, 이를 보여주는 적절한 예가 바로 가면이다.

보통 나무와 바구니 세공으로 만드는 가면은 형태와 크기만 다양한 것이 아니라 조개와 구슬, 깃털, 동물의 이빨과 엄니, 온갖 식물섬유 등 장식 재료의 다양함도 눈부실 정도이다(186쪽 사진 참조). 그리고 그 대부분이 흰색과 검은색, 붉은색, 노란색, 회색으로 채색되어 있다. 신화적인 존재나 정령, 죽은 사람을 나타내는 가면은 가입의례와 애도식, 농경의례와 관련된 의식 전반에 다양하게 쓰였는데, 일부 지역에서는 지금도 여전히 쓰이고 있다.

세피크 강 유역의 나무가면은 보통 타원형인데 특히 코를 강조하고 있다. 그 중에는 두툼한 주먹코인 것도 있고 끝이 뾰족하고 길쭉한 것도 있으며, 턱이 붙어 있는 것도 있다(187쪽 사진 참조). 바구니 세공으로 만든 가면 역시 대개 길쭉한 코를 가지고 있다. 세피크 강 중류의 북쪽에 살고 있는 아벨람Abelam인들은 아주 다양한 바구니 세공법으로 가면을 만든다. 그 대부분의 가면은 남자들이 경쟁적으로 재배하는, 의식에 쓰이는 큰 참마(역주: 고구마의 일종)를 장식하는 데 쓰이지만 일부는 얼굴에 쓰기도 한다(188쪽 사진 참조).

인간의 얼굴 형상을 한 가면은 세피크 강 유역에서는 어디서나 볼

파푸아뉴기니 세피크 강 유역의 바구니 세공으로 만든 가면. 안료로 장식된 이 가면에는 나무로 조각되어 채색된 새가 얹혀 있고, 새의 눈은 작은 개오지 조개로 만들어져 있다. 높이 45cm.

수 있는 현상이다. 박공집을 장식하는 큰 가면에서 조그만 호신부護身符에 이르기까지 그 크기도 매우 다양하다. 또한 의식용 집 · 도구 · 의상을 장식하는 데 쓰이기도 하고 사냥이나 멀리 고기잡이를 나갈 때 행운을 비는 부적으로도 쓰인다. 머리에 쓰는 가면은 극히 일부이다.

파푸아뉴기니에서 가면 제작은 아주 번성하는 예술 영

파푸아뉴기니의 세피크 강 하류의 나무가면. 세피크 강 동쪽의 라무Ramu 강 삼각주 지역에서 나온 큰 채색가면은 1935~6년 모이네 경이 수집했다. 높이 61cm. 가입의례 때 썼던 작은 갈색 가면은 20세기 초 카란준도karandjundo 마을에서 투른발트가 수집했다. 높이 27cm. 흰색과 붉은색으로 채색된 가면은 세피크 강의 지류인 유아트yuat 강 유역의 문두구모어Mundugumor 사람들이 만들었다. 높이 27cm.

역이다. 그러나 대개는 관광산업의 일환으로 이루어지기 때문에, 가면의 스타일과 크기는 고객의 구미에 맞춰 조정되고 제작 시간을 줄이기 위해 형태도 단순화되며 고객의 호기심을 끌거나 충격적인 장면을 연출하기 위해 아주 기괴하게 만들어진다. 이와 같은 기념품 가운데 정교한 전통가면과 희미하게나마 유사성을 가지고 있는 것은 그리 많

파푸아뉴기니의 세피크 강 유역 동쪽의 아벨람 지역에 있는 보세라 구역에서 바구니 세공으로 만든 가면. 아벨람 지역에서는 아주 다양한 바구니 세공 가면이 만들어지는데, 대부분은 의식용 큰 참마를 장식하는 데 쓰인다. 하지만 이처럼 발끝까지 내려오는 나뭇잎 망토와 선홍색 열매로 만든 목걸이와 함께 쓰는 투구형 가면도 있다. 높이 42cm.

지 않다. 그러나 일부 장인들은 높은 수준의 질 좋은 가면을 만드는 데 큰 자부심을 느끼며, 독창적인 시도를 통해 아주 흥미로운 성과를 내기도 한다.

파푸아뉴기니 본토와 뉴브리튼 섬을 가르는 비티아즈Vitiaz 해협의 섬과 뉴브리튼 섬의 서쪽 대부분 지방을 포함해 파푸아뉴기니의 북동부 지역인 아스트롤라베Astrolabe 만과 휴온Huon 만 연안의 가면은 아주 단일한 양식이 특징적이다. 이 지역의 의식 생활은 동일한 이름의 정령이 주인공인 발룸Balum이라는 비밀의식이 지배했다. 소년들의 가입의례가 뒤따랐던 이 의식은 특별히 숲속에 지은 집에서 이루어졌다.

타미Tami 섬과 비티아즈 해협의 여러 섬에서 숭배의식 때 썼던 가면은 카니Kani라고 알려진 정령을 형상화한 것인데, 타원형에 흰색으로 채색되어 있고 검은색과 붉은색으로 장식되어 있다. 타미 섬 사람들은 나무껍질 천으로 만든 가면도 가지고 있는데, 이는 개별적인 가족집단에 속해 있는 타고Tago라는 정령과 관계가 있다. 정령의 도착과 출발을 재현하는 의식 때 썼던 이 가면은 달걀 모양에 머리를 덮는 둥근 모자처럼 생긴 머리덮개가 달려 있고, 얼굴은 나무가면과 비슷한 방식으로 채색되어 있다(190쪽 사진 참조).

뉴브리튼 섬의 서쪽 끝에 사는 킬렌제Kilenge인의 나무가면은 타미 섬의 가면과 그 양식이 비슷하다. 툭 튀어나온 눈과 구부러진 큰 코가 특징인 아스트롤라베 만의 가면과, 뉴브리튼 섬 서쪽에 있는 위투Witu 섬의 투구 모양의 채색된 원통형 가면은 서로 다르지만 스타일의 형식과 생각에 잠겨 있는 듯한 표정이 휴온 양식의 가면과 비슷하다. 또한 킬렌제인들의 나무가면은 주걱 모양의 코코넛 화포花苞로 만든 가면 또는 머리장식을 가지고 있는데(킬렌제인은 가면과 머리장식을 구분하지 않고 모두가 머리에 쓰는 여러 형태의 장식이라고 본다), 이는 채색되고 깃털과 여러 식물섬유로 장식되어 있으며, 주기적으로 나로고narogo라는 의식적인 춤을 출 때 쓴다.

그런데 흥미롭게도 이런 의식의 성공 여부는 의식이 얼마나 화려하게 펼쳐졌는가가 아니라 의식에 참여한 사람들과 구경꾼들에게 얼마나 많은 음식이 제공되고 얼마나 많은 돼지가 교환되었는가에 따라 평가된다. 이는 젤레니츠Zelenietz와 그랜트Grant가 지적했듯이, 의식이

파푸아뉴기니 뉴브리튼 서쪽의 위투 섬과 휴온 만의 타미 섬에서 제작된 나무가면. 위투 가면은 거의 원통 모양의 투구형으로 독일의 힐트루프Hilltrup에 있는 성심 선교박물관에 소장되어 있다. 높이 51cm. 타미 가면은 눈 주위에 채색된 검은색과 붉은색 장식이 특징적인데, 이런 장식은 나무껍질 천으로 만든 타고가면에서도 볼 수 있다. 높이 39cm.

갖고 있는 사회 · 경제적 토대를 보여준다.

비스마르크 제도

비스마르크 제도(역주: 남서 태평양 뉴기니 북동쪽에 위치하는 약 200개의 화산 군도. 주요 도시는 뉴브리튼 섬의 라마울)에서는 뉴아일랜드 섬과 뉴브리튼 섬에서 가면이 풍부하게 발견된다.

뉴아일랜드 섬에서는 말랑간malanggan이라는 복잡하고 정교한 장례식 때 가면이 사용되는데, 뉴아일랜드 섬 문화의 핵심을 이루는 말랑간을 치르기 위해 수많은 조각과 가면(이것들 모두를 말랑간이라고도 한다)이 제작된다. 멜라네시아에서 흔히 그렇듯이 말랑간에도 잔치와 지불, 그리고 이것과 떼려야 뗄 수 없는 식량과 조개화폐의 축적이 필요하다. 따라서 엄청난 비용이 들기 때문에 말랑간은 사후 몇 개월, 심지어 몇 년씩 계속되기도 하고 여러 사람의 장례식을 한꺼번에 치르기도 한다.

말랑간에서 사용한 용품은 개인이 소유하는데, 이는 조각품에 대한 물리적인 소유권이 아닌 그 용품의 형식과 스타일, 그에 따르는 의식에 대한 판권을 소유한다는 것을 의미한다. 이와 같은 소유권은 팔 수도 있는데, 그러면 원래의 소유자는 그 특정한 말랑간을 사용할 수 있는 권리를 상실한다. 따라서 팔린 것을 대체하기 위해 다른 말랑간을 취득하기도 하지만, 전시된 말랑간의 화려함을 통해 후원자의 명예와 물질적 부를 과시할 수 있기 때문에 권위를 위해서도 취득한다(171쪽 사진 참조).

이런 의미에서 말랑간은 죽은 사람에게 작별을 고하는 의식이기도 하지만 화려한 볼거리를 전시할 수 있는 산 사람의 생명력과 권위를 과시하는 자리이기도 하다. 앞서 말한 다른 의식들처럼 말랑간 또한 공동의 노력으로 이루어지는 공동체 행사이므로, 여기서는 책임과 의무를 동반한 거래가 이루어질 뿐만 아니라 몇 년 후에 다가올 또다른 말랑간 행사에서 책임져야 할 의무가 정해지기도 한다.

이와 비슷한 전시는 가입의례 때도 열리는데, 여기서도 말랑간과 유사한 과정이 일어난다. 즉, 사자死者들이 정령의 세계로 이동하듯 소년들도 여성과 아이들의 세계에서 성인 남성들의 세계로 이동하는 것이다. 이로써 공동체의 죽은 구성원들은 이제 갓 성인이 된 새로운 구성원으로 대체된다. 그리하여 아스마트에서처럼 여기서도 생명의 연속성이 유지되면서 공동체는 새로운 활력을 얻게 된다.

파푸아뉴기니 뉴아일랜드 섬의 복잡하게 뒤얽힌 말랑간 가면. 말랑간 가면은 죽은 조상을 나타낼 수도 있고 게스ges로 알려진 개인의 영혼이나 숲의 다양한 정령을 나타낼 수도 있다. 로밀리가 투구형 가면(171쪽 사진 참조)을 발견했던 그 말랑간 집에서 수집했다. 높이 61cm.

말랑간 전시에서 가장 이목이 집중되는 것은 다양한 유형의 조각품이지만 가면 역시 중요한 역할을 한다(192쪽 사진 참조). 말랑간에 전시되는 것들은 다른 것과 뚜렷하게 구분되는 스타일이 있어 쉽게 눈에 띄는데, 정교하고 복잡한 조각술과 다채로운 표면 장식, 그리고 달팽이 아감딱지를 사용하는 것 등이 그렇다. 가면도 아주 다양해 쓰기 위해 만든 가면도 있지만 전시하기 위해 만든 가면도 있고, 계속 반복해서 사용하는 가면이 있는가 하면 의식이 끝나면 전시된 다른 용품과 함께 없애버리는 가면도 있다.

말랑간 전통은 지금도 계속되고 있지만, 그 형식은 변화되었고 규모는 축소되었다. 루이스Lewis의 지적대로 말랑간 조각은 기독교의 영향을 받아 스멜smel이라는 시멘트 묘비로 대부분 대체되었고, 현재 제작되고 있는 것도 대개 단순하고 솜씨도 조잡하다.

뉴브리튼 섬의 동반부에 있는 가젤Gazelle 반도의 톨라이Tolai(193쪽 사진 참조), 바이닝Baining, 술카Sulka 사람들 사이에서 가면은 특히 중요한 역할을 한다.

파푸아뉴기니 뉴브리튼 섬 동쪽의 톨라이 가면. 연한 나무로 조각되어 채색되었다. 턱 주위와 머리 위의 붉은 천은 유럽의 천이다. 몸통이 두 겹으로 꼬여 있는 뱀 모양의 머리장식도 나무로 만들어졌으며, 일부는 흰색과 초록색으로 채색되어 있고 일부에는 하얀 점 무늬가 있는 유럽 천이 붙어 있다. 1875년부터 1881년까지 선교사로 활동했던 조지 브라운 신부가 수집한 것이다. 높이 76cm.

톨라이 사람과 친족 관계에 있는 듀크오브요크Duke of York 섬 사람들의 나뭇잎 망토와 함께 쓰는 긴 원뿔형 가면은 남성들이 이 지역에서 가장 중요한 조개화폐를 지불하고 들어가는 비밀결사와 밀접한 관계가 있다. 듀크오브요크의 작은 섬 카라바Karavar의 예는 둑둑이라 불리는 그런 결사의 사회적인 중요성을 잘 설명해준다.

가면에는 두 가지 유형이 있는데, 하나는 단연 중요한 투부안tubuan이라는 여성가면으로 동심원의 채색된 큰 눈이 특징적이며, 다른 하나는 장식은 있지만 눈이 없는 둑둑이라는 남성가면이다. 특정한 형태의 둑둑에 대한 판권을 사려면 비용이 많이 들지만 둑둑의 구입은 상호 교환의 형태로 이루어져 성인 남성은 거의 모두 자기 소유의 둑둑을 가지고 있다.

많은 사람이 갖고 싶어하지만 정작 손에 넣은 사람은 거의 없는 투부안은 둑둑보다 구입하는 데 훨씬 많은 대가를 치러야 한다. 그런 까닭에 투부안을 얻게 되면 영향력과 권력을 획득할 수 있다. 장례식을 후원하면 명성을 얻을 수 있는데, 이는 투부안을 가진 사람만이 할 수 있다. 또한 투부안을 소유하고 있는 사람은 의식과 관련된 사건을 처리하는 법정에서 판결을 내리고 벌금 중에서 노른자위 몫을 차지할 수 있는 권한도 가지고 있다. 여기서 가면은 사회에 질서를 부여하는 위계적인 체계의 외적인 상징이다.

바이닝 지역에서는 나무껍질 천으로 만든 화려하고 독창적이며 약간 초현실적인 가면이 유명하다. 가장 인상적인 가면은 거대한 하레이가hareiga가면으로 12m나 되는 것도 있으며, 죽은 사람을 추도하고 타로Taro토란의 수확을 축하하는 낮 의식 때 썼다. 가면에는 길고 홀쭉한 관 모양의 몸통과 길쭉하거나 둥글고 혹은 뾰족하게 생긴 큰 머리에 작은 귀가 달려 있는데, 몸통의 윗부분과 아랫부분에는 팔다리가 길게 뻗어나와 있다. 바이닝 서북 지역에서 쓰인 이런 가면은 더 이상 만들어지지 않지만, 낮에 쓰는 키가 큰 유형의 가면은 지금도 만들어져 사용되고 있다. 이보다 작고 훨씬 다양한 가면은 밤에 추는 춤과 소년들의 가입의례와 관계가 있다(195쪽 사진 참조).

바이닝 지역에는 아직도 가면무의 전통이 살아 있으며, 관광객이나 그 곳을 방문한 고위 인사들을 위한 공연 때 쓰기 위해 아직도 나무껍질 천으로 만든 가면이 만들어지고 있다.

뉴브리튼 섬의 가면 가운데 가장 다채로운 술카 가면은 원뿔 모양의 틀에 빙 둘러 엮은 가늘고 긴 나무줄기 심으로 이루어져 있다. 원뿔 모양의 틀 위에 넓고 때로는 거대한 우산 모양의 원판이 얹혀 있는 가면이 특히 인상적인데, 그 아래쪽은 채색된 무늬로 장식되어 있다. 여기에 깃털장식을 덧붙인 가면은 나뭇잎 치마와 함께 쓴다.

전통적으로 가면은 소년들의 가입의례 및 장례식과 관계가 있다(196쪽 사진 참조). 정령을 형상화한 가면은 위험하다고 여겨 가면이 등장하는 의식이 끝나면 태워 버렸고, 여성과 아이들은 의식을 공개적으로 벌일 때에만 가면을 볼 수 있도록 허락했다. 그 밖에도 가면의 제작 방법에서부터 재료와 의식을 끝내고 태워 없애기에 이르기까지 가면과 관련된 모든 것을 비밀에 부쳐 여자들과 아이들에게 숨겼다.

파푸아뉴기니 뉴브리튼 섬 동반부의 현대 바이닝 가면. 나무껍질 천으로 만들고 가는 나무줄기로 윤곽을 그린 무늬에 채색을 한 이런 유형의 가면은 밤에 춤을 출 때 사용되는데, 바이닝에 널리 퍼져 있다. 이 가면은 동물이나 식물을 나타내는데, 새 부리나 코뿔새처럼 대상 전체를 형상화하기도 하고 두드러진 특징만을 부각시키기도 한다. 하지만 외부인의 눈에는 나타내고 있는 대상이 무엇인지 단박 눈에 들어오지 않는다. 높이 124cm.

파푸아뉴기니 뉴브리튼 섬 동반부의 옛 술카 가면. 순전히 식물성 재료로만 만들어졌으며, 나무와 나무줄기로 만든 틀 위를 가는 나무줄기 심으로 엮어 덮고 채색했다. 나뭇잎으로 술장식을 만들고, 식물섬유로 가면의 꼭대기를 장식했다. 높이 63cm.

이런 태도는 아직도 존속되고 있고 가면도 여전히 만들어지고 있긴 하지만, 지금은 가면이 완전히 다른 상황에서 사용되고 있다(197쪽 사진 참조). 1982년 와이드Wide 만에 있는 구마Guma 가톨릭 선교구에서는 가면 쓴 무용수들이 신부의 서품식을 축하하는 행사에 참여해 성직을 수임받는 신부와 제단까지 동행하기도 했는데, 이는 옛 관습이 새로운 현실에 통합된 흥미로운 사례였다(힐Hill, 1982).

파푸아뉴기니 뉴브리튼 섬 동반부의 현대 술카 가면. 전통적인 형식이지만 혁신적인 측면도 있다. 원뿔형의 틀은 단단한 야자나무로 만들었으며, 윤이 나는 유럽 물감으로 채색했다. 킬라룸Kilalum의 폴 아니스Paul Anis가 만들었으며, 1982년 서품식 때 사용되었다. 높이 112cm.

폴리네시아와 미크로네시아

폴리네시아Polynesia와 미크로네시아Micronesia에는 가면이 아주 드물다. 사실 폴리네시아에는 타히티Tahiti의 애도자의 의상을 제외하고는 유럽인이 들어오기 전까지 가면이 있었음을 증명해주는 믿을 만한 증거가 없다(198쪽 사진 참조). 애도자의 의상과 그것이 등장하는 의식은 쿡Cook 선장의 여러 항해 기록에 기술되어 있는데, 두 번

소사이어티Society 제도의 애도자의 의상. 나무껍질 천으로 만들었으며, 등에 깃털로 만든 망토가 둘러져 있고 양 옆구리에는 깃털로 만든 술장식이 붙어 있다. 진주조개로 얼굴 가면의 형상을 만들고 그 위에 열대산 조류의 깃털을 꽂았으며, 나무로 만든 초승달 모양의 가슴장식 밑으로 진주조개로 은박 세공을 한 가슴장식이 달려 있다. 그리고 코코넛 껍질로 만든 원반 모양의 장식이 허리에 두른 앞치마를 장식하고 있다. 쿡 선장이 두 번째 항해 때 선물로 받은 것이다. 높이 124cm.

째 항해와 세 번째 항해(1772~5년과 1776~80년)에서 이와 같은 옷이 많이 수집되었다. 진주조개로 된 얼굴 가면이 붙어 있는, 나무껍질 천과 깃털로 만든 애도자의 의상은 장례식 때 상주가 입었다. 그러나 이것이 진짜 가면이었는지 아니면 특별한 형태의 의상이었는지는 아직 밝혀지지 않았다.

하와이에 가면과 비슷한 용품이 있었다는 증거도 거의 같은 시기에 나왔는데, 쿡 선장의 세 번째 항해에 동행한 화가 웨버Webber의 그림에는 얼굴의 일부를 가리는 조롱박 헬멧을 쓰고 하와이 카누를 젓고 있는 사람들이 나온다. 쿡과 동행했던 킹 대위는 사람들이 헬멧을 왜 썼는지 도무지 알 수 없다고 썼다. "디자인만 보면 돌에 다치는 것을 막기 위해 머리를 보호하려고 쓴 것 같지만 정말 그런 것인지 아니면 공식적인 경기 때 쓰는 것인지 아니면 그냥 쓸데없이 멋으로 쓰는 것인지 도무지 알 수가 없다." 하와이 고유의 문화적 상황에서 보면 가면이라기보다 '챙'이 달린 의식용 헬멧인 것 같지만 정확한 의미는 여전히 불확실하다.

그 밖에 폴리네시아에서만 유일하게 발견되는 다른 가면, 즉 만가이아Mangaia에서는 나무껍질 천으로 만들고 이스터Easter 섬에서는 천과 종이로 만드는 가면에 대한 기록은 20세기의 것인데, 가면 그 자체는 유럽인과 접촉한 후에 나온 것이 거의 분명해 보인다.

흔히 멜라네시아에 포함되는 지역이지만, 문화적으로는 수세기 동안 접촉해온 폴리네시아 서부에 훨씬 가까운 피지Figi에도 가면이 존재했지만, 현존하는 것은 1840년 미국의 탐험대가 수집한 두 개밖에 없다. 야자화포로 만든 단순하고 평평한 이 투구형 가면에는 인간의 머리카락과 수염이 달려 있다. 이에 대해서는 클루니Clunie와 리가이리Ligairi가 기술하고 논의한 바 있지만 알려진 것은 거의 없다. 하지만 추수감사제 때 쓰인 것으로 보아 곡물을 보호하는 존재와 관련된 초자연적인 존재를 나타낸 것일지도 모른다.

미크로네시아에서는 캐롤라인Caroline 제도(지금은 미크로네시아 연방)의 모틀록Mortlock에서만 가면이 발견되는데, 이 곳에서는 허리케인과 태풍을 피하거나 농작물인 빵나무를 보호하기 위한 의식 때 가면이 사용되었으며, 의식이 열리는 집의 지주支柱를 장식하는 데 쓰이기도 했다(14쪽 사진 참조). 이 곳에서는 지금도 관광객들에게 팔기 위해 가면을 만들고 있다.

팔라우Palau 군도에는 이 지역의 일족一族이 소유하고 있는 조개가면에 대한 기록이 있는데, 과거에도 그랬고 지금도 그렇겠지만 순조로운 출산과 풍작, 번영을 빌기 위한 부적으로 사용했을 것이다. 그러나 가면을 쓴다는 말이 없는 것을 보면 어쩌면 최근에 제작된, 기괴하게 생긴 예술품일지도 모른다.

9

우리 안에 있는 타자

- 유럽의 가면과 가면의식

최근까지도 긴즈부르크Ginzburg는 유럽의 가면과 가면의식을 마법, 유대인과 문둥이 박해, 신들림과 샤머니즘, 죽은 사람이나 저승과 관련된 복잡한 풍습과 신앙의 중심에 놓고 있었다. 특히 동물가면은 신생新生(거듭남)과 다산을 비는 의식에서 저승으로의 여행과 관련된 일련의 신앙 안에 자리매김되었다. 긴즈부르크의 연구는 기독교 시대를 포함하더라도 르네상스 시대에 국한되지만, 그 연구 결과가 함축하는 바는 이 시기를 뛰어넘어 훨씬 더 멀리까지 영향을 미친다.

그런데 한 가지 흥미로운 사실은 현재 가면을 연구하는 주류적 경향이 19세기와 20세기 초 민속학자들이 생각한 것과 정반대의 방향으로 진행되고 있다는 것이다. 당시 민속학자들은 가면의식을 비롯해 민속행사를 기독교 이전의 '원시적' 이고 '이교도적인' 문화가 '부활' 한 것으로 생각했다. 따라서 가면의식의 의미와 기능도 마법과 다산, 야생 동 · 식물의 정령과 죽은 사람들의 운명에 대한 체계적인 고대 신앙의 존재를 가정해야만 분명히 밝힐 수 있었다.

이에 비해 현대 인류학 연구는 유럽의 가면 풍습을 현재 가면의식이 열리고 있는, 충분히 실증 가능한 사회학적 · 상징적 맥락 속에서 이해하려는 경향을 보인다. 예를 들어 현대의 가면의식은 설사 이용할 수 있는 초기 자료가 남

우르네슈(스위스의 아펜첼)의 '예쁜 클로이스' 가면의 얼굴 부분.

아 있는 경우라도 그 의식의 밑바탕에 있던 '신앙'의 흔적은 대부분 남아 있지 않다. 티롤Tyrole 지방(역주: 오스트리아 서부와 이탈리아 북부에 걸쳐 있는 알프스 산맥 지대)의 한 마을에서 열린 가면행사에 참가한 사람에게 왜 쉬아흐트페르히트Schiachtpercht가면을 쓰고 있느냐고 물었을 때 농작물이 튼튼히 잘 자라게 하기 위해서라고 대답할 사람은 거의 없을 것이다. 그런데도 긴즈부르크는 이 문제를 계속 제기했다. 긴즈부르크는 유럽 주류 문화의 이면에는 일련의 내재적인 신앙이 끈질기게 남아 있어 그것이 지배적인 종교 교리와 양립할 수 없는, 궁극적으로는 기독교 이전의 관념과 관계된 습속으로 나타난다는 것을 증명하고자 했다. 하지만 이런 신앙은 일관된 체계의 교리로 집대성되거나 명백한 '신조'로 언급된 적도 없을지 모른다. 그런데도 가면행사와 죽은 사람을 위한 의식, '마녀'와 '정령'에 대한 막연하면서도 복잡한 관념 사이의 연관성은 그것이 들어갈 틈조차 없을 것 같은 공식적인 문화정책에도 스며들어가 모습을 드러내며, 지금도 현대 유럽 문화 안에 있는 '타자他者'의 존재를 증명해 보이고 있다. 그 몇 가지 예를 살펴보자.

유령 사냥

1140년경에 쓰인 오르데리쿠스 비탈리스Ordericus Vitalis의 『교회사 *Historia Ecclesiastica*』에는 왈슈랭Walchelin 신부의 진기한 경험이 서술되어 있다. 1091년 1월 1일 밤 왈슈랭 신부가 길을 따라 집으로 걸어가고 있는데, 마치 군대가 지나가는 듯 엄청나게 큰 철커덕거리는 소리가 들렸다. 깜짝 놀라 바라보니 곤봉으로 무장한 거인을 따라 수많은 남녀들이 열을 지어 걸어가고 있었는데 하나같이 고통을 당하고 있었다. 왈슈랭 신부는 이 무리 중에서 성직자와 창녀, 군인, 기사를 쉽게 알아볼 수 있었다. 그가 목격한 것은 파밀리아 헤를레키니Familia Herlechini의 행렬이었는데, 왈슈랭 신부는 거인의 뒤를 따르는 사람들을 속죄하고 있는 연옥의 영혼들이라고 생각했다.

이 이야기는 유럽의 민속 문화에 널리 퍼져 있던 신화가 기독교식으로 윤색된 최초의 문학 기록 가운데 하나이다. 지역에 따라 와일드 헌트Wild Hunt, 빌데 자크데Wilde Jagde, 카키아 셀바기아Caccia Selvaggia 등 다양한 이름으로 알려져 있는 유령 사냥은 한 해 중 특정한 날 밤에 이리저리 돌아다니는 죽은 사람들의 행렬을 말한다. 선두에서 '사냥'을 이끄는 지도자는 페르히타Perchta, 홀다Holda, 헤라Hera, 다이애나 Diana, 에로디아나 · 에로디아데 · 레도데사Erodiana · Erodiade · Redodesa, 헤카테스 Hecates, 헬레퀸Hellequin, 할리퀸Harlequin 또는 하를레키누스 Harlechinus(앵글로색슨어에서 지하세계를 가리키는 'hell'에서 파생된 이름들)와 이 이름의 기본 유형에서 지방에 따라 조금씩 변형된 이름을 가진 인물들처럼, 이교異教 문화의 토대 위에 있는 유럽 문화 속의 지하세계와 관련된 인물들이었다. 그래서 12세기부터 교회 기록에는 죽은 사람들을 무서운 무적의 군대exercitus mortuorum처럼 무리를 지어 행진하는 것으로 그렸다. 이들 중에는 사라진 인물도 있지만, 할리퀸은 죽은 사람들의 가장 널리 알려진 지도자가 되어, 그 결과 유령 사냥은 메스니에 헬레퀸Mesnie Hellequin 또는 파밀리아 헤를레키니로 널리 알려졌다.

할리퀸

1981년 참회계절(역주: 성회聖灰 수요일 직전의 3일 간. 옛날에는 사순절을 맞이하기 위해 참회와 사죄를 했다. 남유럽에서는 사육제의 계절) 중 일요일에 스키어와 등산가들에게 가장 인기 있는 돌로미티케 산맥(이탈리아 북부)의 라딘어Ladin를 쓰는 소수 민족 마을인 모에나Moena에서 사육제 가면행사가 벌어졌다. 가면 쓴 사람들의 행렬이 마을의 큰 길을 따라 중앙 광장을 향해 느리게 움직였다. 그리고 알프스 산맥 전역에서 볼 수 있는 할리퀸 가면 중에서 이 지방 특유의 아를레키니Arlechign 가면을 쓴 두 사람이 선두에서 행렬을 이끌고 있었다. 가면을 쓴 사람들은 밝고 대조되는 색깔의 바둑판 무늬 옷에 긴 원뿔형 모자를 쓴 채 발에는 두꺼운 가죽장화를 신고 말방울을 달고 있었는데, 얼굴에는 헐렁한 베일을 쓰고 있어 마치 얼굴 없는 귀신 같은 무서운 느낌을 주었다. 할리퀸 가면을 쓴 사람들은 기분 나쁘게 말채찍을 흔들며 가장 행렬을 졸졸 따라가던 개구쟁이 소년들의 움직임을 주시했다. 그런데 흥에 겨운 개구쟁이 소년들이 중앙 광장에서 기다리고 있던 마을 사람과 관광객들에게 다가가려는 순간 할리퀸 가면은 갑자기 개구쟁이 무리들에게 돌격해 무자비하게 말채찍을 휘둘렀다. 그 순간 행렬은 난장판이 되었다. 향수를 불러일으킴직한 마을 축제에서 갑자기 상스러운 욕지거리와 규범을 벗어난 일탈, 폭력이 난무하는 보다 전통적인 형태로 축제의 성격이 변한 것이다. 동시에 라딘어를 쓰는 이 마을 사람들은 과거의 매력적인 유산을 잘 보존하고 있는 사람들이 아니라 분노한 구경꾼들로부터 '시골뜨기' '야만인'이라는 야유를 받는 존재가 되어버린다.

현재는 물론 역사 속에서도 널리 찾아볼 수 있는 이와 같은 에피소드는 유럽의 가면풍습이 지니고 있는 중요한 측면을 보여준다. 가면, 산 자와 죽은 자, 마녀와 환상적인 경험, 의례화된 폭력, 사악한 정령이 일으키는 병과 용감한 젊은이가 가져다준 치료약 사이에는 가늘지만 시공을 뛰어넘어 이 모든 것을 하나로 묶어주는 견고한 끈이 있다는 것이다. 그런데 유럽의 가면의식에 나타나는 주제들이 이렇듯 끈질긴 생명력을 보이는 것은 왜일까? 당장이라도 유서 깊은 가면풍습이 사라질까 봐 안타까워했던 19세기 민속학자들과 달리 20세기 말의 민속학자들이 아직도 가면이 충분히 제 기능을 하고 있다고 말하는 것은 왜일까? 또 완전히 희극 가면으로 변했음에도 불구하고 여전히 귀신 같은 형상의 할리퀸 가면이 남아 있는 것은 어떻게 해석해야 할까?

콘월 주 패드스토Padstow 노동절의 '오비오스Obby oss'와 '티저Teazer'

위기의 순간에 완벽한 변신을 위한 가면

다른 곳에서와 마찬가지로 유럽에서도 가면의 용도는 역설적이다. 즉, 메스닐Mesnil과 네이피어Napier가 지적한 대로, 가면은 정체성을 변화시키는 동시에 고정시킨다. 달리 말해 가면은 개인의 정체성을 감춤과 동시에, 어떤 사람의 얼굴에서 가면을 떼어내는 행동이 아주 몹쓸 짓일 만큼 근본적으로 개인의 정체성을 다른 무엇인가로 변형시킨다. 그러면서도 한편으로 또 가면은 상징적인 인물이나 극중 인물에게 명확한 형태를 부여해 '고정된 유형'을 창출하기도 한다. 이런 의미에서 가면은 변하기 쉬운 개인의 기분과 지위에 고정된 정체성을 부여함으로써 개인을 단순화시킨다.

가면은 구조화되고, 예측 가능한 (따라서 반복 가능한) 극적인 서사를 되풀이해서 펼칠 수 있게 해준다. 가면을 쓴 사람이 배역에 따라 이런저런 가면의상을 입고 펼치는 연기는 그저 자유롭고 창조적이기

ⓒ Photo SNTO

스위스, 빌러Wiler의 로이체크게타가면.

만 한 것이 아니라 그 자체가 연기에 일정한 형식을 갖추게 하기 때문에 가면의 동작을 예측할 수도 있고 심지어 미리 정해져 있는 경우도 있다. 따라서 가면행사에서 벌어지는 연기와 동작들을 고려하지 않고서는 가면을 이해할 수 없다. 이와 같은 변형과 고착이 결합된 효과는 행사가 한창 절정에 이르러야 분명히 알 수 있다.

유럽 전역에서는 흔히 가면이 아주 날카로운 대조를 이루는 인물끼리 쌍을 이룬다. 바스크Basque 지방(역주: 스페인 북부의 알라바, 기푸스코아, 비스카야 주를 포함한 역사적인 지방)의 여러 시골 마을에서 '좋은' 마스카라데 로제mascarade rouge('붉은 가장행렬')는 '나쁜' 마스카라데 노이레mascarade noire('검은 가장행렬')와 대비를 이룬다. 이와 같은 대비는 사말사인Zamalzain(유럽 전역에서 발견되는 목마인의 한 변형태)과 같이 품위 있고 행실이 바른 인물(205쪽 사진 참조)과 칼데레로스Caldereros(땜장이)처럼 역겹고 음탕하며 일탈적인 인물에서도 발견할 수 있다.

같은 지역인 이투렌에서는 가장행렬에 생기발랄하고 명랑한 요알두나크Yoaldunak와 이와 대조적으로 둔하고 지저분한 아르트사Artza(곰)와 아르트사를 따르는 야만인들이 나온다. 스위스의 뢰첸탈에서는 공격적이고 괴물 같은 체크게타Tshäggäta가면(206쪽 사진 참조)이 부드럽고 매력적인 오치Otschi가면과 대조를 이루고, 우르네슈에서는 우아한 쉐니 클로이스Schäni Chläus(예쁜 클로이스)가 괴물 같은 뷔에슈트 클로이스Wüescht Chläus(못생긴 클로이스)와 대비를 이룬다(208쪽 사진과 209쪽 사진 참조). 쉔페르히텐Schäneperchten(잘생긴 페르히텐)과 쉬아흐트페르히텐Schiachtperchten(못생긴 페르히텐)의 대조적인 모습은 보덴세와 티롤에 이르는 독일 남부 문화권과 잘츠부르크 지역, 페트라Pehtra 유형의 가면이 널리 퍼져 있는 슬로베니아와 유대가 깊은 카린티아Carinthia에서

1월 6일 다음에 오는 일요일에 오스트리아의 비쇼프쇼펜에서 볼 수 있는 쉬아흐트페르히텐.

스위스의 우르네슈 '예쁜 클로이스' 가면으로 '못생긴 클로이스' 가면과 대비된다.
© Photo SNTO

스위스 우르네슈의 못생긴 클로이스가면.
ⓒ Poto SNTO

© K. Kitamura

오스트리아 텔프스의 슐라이허 가면.

그 다양한 변형을 발견할 수 있다. 대체적으로 티롤 지방의 사육제에서는 가면이 빌더Wilder 유형과 슐라이허Schleicher 유형으로 나뉘어진다.

독일 지방에서는 이상적인 인간 유형과 부정적이고 괴물 같은 동물 유형이 대비를 이룬다면, 신라틴 문화권에서는 대개 정반대되는 인간 유형이 대비를 이룬다. 그리고 이탈리아 북동부의 프리울에서는 비엘리니스Bielinis(멋진) 가면 유형과 브루티니스Brutinis(못생긴) 가면 유형이 대비를 이루는데, 이와 같은 대비는 돌로미티케 지역의 가면(211쪽 사진 참조)과 롬바르디아의 스키냐노Schignano, 바골리노Bagolino, 폰테카파로Pontecaffaro 사육제 가면에서도 발견할 수 있다. 이런 대비는 미적인 차원에서만 이루어지는 것은 아니다. 못생긴 가면은 행동도 규범에서 벗어나 일탈적이고 대개 공격적이다. 이와 대조적으로 그 반대편에 있는 가면은 아주 부드럽고 예의 바른 행동을 보인다.

유럽 전역의 많은 가면극에서 중심적인 역할을 하는 어릿광대(또는 바보)와 같은 가면 유형은 이런 대비가 모호하면서도 모순적으로 종합된 인물상을 보여준다. 최근 한델만Handelman은 어릿광대의 기능과 상징성을 비교문화적 관점에서 분석한 글에서 양극단을 왔다갔다하며 도저히 화해할 수 없는 정반대의 성격을 동시에 표현하고 있는 인물에 대해 설명하고 있다. 발 디 파사Val di Fassa에서 부폰Bufon은 마을 친구들이 도덕적으로 변덕을 부리자 운율을 넣어 이를 질타하는 장광설을 늘어놓으며, 수세기 동안 작가와 사상가, 가장행사를 벌이는 사람들을 매료시켰던 역설을 선언한다. "만일 내가 바보라고 생각한다면, 너희들은 나보다 훨씬 멍청한 바보야!"(212쪽 사진 참조). 매력적이면서도 혐오스럽고, 재치 있으면서도 둔하고, 우아하면서도 꼴사나운 어릿광대는 또다른 가면으로 표현되는 양극단을 왔다갔다 한다. 따라서 어릿광대는 앞뒤는 안 맞지만 말 그대로 '미치지' 않고서는 동시에 존재할 수 없는 양극단을 종합한 인물이다.

ⓒ Istitut Cultural Ladin, Vich/Vigo di Fassa

1980년 캄피텔로Campitello에서 열린 사육제에서 두 명의 메스크레스 아벨(잘생긴 가면).

앞서 살펴보았듯이 가면은 세상이 양극단으로 분열되어 있다고 보는 세계관의 반영이다. 가면은 항상 극단적인 대비를 통해 성격의 유형과 행동을 도식화한다. 가면이 규범에 얽매이지 않은, '규범에서 벗어난' 자유로운 창조성의 발현체라는 생각은 아마 오늘날 도시에서 볼 수 있는 가면풍습에

1980년 이탈리아 돌로미티케 페냐에서 열린 사육제 때 관객들을 괴롭히는 어릿광대 부폰.

도 적용될 수 있을 것이다.

그러나 일정한 구조로 꽉 짜인 유럽 대중문화의 가장행사에서는 종종 그런 특성이 전면에 드러나더라도 어김없이 정반대되는 행동 양태로 인해 효력을 상실한다. 여기서는 어릿광대도 어색하게 중간에 끼어 있는 모호한 인물로 설정되어 양극단의 광기를 나무라는 도덕극 morality play(역주: 영국에서 15~16세기에 유행. 미덕과 악덕이 의인화되어 등장함)을 펼친다. 그래서 가면을 썼을 때 모든 것이 가능한 것은 '뭘 해도 괜찮기' 때문이 아니라 오히려 양극단을 예측하거나 통합하는 것이 어리석은 짓이기 때문이다.

그런데 왜 양극단일까? 왜 괴물과 목마, 뿔, 곰, 야만인이 더할 나위 없이 매력적인 멋진 상대와 짝을 이루는 것일까? 다른 곳에서와 마찬가지로 유럽에서도 가면은 일 년을 주기로 해마다 반복되는 결정적인 시점에 등장한다. 가면을 쓰는 행사는 계절의 변화(추수가 끝나거나 농사철이 시작될 때 또는 겨울에서 봄이 될 때)가 보다 '임의적인' 역사적 · 문화적 성격의 요소(크리스마스, 사육제와 사순절, 성령 강림절)와 다양하게 얽힐 때 열린다. 모든 이행기가 그렇듯이 이런 시기는 위태롭다. 삶이 더 이상 과거의 상태도 아니고 그렇다고 완전히 새로운 상태로 이행한 것도 아니기 때문이다. 그래서 이도 저도 아닌 공백이 생기면 신생과 생존, 성장을 위태롭게 만드는 퇴행이나 설익은 변화를 낳을 위험이 있다.

계절의 변화, 돌아온 사자死者, 심술궂은 젊은이

클로드 레비스트로스Claude Lévi-Strauss는 비교문화적 관점에서 어린아이와 조상을 잇는 구조적인 관계를 분석한 적이 있다. 생명의 주기적인 변화를 계절의 순환에 비유할 수 있다면, 인간의 삶과 죽음의 순환은 끊임없는 세대 교체로 나타낼 수 있을 것이다. 묵은 해가 가고 새해가 오는 순간 우주는 이쪽도 아니고 저쪽도 아닌, 불확정의 상태가 된다. 이때 죽은 사람들은 새로운 세대와 긴밀한 관계를 맺는다. 모든 이행기가 그렇듯이 이 시기는 위기의 순간이다. 따라서 혼돈이 일어나지 않으려면 두 세계가 분리되는 것이 좋다. 두 세계의 관계를 재확

립하고 두 세계 사이에 분명한 경계를 지으려면 뭔가를 해야 한다.

이탈리아와 스페인을 비롯한 남부 유럽에서는 할로윈 전날에 죽은 사람들이 찾아오면 그들을 맞이하기 위해 식당에 잔칫상을 마련해놓았다. 제물을 바치는 것, 즉 잔칫상을 차리는 것은 죽은 사람들이 기분 좋게 지하에 있는 그들의 거처로 돌아가게 하려는 것이었다. 그러면 죽은 사람들이 지하에서 다가올 농사철에도 농작물이 잘 자라게 해줄 것이라고 생각한 것이다.

유럽의 다른 지역, 특히 영국에서는 비슷한 방법으로 똑같은 효과를 얻었다. 이 곳에서는 아이들이 조상의 대리인 역할을 했다. 아이들이 무섭게 생긴 괴물이나 마녀로 변장하고 때로는 그 위에 해골 같은 가면을 쓰고 제물을 걷으러 돌아다녔는데, 이때 주면 살고 거절하면 죽어 달리 선택의 여지가 없었다. 여기서 아이들에게 제물을 준 것은 조상에게 빚진 것을 갚고, 조상들을 공경하고 만족시킴으로써 그들을 지하세계로 안전하게 돌아가게 하려는 것이었다.

원래 켈트Celt족에게 할로윈은 새해 첫날이었다. 그런데 중세에 강력한 힘을 가진 갈리아 교회가 이 날을 모든 성인의 축일과 위령의 날로 정해버렸다. 아마 아일랜드 선교사들의 영향 탓이었을 것이다. 또 수확이 늦은 북부 지역에서는 할로윈이 수확기의 마지막 농작물을 거둬들이는 날이기도 해, 농작물을 수확할 수 있도록 해준 초자연적인 힘에 감사를 드렸다. 다양한 문화에서 관찰되듯이 성장과 죽음, 다산과 풍요를 하나로 연결지어 생각하는 사고방식에 따르면, 식물의 성장을 도와주는 신과 산 사람을 이어주는 주요 매개자는 조상이었다. 하지만 가면과 죽은 사람이 연결되는 일은 여기서 끝나지 않았다. 성도기념일에 공동묘지에서 목마(유럽 전역에 퍼져 있는 가면 유형)가 나오는 가면무를 추기도 했던 루디ludi(게임, 놀이)가 벌어졌다는 것을 증명해주는 중세 기록이 있다. 교회 당국은 루디를 가차없이 공격

했지만 효과는 없었다. 그런데 루디에는 누가 참여했을까?

중세의 농촌공동체에서는 젊은이와 가면행사, 죽은 사람 사이에 깊은 상관관계가 있었다. 해마다 중요한 시기가 되면 마을의 젊은이들에겐 가면을 쓰고 벌이는 패전트를 하도록 명령할 수 있는 권리와 의무가 있었다. 러시아 북부에서는 크리스마스 기간에 농촌의 젊은 총각들이 가면을 써 죽은 사람으로 분장하고 모의 장례식을 벌였다. 한 젊은이가 관 속에 눕고 다른 젊은이들이 관을 들고 집집마다 돌아다니면 젊은 처녀들은 온갖 음담패설이 난무하는 가운데 '죽은 사람'에게 입맞춤을 했다.

19세기에는 벨스크 교구(볼로그다vologda의 한 지역)의 사제가 교구민들이 그런 마브루크Mavruch 가장행렬을 벌이기 위해 정말로 무덤을 파헤친다며 불평을 하기도 했다. 당시도 지금처럼 크리스마스와 예수 공현公顯(역주: 예수가 이방인인 세 동방박사를 통해 메시아임을 드러낸 것) 축일 사이에 있는 12일 동안(새해 1월 1일을 전후로 6일씩의 기간) 사육제와 함께 가장 많은 가장행사가 화려하게 펼쳐졌다.

중세부터 18세기 너머까지 배철러리Bachellery와 프랑스의 아바예 드 주네스Abbayes de Jeunesse, 이탈리아의 소시에타 데이 마티Societ àdei Matti처럼 일정한 형식을 갖춘 젊은이들의 결사체가 마을의 공동체를 대신해 가장행렬을 벌였다. 이런 행사는 주로 사육제 기간에 열렸다. 주요 도시 중심가에서 가장행사를 벌이는 결사체는 일정한 규칙과 회비 납부의 의무 등 권리와 의무가 따르는 제도화된 공식적인 집단이었다. 또한 재난이 닥쳤을 때 여러 가지 의무를 면제받을 수 있게 해줄 마을 유지나 전문적인 길드의 보호를 받는 경우가 흔했다. 그러나 농촌이나 산골 마을의 결사체는 지금도 그렇듯이 훨씬 느슨하게 조직되어 있었다.

이탈리아 북부 지방에서는 젊은이들, 그 중에서도 결혼을 하지 않은 젊은이와 곧 징집될 젊은이들이 가장행사에서 주도적인 역할을 했다. 독일어를 쓰는 모헤니Mocheni인들 사이에서는 특히 크리스마스 기간에 이들과 망령의 관계가 강조되었는데, 예수의 탄생을 축하하러 온 세 동방박사의 이야기를 노래하며 집집마다 돌아다니면서 사자들을 대신해 진혼미사를 드릴 돈을 모금하는 행렬에서 이들의 역할은 두드러졌다. 가장행사는 포르투갈 동북부 지역에서 크리스마스 직후에 성년을 맞이하는 젊은이들을 축하하기 위해 여는 페스타스 도스 라파세스Festas dos Rapazes에서 고도로 복잡한 양상을 띠었다. 널리 퍼진 극 형식을 띤 '가입의례'를 위한 가장행사에서는 모의 결혼식을 포함해 쟁기질과 씨 뿌리기 등 농사와 관련된 행사가 펼쳐졌는데, 이들 모두 가면에서도 암시되는 신생을 상징했다.

마을의 젊은 총각들, 특히 성년식을 치를 나이의 젊은이들은 과도기적인 성격을 가지고 있다. 그들은 더 이상 어린아이도 아니고, 완전한 성인도 아니다. 예를 들어 그들은 아직 여성과 사귈 권리도 없고 다른 남성들과 어울려 술집에서 술을 마실 수도 없으며, 분가해서 자신만의 가족을 만들 수도 없다. 그러나 유럽 전역에서 그들에게는 가면을 쓸 수 있는 특권이 있었다.

이런 과도기적인 성격에 걸맞게 젊은이들의 의상은 대개 남자들의 민속의상과 여자들의 민속의상이 조합되어 있다. 티롤 지방에서부터 스위스에 이르기까지 알프스 산맥 지대에서는 얼굴이나 성별을 구별할 수 없도록 분장해 성별이 뚜렷이 드러나는 다른 가면과 극명하게 대조를 이룬다.

지금까지 중점적으로 살펴본 것을 정리해보자. 유럽에서는 가면을 쓰는 행사가 계절의 순환 과정 중 결정적인 때, 그 중에서도 특히 새해에 열린다. 가면의식에는 다른 사람들은 배제되고 일정한 범주에 속하는 사람들만 참여한다. 눈에 띄는 몇 가지 예외는 있지만 세계의 다른 곳과 마찬가지로 유럽에서도 여성은 가면의식을 벌일 수 없었다. 이는 흔히 노골적으로 성을 드러내는 사육제의 상징체계에서 어성의 '부재'를 통해 여성의 '존재'를 부각시키는 방법으로 해석되었다. 남자들 중에서 가장행사를 벌일 수 있는 특권과 의무를 가진 것은 미혼 남성들이다.

가면의식은 판 헤네프Van Gennep(역주: 네덜란드, 프랑스의 민속학자. 여러 문화에 나타난 통과의례 연구로 유명하다)가 '우주적인 이행 과정'이라고 한 계절의 주기와 '사회학적 이행 과정'이라고 한 세대 교체 사이에 분명한 대응관계가 있음을 보여준다. 이는 가면을 쓰면 개인의 정체성에 변화가 생기지만 동시에 그와 정반대의 과정, 즉 과도적이며 문제가 있는 상태에서 새롭고 한층 명확하며 훨씬 안전한 상태로 이행하는 과정이 일어나는 것과 같다.

치러야 할 대가: 제물과 야만인, 괴물

그러나 때로 받기 위해서는 무언가 주어야 할 때도 있다. 유럽의 가면행사 가운데 가장 중요한 사육제에서는 축제가 절정에 이르렀을 때 가장 극적인 의례가 펼쳐지는데, 제물로 바친 사람이나 동물을 죽이는 것이 바로 그것이다.

로마에서 사육제의 주요 행사는 아고니 디 테스타치오agoni di Testaccio였는데, 이는 여러 계층의 사람들이 참여해 상금을 걸고 육상과 마상에서 펼치는 일종의 달리기 대회였다. 역사적으로 고대의 아고니는 현대 사육제의 선조격이다. 아고니 디 테스타치오의 주요 행사로는 교황 앞에서 곰과 황소, 수탉을 사냥하는 것도 있었다. 13세기에는 이런 사냥에 기독교적인 의미가 부여되었다.

하지만 로마에서는 19세기까지도 사육제의 마지막 날(참회의 화요일 또는 마르테디 그라소Martedi Grasso, 마르디 그라스Mardi Gras라고도 함)과 그

해의 마지막 가장행사를 벌이기 전에 죄인을 처형했다. 만일 유대인 죄수가 있었다면 그 날 처형되었을 것이다. 사육제 기간에 로마의 유대인들은 아고니 행사의 일환으로 그들을 위해 특별히 조직된 육상 달리기 대회에서 흥분한 군중들로부터 모욕과 욕설을 받았다. 또한 유대인 공동체는 재정적으로도 축제의 희생양이 되었다. 유대인 지도자는 로마 원로원이 사육제를 후원할 수 있도록 거금을 내놓아야 했다(이런 관행은 1848년 피우스 9세에 의해 폐지되었다).

가장행사를 마치기 위해 제물로 바칠 희생자를 고르면서 로마의 축제는 절정에 달했는데, 이는 유럽 전역에서 가면의식이 따르는 유사한 관행 가운데 가장 불온한 것이었을 뿐이다.

1960년대 희생양 역할이 없어질 때까지 스페인 남부의 여러 시골 마을에서는 기독교인과 무어인의 모의전투 막바지에 터지는 예언자의 거대한 머리 라 마호마La Mahoma의 형태로 제물을 바치는 형식이 유지되었다. 그루지야Georgia의 사육제 가면행사인 케예노바Keyenoba에서도 그루지야 왕과 침략자 케옌의 치열한 전투가 극화되는데, 이는 이 지역에서 일어난 역사적 사건을 의례화한 것이다. 돌로미티케 산맥에서 멀지 않은 카스텔 테시노Castel Tesino의 사육제 행사도 학정을 일삼은 14세기의 봉건 영주 비아죠 델레 카스테알레를 붙잡아 사형에 처하는 과정을 재현한 가면의식에서 절정에 이른다.

이런 행사 속의 의례적인 극에는 실제 역사적 사건에서 일어났던 갈등에 대한 일정한 관점이 내포되어 있다. 이런 드라마틱한 양상은 다른 대립 구조에서도 나타난다. 예를 들어 유럽 문화권 전역에서 사육제와 사순절은 서로 밀접하게 관련되어 있는데 이 둘의 날카로운 대비는 풍부한 의례적 상징의 원천이 된다. 즉, 사육제로 대표되는 풍성함이 넘치는 기간과 사순절로 대표되는 금욕 · 단식 · 참회의 기간이 서로 싸우는 양상으로 나타나는 것이다.

스페인과 프랑스, 이탈리아, 러시아에서는 사육제의 제물로 바쳐진 희생자가 사육제 자체를 나타내는 가면을 쓴 인물이 될 수도 있다. 또 의례적인 극의 구조가 완전히 서사적인 구조로 정교하게 바뀌는 경우도 있다. 그리고 처형 전에는 카니발의 유언을 낭독하는데, 이는 지난해 공동체에서의 생활을 익살맞고 외설스럽게 평한 것, 즉 사육제가 모든 사람을 대신해 속죄하고자 하는 '죄'를 열거한 것일지도 모른다. 이렇게 사육제의 화신이 되어 처형당하는 인물은 여러 인물로 대체될 수 있다. 롬바르디아 보르미오Bormio 지방에서는 옴Om과 페메나 달 보스크Femena dal Bosk가 그렇고 돌로미티케의 발 디 피엠메Val di Fiemme에서는 살바넬Salvanel과 그의 아내 카브라 바르바나Cavra Barbana가 그렇듯이, 알프스 지방에서는 야만인 유형의 가면이 붙잡혀 죽음을 당한다.

야만인 유형의 가면은 엄청나게 다양한 곰 유형의 가면, 그리고 유럽 전역에서 놀라울 정도로 다양한 형태로 나타나는 '괴물' 유형의 가면으로 통합되었다. 피레네Pyrenees 산맥에서 롬바르디아까지 유럽의 가면의식 중에서 가장 널리 퍼진 서사 구조는 아마 '곰 사냥' 유형일 것이다. 사냥은 마을의 젊은이들이 할 가능성이 많다. 따라서 사냥은 성인기로 들어가는 가입의례를 동반하는, 용맹과 기량을 과시하는 자리가 되기도 한다. 또한 곰은 그 자체가 다가올 봄을 상징하는 것이기도 하다. 특히 프랑스 문화권에서는 2월 2일이 되면 곰이 동면에서 깨어나 봄이 오는지 날씨를 살핀다고 여겼다. 따라서 '곰을 찾아서 잡는 것'은 계절의 변화에 대한 인간의 개입을 나타내고 '곰을 잡아 죽이는 것'은 속죄하며 제물을 바치는 행위일 수 있다. 그리고 스위스 뢰첸탈의 체크가타나 발 디 피엠메의 살바넬처럼 가면을 쓰고 곰으로 분장한 인물과 극에서 동일한 성격을 가진 인물들을 결박해 의례적인 처형을 하기 전에, 마을을 제멋대로 휘젓고 돌아다니도록 내버려두어 마을을 쑥밭으로 만들고 도둑질을 하며 여자들을 희롱하게 하기도 한다.

구조와 역사

루터가 자신의 교리를 비난하는 교황의 교서를 공개적으로 불태운 뒤 얼마 지나지 않은 1520년 12월 10일, 교황의 통치를 조롱하는 우스꽝스런 사육제 행렬을 벌인 학생들이 있었다. 이 사건은 바이드쿤Weidkhun의 표현을 빌리면 도저히 양립할 수 없는 프로테스탄티즘과 사육제의 '구조적 모순' 때문에 신교를 믿는 유럽에서 많은 가면전통이 송두리째 사라지기 전에 일어난 일이었다. 하지만 다른 곳에서는 르네상스의 문화적 동력에 의해 추진된 변화로 인해 가면전통을 보존할 수 있었다.

1848년 혁명이 유혈 진압을 당한 뒤 얼마 지나지 않은 1850년 2월 13일 생 트로페St Tropez 근처의 비도방Vidauban 거리에서 꼭두각시를 들고 행진을 벌이는 사람들이 있었다. 대부분의 구경꾼들에게는 해마다 사육제에서 희생양을 처형할 때 벌이는 행사로 보였겠지만, 사실 이 가장행렬은 유명한 좌익 인사들이 벌인 것이었다. 정부 당국은 이 오래된 상징체계가 공포정치 시대를 풍자한 것이라고 해석해 행사를 주도한 사람들을 체포해 재판에 넘겼다.

이 에피소드들은 유럽의 가면의식의 구조와 내용이 역사적으로 어떤 운명을 겪었는지를 집약적으로 보여준다. 사회·경제적 변화가 가속화되면서 다양한 형태의 고대 신화로 표현된 가면의식의 상징체계는 당대의 이슈에 관심을 돌렸다. 현재 니스Nice와 벵슈Binche(벨기에)에서 벌이는 사육제와 베니스와 비아레조Viareggio에서 벌이는 사육제의 가면의식에는 민속문화적 요소가 포함되어 있을지도 모른다. 하지만 이는 과거와의 유기적인 연속성에서 나온 결과라기보다 19세기 민족주의적 문화정책의 일환으로 '민속'을 의식적으로 형식화한 결과이다.

오늘날 가면의식은 죽은 사람을 달래거나 새로운 세대를 성인으로

승격시키는 일보다는 민족문화와 공동체, 지역이나 인종 또는 소수 집단의 정체성에 대한 자부심을 찬양하고 고무하는 데 더 열중하고 있다. 새로운 낭만주의 시대가 펼쳐지고 유럽의 많은 지역에서 전통이 새롭게 재창조되며 런던의 노팅힐 사육제나 아메리카 대륙에서처럼 대도시에서 새로운 형태의 가면의식이 탄생하는 가운데 학자들은 이 문제를 분석하고 있다.

가면이 갖는 기본적인 힘은 세계에 질서를 부여하는 메커니즘, 정체성을 변화시키면서 동시에 그것을 고정시키는 능력에 있다는 설명으로 이 장을 시작했다. 역사 속에서 상징하는 바가 달라졌음에도 불구하고 가면이 오늘날까지 여전히 인식 가능한 형태로 남아 있을 수 있었던 것은 바로 이와 같은 양면적인 과정 때문이었다. 데카르트가 말한 대로, "나는 가면을 쓰고 나아간다 *larvatus prodeo*."

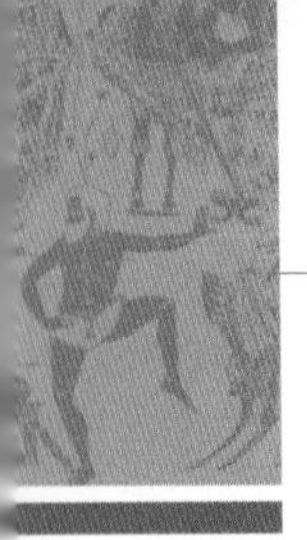

■ 참고문헌

1. '얼굴' 에 대하여

ADAMS, M. J. 1981. Interpretations of masking in Black Africa ritual. *Africa-Tervuren*, 27.2, pp. 46~51.

BIEBUYCK, DANIEL. 1973. *Lega Culture: art initiation and moral philosophy among a Central African people*, University of California Press.

BINKLEY, A. 1987. Avatar of Power: southern Kuba masquerade figures in a funerary context. *Africa* 57:1, pp. 75~97

BOURGEOIS, ARTHUR P. 1984. *Art of the Yaka and Suku*, Alainet Françoise Chattin.

GOONATILLEKA, M. H. 1978. *Masks and mask systems of Sri Lanka*. Colombia.

GREGOR, JOSEPH. 1937. *Masks of the world*. New York, London (reissued 1968).

KAPFERER, BRUCE. 1983. *A Celebration of demons, exorcism and the aesthetics of healing in Sri Lanka*. Bloomington.

LEACH, R. 1989/90. Masquerade-the presentation of self in holi-day life. *Cambridge Anthropology* 13:3, pp. 47~69.

LOMMEL, ANDREAS. 1972. *Masks: their meaning and function*, London (German original published 1970).

LOVICONI, ALAIN. 1981. *Masks and Exorcisms of Sri Lanka*. Editions Errance.

NAPIER, DAVID. 1986. *Masks, Tranformation and paradox*. University of California press.

ROBERTS, A. F. 1990. Tabwa masks: an old hat trick of the human race. *African Arts*, 23:2, pp. 36~47.

TURNER, VICTOR. 1967. *The Forest of Symbols, Aspects of Ndembu ritual*. Cornell University Press.

VANSINA, JAN. *The Children of woot, a history of the Kuba peoples*. University of Wisconsin press.

WHISTLER, LAURENCE. 1947. *The English Festivals*. William Heinemann Ltd.

2. 신의 모습

BONNET, HANS. 1952. *Reallexikon der Agyptischen Religionsgeschichte*, pp. 440~2. Berlin.

D' AURIA, SUE, LACOVARA, PETER and ROEHRIG,

CATHARINE H. 1988. *Mummies & Magic. The Funerary Arts of Ancient Egypt*. Boston.

EDGAR, C. C. 1905. *Catalogue Général des Antiquités Égyptiennes du Musée du Caire, Nos. 33101~33285: Graeco-Egyptian Coffins, Masks and Portraits*. Cairo.

GEORGE, BEATE. 1981. 'Geheimer Kopt' - 'Kopf aus Lapislazuli' . Altägyptische Tradition und Mumienmasken römischer Zeit. *Medelhavsmuseet Bulletin*, 16, pp. 15~38.

GUIMET, E. 1912. *Les portraits d' Antinoë au Musée Guimet*. Paris.

GRIMM, GÜNTER. 1974. *Die Römischen Mumienmasken aus Ägypten*. Wiesbaden.

KÁKOSY, LÁSZLÓ. 1980. Eine Frauenmaske im Medelhavsmuseet. *Medelhavsmuseet Bulletin*, 15, pp. 16~24.

MURRAY, M. A.1934. Ritual Masking. *Mélanges Maspero* I, pp. 251~5 & plate.

ROOT, MARGARET COOL.1979. *Faces of Immortality. Egyptian Mummy Masks, Painted Portraits, and Canopic Jars in the Kelsey Museum of archaeology.* University of Michigan.

SEEBER, CHRISTINE. 1980. Maske. *Lexikon der Ägyptologie* 3, cols. 1196~9.

SWEENEY, DEBORAH. 1993. Egyptian Masks in Motion, *Göttinger Miszellen* 135, pp. 1o1~4.

WILDUNG, DIETRICH. 1990. Geheimnisvolle Gesichter. *Antike Welt* 4, pp. 206~21.

WOLINSKI, ARELENE. 1986. Ancient Egyptian Ceremonial Masks. *Discussions in Egyptology*, 6, pp. 47~53.

3. 액면 그대로의 가면

BIEBER, M. 1961. *The History of the Greek and Roman Theater.* Princeton.

BROOKE, I. 1962. *Costume in Greek Classic Drama.* London.

PICKARD-CAMBRIDGE, A. 1988. *The Dramatic Festivals of Athens*, second ed. revised by J. Gould and D. M. Lewis, Oxford.

SIMON, E. 1982. *The Ancient Theatre.* London.

WILES, D. 1991. *The Masks of Menander.* Cambridge.

4. 허구와 풍자

BORUEGI, S. F. 1955. Pottery Mask Traditions in Mesoamerica.
Southwestern Journal of Anthropology, 11, pp. 205~13.

CASO, A. *et al.* 1945. *Máscaras Mexicanas.* Mexico D. F. Sociedad de Arte Moderno.

CRUMRINE, N. ROSS and HALPIN, M. (eds). 1983. *The Power of Symbols, Masks and Masquerade in the Americas.* Vancouver.

ESSER, J. BRODY (ed.). 1988. *Behind the Mask in Mexico.* Santa Fe.

GUERRA GUTIERREZ. A. (n. d.). *El carnaval de Oruro a Su Alcance.* Oruro.

KLEIN, C. 1986. Masking Empire: The material effects of masks in Aztec Mexico.
Art History, 9, 2, pp. 135~67.

Musées Royaux d'Art et d'Histoire. 1982. *Máscaras de México.* Brussels.

MURATORIO, R. 1981. *A Feast of Corpus Christi: Dance costumes from Ecuador from the Olga Fisch Collection.* Washington.

SHELTON, A. 1988. Realm of the Fire Serpent. *British Museum Society Bulletin*, 55, pp. 20~5.

WARMAN, A. 1972. *La Danza de Moros y Cristianos.* Mexico.

5. 생활도구에서 수호정령까지

BOAS, FRANZ. 1897. The Social Organisation and Secret Societies of the Kwakiutl Indians. *Report of the US National Museum for* 1895, pp. 311~738.
1955. *Primitive Art.* Dover, New York.

HAWTHORN, AUDREY. 1979. *Kwakiutl Art.* University of Washington Press, Seattle.

HOLM, BILL. 1972. *Crooked Beak of Heaven: Masks*

and Other Ceremonial Art of the Northwest Coast. Seattle.

1983. *Smoky-Top: The Art and Times of Willie Seaweed*. Seattle.

1983. *The Box of Daylight: Northwest Coast Indian Art*. Seattle.

JONAITIS, ALDONA,(ed.). 1991. *Chiefly Feasts. The Enduring Kwakiutl Potlatch*. London and Seattle.

DE LAGUNA, FREDERICA. 1972. *Under Mount St. Elias: The History and Culture of the Yakutat Tlingit*. Smithsonian Contributions to Anthropology 7.

RITZENTHALER, ROBERT and LEE A. PARSONS (eds). 1966. *Masks of the Northwest Coast: the Samuel A. Barrett Collection*. Milwaukee.

SUTTLES, WAYNE, (ed.). 1990. Northwest Coast. Vol. 7 of *Handbook of North American Indians*. Washington DC.

6. 감추기와 드러내기

BIEBUYCK, D. 1973. *Lega Culture*, University of California press.

BINKLEY, DAVID. 1987. Avatar of Power: Southern Kuba masquerade figures in a funerary context. *Africa*, 57, 1, pp. 75~97.

BRAIN, R. and POLLOCK, A. 1971. *Bangwa Funerary Sculpture*, Duckworth.

BRAVMANN, R. 1974. *Islam and Tribal Art*, Cambridge University press.

CLARKE, J. DESMOND. 1953. Dancing Masks From Somaliland. *Man*, no. 72, pp. 49~51.

DREWAL, H. J. and DREWAL M. T. 1983. *Gelede: Art and Female power Among the Yoruba*, Indiana University Press.

GLAZE, ANITA. 1981. *Art and Death in a Senufo village*, indiana University press.

HORTON, ROBIN. 1960. *Gods as Guests*, Nigeria Magazine, Lagos.

1963. The Kalabari 'Ekine' society. *Africa*, 33, pp. 94~114.

1963. *Kalabari Sculpture*. Department of Antiquities, Nigeria.

JEDREJ, C. 1974. An Analytical Note on the Land and Spirits of the Sewa Mende. *Africa*, 44, pp. 38~45.

1980. A comparison of some masks from North America, Africa, and Oceania. *Journal of Anthropological Research*, pp. 220~9.

1986. Dan and Mende masks: a structural comparison. *Africa*, pp. 71~9.

JONES, G. I. 1984. *The Art of Eastern Nigeria*, Cambridge University Press.

KAFIR, SIDNEY L. (ed.). 1988. *West African Masks and Cultural Systems*. Musée Royal de l'Afrique Centrale, Tervuren, Ann. vol. 126.

KUBIK, GERHARD. 1969. Masks of the Mbwela. *Geographica*, Revisita da Sociedade de Geografía de Lisboa, 20.

MOORE, F. 1738. *Travels into the Inland parts of Africa*. Printed for the author by Edward Cave.

MUYAGA, GANGAMBI. 1974~5. *Les Masques Pende*, 2 vols, Ceeba Publications, Bandundu.

OTTENBERG, SIMON. 1975. *Masked Rituals of Afikpo*, University of Washington press.

PICTON, JOHN. 1974. Masks and the Igbirra. *African Arts*, VII, 2, pp. 38~41.

1988. Some Ebira reflexions on the energies of women. *African Languages and Cultures*, 1, 1, pp. 61~76.
1990. What' s in a mask? *African Languages and Cultures*, III, 2.

DE SOUSBERGHE, L.1958. *L' Art Pende*, Académie Royale de Belgique, Tome IX, fasc. 2.

TONKIN, ELIZABETH. 1979. Masks and Power. *Man*, 14, 2, pp. 237~48.

TURNER, VICTOR. 1967. *The Forest of Symbols*, Cornell University Press.

VANSINA, JAN. 1955. Initiation Rituals of the Bushong. *Africa*, 25, pp. 138~53.

WHITE, C. M. N. 1953. Notes on the Circumcision Rites of the Balovale Tribes. *African Studies*, 12, pp. 41~56.

YOSHIDA, KENJI. 1992. Masks and Transformation among the Chewa of Eastern Zambia. *Senri Ethnological Studies*, No. 31, pp. 203~73.

7. 의례와 극

BERNEGGER, BRIGIT, 1993. *Nō Masken in Museum Rietburg, Zurich*. Zurich.

INOURA and KAWATAKE. 1981. *The Traditional Theatre of Japan*. New York and Tōkyō.

KEENE, DONALD. 1966. *Nō, The Classical Theatre of Japan*. Tōkyō.

MARUOKA and YOSHIKOSHI. 1969. *Nō*. *Ōsaka*.

NAKANISHI and KOMMA. 1983. *Nō Masks*. Ōsaka.
1967. Nō/Kyōgen Men. *Nihon no Bijutsu* no. 108. Tōkyō.

NISHIWAKA, KYŌTARŌ. 1978. *Bugaku Masks*. Tōkyō.

NOGAMI, TOYOICHIRŌ. 1938. *Nō Masks*. Tōkyō.

NOMA, SEIROKU.1957. *Arts and Crafts of Japan* no. 1, 'Masks' . Vermont and Tōkyō.
1981. *Komen no bi-Shūkyō to geinō*. Special exhibition catalogue, Kyōto National Museum. Kyōto.
1990. *The Horyuji Treasures*. Tōkyō.

YOSHIKOSHI and HATA. 1982. *Kyōgen*. Ōsaka.

8. 풍부한 예술성의 화려한 변주

BODROGI, TIBOR. 1961. *Art in North-East New Guinea*. Budapest.

BOULAY, ROGER. 1990. *De jade et de nacre: patrimoine artistique kanak*. Paris.

CLAUNIE, FERGUS and LIGAIRI, WALESI. 1983. Traditional Fijian spirit masks and spirit masquers. *Domodomo Fiji Museum Quarterly*, June 1983:1, pp. 46~71.

CODRINGTON, R. H. 1891. *The Melanesians*. Oxford 〔reprinted 1972, New York〕.

CORBIN GEORGE A. 1979. The Art of the Baining: New Britain. *Exploring the visual art of Oceania*, S. M. Mead (ed.), Honolulu, pp. 159~79.
1982. Chachet Baining art. *Expedition*, 24:2, pp. 5~16.
1984. The Central Baining revisited. *Res*, 7/8, pp. 44~69.
1990. Salvage art history among the Sulka of Wide Bay, East New Britain, Papua New Guinea. *Art and identity in Oceania*, A. hanson and L. Hanson (eds),

Bathurst., pp. 67~83.

CRAWFORD, ANTHONY L. 1975. *Gogodala: Lagoon dwellers of the Gulf*, Land and People Series no. 3. port Moresby.

1981. *Aida: Life and ceremony of the Gogodala*. Bathurst.

DARK, PHILIP. 1974. *Kilenge art and life*. London.

DAVENPORT, WILLIAM. 1964. Sculpture from La Grande Terre. *Expedition*, Fall 1964, pp. 1~19.

ERRINGTON, FREDERICK KARL. 1974. *Karavar: masks and power in a Melanesian ritual*. Ithaca, London.

FELDMAN, JEROME and RUBINSTEIN, DONALD H. 1986. *The Art of Micronesia*. Honolulu.

FRASER, DOUGLAS FERRAR. 1978. *Torres Straits sculpture*. New York, London.

GELL, ALFRED. 1975. *Metamorphosis of the cassowaries: Umeda society, language and ritual*. London school of Economics Monographs on Social Anthropology no. 51. London.

GERBRANDS, ADRIAN A. (ed.). 1967. *The Asmat of New Guinea: the journal of Michael Clark Rockefeller*. New York.

HADDON, A. C. (ed.). 1901~35. *Reports of the Cambridge Anthropological Expedition to the Torres Strait*, 6 Vols. Cambridge.

HELFRICH, KLAUS. 1973. Malanggan 1: *Bildwerke von Neuirland*. Berlin.

HESSE, KARL and AERTS, THEO. 1982. *Baining life and lore*. Port Moresby.

HIDIKATA, HISAKATSO. 1973. Stone images of palau. *Guam College Micronesian Area Research Center Publication*, no. 3.

HILL, ROWENA. 1982. *Fieldtrip to the sulka area of wide Bay, East New Britain; to collect and document the masks used at an ordination ceremony, January 1982*. (Unpublished report for the National Museum and Art Gallery, port Moresby.)

KAEPPLER, ADRIENNE L. 1963. Ceremonial masks: a Melanesian art style. *Journal of the Polynesian Society*, 72, pp. 118~38.

KING, JAMES. 1785. *A Voyage to the pacific Ocean . . .* 2nd ed., vol. 3. London.

KONRAD, GUNTER *et al*. 1981. *Asmat: Leben mit den Ahnen*. Glasshütten/Ts.

KOOIJMAN, SIMON. 1984. *Art, art objects and ritual in the Mimika culture*. Mededelingen van het Rijksmuseum voor Volkenkunde Leiden, no. 24. Leiden.

KRAUSE, F. 1906. Zur Ethnologie der Inseln Nissan. Jahrbuch *der Stadt. Museum für Völkerkunde zu Leipzig*, 1, pp. 44~159.

LEWIS, PHILLIP H. 1973. Changing memorial ceremonial in northern new Ireland. *Journal of the Polynesian Society*, 82, pp. 141~53.

LINCOLN, LOUISE *et al*. 1987. *Assemblage of spirits: idea and image in New Ireland*. New York.

LOSCHE, DIANE. 1982. *The Abelam: a people of papua New Guinea*. Sydney.

MCKESSON, JOHN A. 1990. In search of the origins of the New Caledonian mask. *Art and identity in Oceania*, A. Hanson and L. Hanson (eds), Bathurst, pp. 84~92.

MAMIYA, CHRISTIAN J. and SUMNIK, EUGENIA C. 1982. *Hevehe: art, economics and status in the*

Papuan Gulf. Museum of Cultural History, UCLA Monograph Series no. 18. Los Angeles.

MOORE, DAVID R. 1984. *The Torres Strait collections of A. C. Haddon: a descriptive catalogue*. London.

1989. *Arts and crafts of Torres Strait*. Princes Risborough.

NEWTON, DOUGLAS. 1961. *Art styles of the Papuan Gulf*. New York.

1971. *Crocodile and cassowary: religious art of the upper Sepik River, New Guinea*. New York.

PARKINSON, R. 1907. *Dreissig Jahre in der Südsee*. Stuttgart.

POWELL, WILFRED. 1884. *Wanderings in a wild country; or, three years amongst the cannibals of New Britain*. London.

ROSE, ROGER G. 1990. The Masked Tamate of Vanikoro. *Art and identity in Oceania*, A. Hanson and L. Hanson (eds), Bathurst, pp. 111~28.

SARASIN, FRITZ. 1929. *Atlas zur Ethnologie der Neu-Caledonier und Loyalty-Insulaner*. Munich.

SMIDT, DIRK. 1990. Symbolic meaning in Kominimung masks. *Sepik heritage: tradition and change in Papua New Guinea*, Nancy Lutkehaus *et al.* (eds), Durham, North Garolina, pp. 509~22.

SPEISER, FELIX.1990. *Ethnology of Vanuatu: an early twentieth century study*. Bathurst (German original published 1923).

TEILHET, JEHANNE H. 1979. The equivocal nature of masking tradition in Polynesia. *Exploring the visual art of Oceania*, S. M. Mead (ed.), Honolulu, pp. 192~201.

WARDWALL, ALLEN. 1971. *The Art of the Sepik River*. Chicago.

WILLIAMS, F. E. 1924. *The Natives of the Purari Delta*. Territory of papua Anthropology Report no. 5, Port Moresby.

1940. *Drama of Orokolo: the social and ceremonial life of the Elema*. Oxford (reprinted 1969).

ZELENETZ, MARTIN and GRANT, JILL. 1980. Kilenge Narogo : ceremonies, resources and prestige in a West New Britain society. *Oceania*, 51: 2, pp. 98~117.

9. 우리 안에 있는 타자

AGULHON, M. 1970. *La République au Village*. Paris.

BENDIX, R. 1985. *Progress and Nostalgia: Silvesterklausen in Urnäsch, Switzerland*. Berkeley.

BLOCH, M. and PARRY, J. (eds). 1982. *Death and the Regeneration of Life*. Cambridge.

BOISSEVAIN, J. (ed.). 1992. *Revitalising European Rituals*. London.

BOITEUX, M. 1976. Les juifs dans le Carnaval de la Rome Moderne (XVe-XVIIIe Siecles). *Mélanges de l' École Française de Rome. Moyen Age-Temps Modernes*, 88, pp. 745~87.

CARO BAROJA, J. 1965. *El Carnaval: Analisis Historico-Cultural*. Madrid.

CARRASCO, M. S. 1976. Christians and Moors in Spain: History, Religion, Theatre. *Cultures* 1, pp. 87~116.

CHAMBERS, E. K. 1903. *The Mediaeval Stage*, 2 vols. Oxford.

CHIABÒ, M. and DOGLIO, F. (eds). 1989. *Il Carnevale dalla Tradizione Arcaica alla Traduzione Colta del Rinascimento*. Rome.

CHIBNALL, M. (ed.). 1969~80. *The Ecclesiastical History of Orderic Vitalis*, 6 vols. Oxford.

CLEMENTI, F. 1938~9. *Il Carnevale Romamo nelle Cronache Contemporanee*, 2 vols. Città di Castello.

COHEN, A. 1980. Drama and Politics in the Development of a London Carnival. *Man*, 1, pp. 65~87.

DA MATTA, R. 1981. *Carnavals, Malandros e Heróis*. Rio de Janeiro.

DÖRRER, A. 1949. *Tiroler Fasnacht: Innerhalb der Alpenländischen Winter-und Vorfrühlingsbräuche*. Vienna.

GINZBURG, C. 1981. Charivari, Associations Juvéniles, Chasse Sauvage, *Le Charivari*, J. Le Goff and J. -C. Schmitt (eds), Paris, pp. 131~40.

1983. *The Night Battles: Witchcraft and Agrarian Cults in the Sixteenth and seventeenth Centuries*. London.

1989. *Ecstasies: Deciphering the Witches' Sabbath*. New York.

GRINBERG, M. and KINSER, S. 1983. Les Combats de Carnaval et de Carême-Trajets dún Métajphore. *Annales*, 1, pp. 65~98.

HALE, C. 1976. *A Dictionary of British Folk-Customs*, London.

HANDELMAN, D. 1981. The Ritual Clown: Attributes and Affinities. *Anthropos*, 76, pp. 321~70.

HEERS, J. 1983. *Fêtes des Fous et Carnavals*. Paris.

HILL, E. 1972. *The Trinidad Carnival: Mandate for a National Theatre*. Austin.

HUNTINGTON, R. and METCALF, P. 1979. *Celebrations of Death-The Anthropology of Mortuary Ritual*. Cambridge.

KAPFHAMMER, G. (ed.). 1977. *Brauchtum in den Alpenländern*. Munich.

KINSER, S. 1990. *Carnival, American Style: Mardi Gras at New Orleans and Mobile*. London.

KLIGMAN, G. 1977. *Calus: Symbolic Transformation in Romanian Ritual*. Chicago.

KURET, N. 1984. *Maske Slovenskih Pokrajin*. Ljubljani.

LE GOFF, J. and SCHMITT, J. -C.(eds). 1981. *Le Charivari*. Paris.

LÉVI-STRAUSS, C. 1952. Le Père Noël Supplicié. *Les Temps Modernes*, 77.

LEYDI, R. and PIANTA, B. (eds). 1976. *Brescia e il Suo Territorio*. Milan.

LEYDI, R. and SANGA, G. (eds). 1978. *como e il Suo Territorio*. Milan.

LONGA, G. 1912. *Usi e Costumi del Bormiese*. Sondrio.

MESNIL, M. 1976. The Masked Festival: Disguise or Affirmation?. *Cultures*, 2, pp. 11~29.

MEULI, K. 1943. *Schweizer Masken*. Zurich.

MURARO, L. 1976. *La Signora del Gioco*. Milan.

NAPIER, D. 1984. *Masks, Transformation and Paradox*. Berkeley.

1967. New Catholic Encyclopedia. New York.

NICOLOSO CICERI, A. 1982. *Traizioni Popolari in Friuli*, 2 vols. Reana del Rojale.

PEREIRA, B. 1973. *Máscaras Portuguesas*. Lisbon.

PFAUNDLER, W. 1981. *Fasnacht in Tirol: Telfer Scheicherlaufen*. Wörgl.

POLA-FALLETTI DI VILLAFALLETTO, G. C. 1932~45. *Associazioni Giovanili e Feste Antiche-Loro Origini*, 3 vols. Milan.

POPPI, C. 1986. *Il* Tipo Simbolico 'Uomo Selvaggio' : Motivi, Funzioni e Ideologia. *Mondo Ladino*, X,

95~118.

1988. *Il* Bello, il Brutto e il Cattivo: Elementi d' Analisi Simbolica ed Estetica delle Maschere della Val di Fassa. *Faceres: Maschere Lignee del Carnevale di Fassa*, F. Chiocchetti (ed.), Vigo di Fassa/Vich, pp. 7~52.

PRATI, A. 1905. *Folklore Trentino*. Venice.

PROPP, V. JA. 1978. *Feste Agrarie Russe-Una Ricerca Storico-Etnografica*. Bari.

RUKHADZE, J. and CHITAYA, G. 1976. Festivals and Traditions in the Georgian Soviet Socialist Republic. *Cultures*, 2, pp. 70~81.

SCHMIDT, L. 1971. *Perchtenmasken in Österreich*. Vienna.

SCHMITT, J. -C. 1988. *Religione, Folklore e Societa' nell' Occidente Medievale*. Bari.

SCRIBNER, B. 1978. Reformation, Carnival and the World Turned Upside-Down. *Social History*, 3, pp. 303~29.

SECCO, G. 1989. *Viva, Viva Carnevale!* Belluno.

SIDRO, A. (ed.). *Le Carnaval, la Fête et la Communication*. Nice.

TOSCHI, P. 1976. *Le Origini del Teatro Italiano*. Turin.

VALLERANT, J. 1974~5. Réflexions à Propos de la Collection de Masques du Lötschental du Musée d' Ethnographie de Genève. *Bulletin Annuel, Musée d' Ethnographie*, pp. 15~63.

VAN GENNEP, A. 1947. *Manuel de Folklore Français Contemporain*, 2 vols. Paris.

VON ZIMBURG. n. d. *Der Perchtenlauf in der Gastein*. Vienna.

WESSELOFSKY. 1988. Alichino e Aredodesa. *Giornale Storico della Litteratura Italiana*, XII, pp. 325~43.

WEIDKUHN, P. 1976. Carnival in Basel: Playing History in Reverse. *Cultures*, 1, pp. 29~53.

ZAMON DAVIES, N. 1975. *Society and Culture in Early Modern France*. London.

ZINTZO-GARMENDIA, B. and TRUFFAUT, T. 1988. *Carnavals Basques*. Toulouse.

■ 찾아보기

■ 그림 목록